〈施設養護か里親制度か〉の対立軸を超えて

「新しい社会的養育ビジョン」とこれからの社会的養護を展望する

浅井春夫／黒田邦夫 編著

明石書店

はじめに——いま、なぜ「新しい社会的養育ビジョン」なのか

「新しい社会的養育ビジョン」とは何か

　新たな社会的養育の在り方に関する検討会（座長：奥山眞紀子・国立成育医療研究センターこころの診療部長）が「新しい社会的養育ビジョン」という提言を 2017 年 8 月 2 日に発表した。この検討会は当時の塩崎恭久・厚生労働大臣が参集し開催された有識者による検討会であって、正式な国の審議会ではない。「新しい社会的養育ビジョン」（以下、「ビジョン」）はいわば私的な塩崎検討会の提言としての色彩が強いが、その内容は社会的養護のしくみそのものを根底から変える方針といえる内容となっており、これからの国・自治体の社会的養護政策のあり方に大きな影響を与える可能性があるといえよう。

　もっと率直にいえば、「ビジョン」は国の社会的養護政策を急旋回させるための綱引きと刺激剤としての役割を果たすことに意味を持っている。したがってその内容には具体的な数値目標が提示されており、当然のことであるがそれらの数値目標に即して自治体でのこれからの社会的養護のあり方の変更を求めていくことになる。

　こうした「ビジョン」の内容について、「工程で示された目標年限」をあげておけば、以下のとおりである。

・特に就学前の子どもは、家庭養育原則を実現するため、原則として施設への新規措置入所を停止。このため、遅くとも平成 32 年度までに全国で行われるフォスタリング機関事業の整備を確実に完了する。

・愛着形成に最も重要な時期である 3 歳未満については概ね 5 年以内に、それ以外の就学前の子どもについては概ね 7 年以内に里親委託率 75% 以上を実現し、学童期以降は概ね 10 年以内を目途に里親委託率 50% 以上を実現する（平成 27 年度末の里親委託率（全年齢）

17.5％）。

・施設での滞在期間は、原則として乳幼児は数か月以内、学童期以降は1年以内（特別なケアが必要な学童期以降の子どもであっても3年以内を原則とする）。

・概ね5年以内に、現状の約2倍である年間1000人以上の特別養子縁組成立を目指し、その後も増加を図る。

　こうした目標年限を示すことで、社会的養護の構造を「家庭養育原則」に強引に切り替えることがめざされている。

「新しい社会的養育ビジョン」の何が問題か

　「ビジョン」の問題の第1は、事実と現実に立脚した提言であるとはいえない点である。たとえば里親養育先進国といわれる国々の実際を見ても"フォスターケア・ドリフト"問題（里子の頻繁な移動が里親間で行われる現実）は、さまざまな対策がとられているにもかかわらず解決していない。そうした現状から「ビジョン」は意図的かどうかはわからないが目を背けている。

　第2に、「ビジョン」は、その強引な推進方法もきわめて問題である。本当に「子どもの最善の利益」を求めて制度改革をすすめるのであれば拙速で強引な手法ではなく、関係団体、社会的養護利用の当事者、専門職、研究者、行政の担当者などの総力を結集して、徹底した議論を踏まえて方向を提示すべきである。もし強引に社会的養護の構造を変えてしまったあとに、"フォスターケア・ドリフト"問題などが噴出し、社会的養護の崩壊ともいえる状況になるとすれば、誰が責任をとるのであろうか。

　第3に、もう1つの大きな問題は、わが国の施設養護の運営と実践の積み重ねの歴史を正当に評価した上での検討がほとんどなく、子どもたちにとって"よい里親制度とわるい施設養護"という先入観・思い込みを前提にしている点もリアリティの欠ける認識といわざるをえない。そもそも里親とともに施設職員の現場を担っている方々への真摯な敬意が感じられない点も残念である。

本書の構成

本書は大きくⅡ部構成としており、Ⅰ部は「社会的養護の事実・現実から出発を」、Ⅱ部は「これからの社会的養護の発展のために」という内容となっている。Ⅰ部は、「ビジョン」の読み方、児童養護の改革課題、諸外国における里親制度の実際、グループホームの実践から社会的養護の展望を探る、戦後日本の児童養護施設および里親制度の歩みと到達点となっており、Ⅱ部は子どもの権利論、児童相談所・一時保護改革の課題、コミュニティにおける要支援家庭支援策、児童養護施設における自立支援の取り組み、日本の児童養護の方向性の提起などとなっている。

わが国の社会的養護を検討する上で必要なテーマを基本的には網羅した内容となっており、「ビジョン」をめぐる問題と論点を通して、日本の児童養護のあり方を真摯に議論していく上で、必要な問題提起と提言をしている。具体的な議論は論証的に事実を積み重ねながら、課題に関してもできるだけ整理することで提言・提案を示している。

本書は、コラムを除いて総勢11名の論稿で構成している。私たちの基本的なスタンスは、施設か里親制度かという二者択一的な袋小路に入るような議論をするのではなく、包括的な社会的養護のあり方を検討し、変革を重ねていく中で選択肢が豊富に準備されていなければならないという観点で貫く努力をしている。わが国における施設養護に関して、さまざまな課題があることもまた直視しなければならないと考えている。

「子どもの最善の利益」の保障とは

いま専門職、政治家、研究者も含めて、「子どもの最善の利益」とは何かが政策立案の作業には問われている。子どもの権利条約第3条（子どもの最善の利益）で「1. 子どもにかかわるすべての活動において、……子どもの最善の利益が第一次的に考慮される。2. 締約国は、……福祉に必要な保護およびケアを確保することを約束し、この目的のために、あらゆる適当な立法上および行政上の措置をとる。3. とくに安全および健康の領域、職員の数および適格性、ならびに職員の適正な監督について、権限ある機関により設定された基準に従うことを確保する」ことが謳われている。

ここに規定されている「子どもの最善の利益」の内容を踏まえた施策の視点にたって、社会的養護の今後のあり方を考える必要がある。「子どもの最善の利益が第一次的に考慮される」ということを、事実・現実から検討することが私たちに求められている。そしてその「考慮」する主体を誰とするのかも重要である。決して一部の政治家や行政関係者、その人たちにとって都合のいいことを言ってくれる研究者であってはならないのである。

権利としての社会的養護を利用する子どもたちと家族のための「あらゆる適当な立法上および行政上の措置」をとること、「職員の数」＝職員の配置基準の改善に関して、国は行政的にサボタージュしてきたことも否めないのが実際である。そうした国が拙速に社会的養護のしくみを変えると主張することには注意を喚起しておきたいと思う。

研究者および専門職の「忖度」について

もう1点、ふれておきたいことがある。この間国会で論議されてきた“官僚の忖度”であるが、そのことは官僚だけでなく、研究者や専門職においても受け止めるべき課題である。ヴィルヘルム・フォッセ（政治学者）のことばを借りれば、忖度とは「先回りした服従」のことである。「先回りした服従」は研究者や専門職には無縁であるはずである。子ども・家族・コミュニティ・政策動向に対して、必要なことを言い、臆することなく主張する研究者・専門職が、人権と真理に対する誠実な姿勢を今日ほど求められている時代はない。

研究者や専門職はその研究活動と実践的経験を通して、必要な知見を社会的に発信すべき存在でなければならないはずである。またそう信じたい。

私たちの決意と熱意を込めた本書を現場実践者、行政関係者、研究者、学生など多くの関係者に読んでいただきたいと切に願っている。

　　2018年4月　葉桜の季節に　　　　　　　　共編者　浅井　春夫

目　　次

はじめに——いま、なぜ「新しい社会的養育ビジョン」なのか［浅井春夫］....3

Ⅰ部　社会的養護の事実・現実から出発を

1　「新しい社会的養育ビジョン」をどう読むか
提案の背景と考え方をめぐって［浅井春夫］

はじめに——「ビジョン vision」が子どもの最善の未来図であるために......12
1　「社会的養護の課題と将来像」の見直しと「ビジョン」の提案.........15
2　「社会的養護の課題と将来像」の何が不十分で、
　　残された課題は何であったか.....................................21
3　「社会的養護」と「社会的養育」概念はどう違うか
　　——概念の転換はいかなる意図をもって提起されているか.............23
4　「ビジョン」提案の背景と工程...................................29
5　真のビジョン（vision）を具体化するための提案.....................32
まとめにかえて——社会的養護のあり方を真摯に問う.....................34

2　社会的養護の現実を踏まえた改革の課題
児童養護問題の視点から［堀場純矢］

はじめに...37
1　「新しい社会的養育ビジョン」の問題点............................39
2　児童養護問題を踏まえた家庭支援の方向性..........................50
3　児童養護施設の小規模化・地域分散化に向けた課題..................53
おわりに...56

3　諸外国における里親制度の実態から考える
社会的自立はどう保障されているか［黒川真咲］

はじめに...61
1　オーストラリア...62
2　カナダ オンタリオ州..64

3　アメリカ..66
　4　日本において社会的自立はどの程度保障されているのか..............67
　おわりに..76

4　グループホーム実践から社会的養護の展望を探る
児童養護で積み重ねてきた実践をつなぐ［中山正雄］

　1　わが国におけるグループホームの開始................................80
　2　施設分園型グループホームの発展....................................82
　3　東京のグループホームの取り組みの背景とめざしたもの................85
　4　グループホームの実績を見る..88
　5　家庭と同様の養育環境とグループホームの養育環境....................90
　6　公的責任として必要な施設の役割....................................93

5　戦後日本の児童養護施設の歩みと到達点
児童福祉法制定から現在まで［片岡志保］

　はじめに..98
　1　児童福祉法ならびに児童福祉施設最低基準の変遷......................98
　2　児童養護施設で暮らす子どもの実態（入所理由、親の有無等）の変遷..101
　3　児童養護問題に対する実践者の取り組み............................106

6　戦後日本における里親制度のはじまり
その発展と挫折［下村 功］

　はじめに...115
　1　日本の「里親」の歴史...116
　2　終戦直後の児童福祉...117
　3　児童福祉法制定と里親制度のはじまり...............................119
　4　里親制度推進とホスピタリズムの指摘...............................119
　5　里親制度の展開...121
　6　ホスピタリズム論争と里親制度.....................................123
　7　里親制度への逆風...124
　まとめ...125

コラム 「新しい社会的養育ビジョン」を受けて

児童養護施設を卒園した卒園生の声から［横尾知花］.................128

Ⅱ部　これからの社会的養護の発展のために

7　いま発展させるべき子どもの権利とは何か
「ビジョン」はいかなる権利保障をめざすのか［村井美紀］

1　子どもの権利条約に見る「子どもの権利」と日本の子どもの権利......132
2　社会的養護における「子どもの権利」の現状.....................134
3　改正児童福祉法と「ビジョン」における課題......................141
おわりに——子どもが求める権利保障とは.........................148

8　児童相談所・一時保護改革で問われていることは何か
子どもの現実と権利保障の視点から問う［茂木健司］

1　一時保護制度の意義...149
2　一時保護の実情..151
3　新しい養育ビジョンにおける児童相談所と一時保護所の記載と
　その検討...159
4　子どもの権利保障機関としての児童相談所と方法としての
　一時保護（所）のあり方......................................163
5　一時保護所の専門スタッフ...................................172
6　施設内学校（学級）の設置...................................173
7　ケアワーカーの専門性とスーパービジョン体制の確立..............174

9　要支援家庭のための政策と実践を求めて
地域を基盤にした支援策とは何か［望月 彰］

1　子育てをめぐる関係性.......................................176
2　地域を基盤にした支援策.....................................181
3　地域子育て支援体制における社会的養護の役割...................184

10 児童養護施設における自立支援
自立支援強化事業をはじめとする東京都の取り組みを中心に［早川悟司］

はじめに 195
1 義務教育修了後の就学保障 196
2 東京都自立支援強化事業の成り立ち 199
3 社会的養護における自立支援の今後 203
おわりに 210

11 日本の児童養護が培ってきたものを土台とした方向性を提起する
社会的養護のあり方検討の前提は妥当なのか［黒田邦夫］

はじめに 213
1 社会的養護のあり方検討の前提は妥当なのか 213
2 「新しい社会的養育ビジョン」の描く社会的養護システムの問題 218
3 わが国の児童養護施設の方向性について 225
まとめ 233

まとめにかえて［黒田邦夫］ 237

付録 児童養護施設等の大学等進学のための奨学金 240

編著者紹介 247

I 社会的養護の事実・現実から出発を

1 「新しい社会的養育ビジョン」をどう読むか

提案の背景と考え方をめぐって

浅井春夫

はじめに
—— 「ビジョンvision」が子どもの最善の未来図であるために

『大辞林　第三版』（三省堂、2006年）によれば、「ビジョン（vision）」は、以下のような意味を持った用語である。「①将来のあるべき姿を描いたもの。将来の見通し。構想。未来図。未来像。②幻想。幻影。まぼろし。③視覚。視力。視野。④見えるもの。光景。ありさま」などの多様な内容を含んでいる。

あえてこれらの意味を踏まえていえば、当然、報告書「ビジョン」は①将来の見通し・構想・未来像の意味で使われているのだが、将来の見通しや構想を描くのであれば、社会的養護の事実と現実、歴史的な到達点を踏まえて、何よりも社会的養護のもとで暮らす子どもたちと現場実践者の願いとは何かを真摯に問い、その声に耳を傾けることが必要である。そうした観点でいえば「ビジョン」はきわめて高圧的な提起のし方であるといわざるをえない。上から大胆な提起をしないと児童養護界の変革は望めないという現状認識があることを推測せざるをえないのだが、そうした姿勢が児童養護の変革を推進していく力になるのかに関して、私は否定的である。

その点でいえば、里親と施設の児童養護現場の実態と声をどのように整理し、いかなる論点があるのかの把握が必要不可欠である。本書で論究するように、これまで紹介されている諸外国の里親制度の実態は率直にいえば、社会的養護に占める利用児童の里親制度の比率の高さの紹介であり、その対極としてのわが国の社会的養護全体に占める里親委託の割合の低さの指摘である。いわば制度利用の入口・初期段階での量的な指標についての国際比較であった。それは施設養護・「家庭（的）養育」の質および社

会的な自立支援の中身の把握とは程遠い内容であった。

　わが国の里親の方々のご尽力には心からの敬意を表するとともに感謝を申し上げる次第である。あわせて現在の里親制度のもとで、里親個人・里親家庭の努力に委ねられている里親制度と政策の現状を検討しなければならないと考えている。

　そうした観点から、概して諸外国の里親制度の実態と社会的機能の実際は、わが国で紹介されているほど評価に値するとはいい難い実態がある。それに対して日本の里親養育は社会的養護に占める割合は少ないが、養育内容はかなり高い水準にあるといってよい。

　本書は、"養護観の違い"という立場の対立に矮小化されることがないように統計的な資料に基づいて、実証的論理的アプローチに力点を置いて論点を整理することに努めた。政策的にも研究的にも実践的にも事実・現実・真実に基づいて論議することに徹したいと願っている。

　そうした観点を踏まえて結論的にいえば、「ビジョン」で提起されている方向は、「②幻想。幻影。まぼろし」に帰する問題を含んでいることを指摘せざるをえない。仮に「ビジョン」の具体化の明確な条件整備（里親支援のしくみと条件、施設と里親の機能分担、対象児童論、施設現場の合意形成など）と展望のないまま社会的養護の体系と機能を抜本的に変えるようなことになれば、取り返しのつかない社会的養護の崩壊と最も困難な生活実態にある子どもたちの権利を守り切れない現実をつくってしまうことになる。"社会的養護の崩壊"とは、ホームレス児童を政策的社会的に生み出す結果をもたらすことをいう。その具体的内容に関しては、第3章「諸外国における里親制度の実態から考える」（黒川真咲論文）および第11章「日本の児童養護が培ってきたものを土台とした方向性を提起する」（黒田邦夫論文）を参考にされたい。

　「ビジョン」がそのまま実施・具体化されることになれば、最悪の事態を生み出す可能性≒危険性があることも指摘しておきたい。そうであれば、政策推進の結果責任を「③視野」に置いて、問題状況への対応策を検討することが必要である。社会的養護を利用する子どもの未来の「④光景。ありさま」がどのような実態になるのかについて、諸外国の里親制度の実態

をリアルに見ておくことが必要不可欠である。

社会的養護のビジョンを描くことは国民的に必要な課題である。たしかに、わが国の社会的養護の実際が盤石の体制であるとはいえないことは事実である。であるからこそ、①施設と里親制度の戦後の歩みと到達点の正確な把握、②社会的養護の中軸である児童養護施設・乳児院の子どもの発達と権利の保障、社会的自立支援を具体化するための環境条件と実践に関する課題の論究、③里親制度、養子縁組制度の現状と課題の整理、④社会的養護の機能分化と総合的なシステムづくりに必要な作業の合意形成、あわせて⑤社会的養護分野への積極的な財政投入などが必要になっている。

本書は、わが国の社会的養護のあり方をめぐる上からの「ビジョン」の提起に関して、編者・執筆者のほぼ共通する現状認識と「ビジョン」への批判点および政策的方向性を提起したものである。

具体的には、第1に、社会的養護のあり方について政策的に里親制度、特別養子縁組に大きく舵を切ろうとしていることが「ビジョン」の提起でいっそう明確になっているもとで、そうした政策提案が事実認識のレベルで多くの問題点と事実誤認を含んでいることを明らかにし、広く論議されることをめざし問題を提起する。

第2に、「社会的養育」の「ビジョン」案の中身・方向に関する具体的な問題点の指摘と率直な批判を展開する。

第3に、あわせて児童養護施設等の現場実践や施設運営の改革に関する具体的な問題提起と改革案を提起する。

第4として、児童相談所および一時保護制度などに関する現状分析と現場からの改革の提案を検討する。

本書は全体をⅡ部構成で「Ⅰ部　社会的養護の事実・現実から出発を」「Ⅱ部　これからの社会的養護の発展のために」としており、11の論稿とコラムで構成されている。

補足的にいっておくが、「ビジョン」には決定的な問題点とともに評価すべき点が少なくないという意見を聞くことがよくあるが、こうした政策に関わる報告書の読み方は何が優先順位として位置づけられているのかを明確に把握することが重要である。政策文書には現場にとって改善課題を

いわば"抱き合わせ"で提起されることのほうが一般的である。問題は提起されている内容の優先順位がどのように位置づけられているのかを見定めることである。改善方針を提起しているのであれば、なぜそれがいままでできていなかったのかを問い、解明すべきである。政策変更に絡めての改善課題・方針の抱き合わせ提起には落とし穴があると考えたほうがよい。

　各章の具体的なテーマの論究に入る前に、本章の内容は「ビジョン」が提起する流れと社会的背景、「ビジョン」が何をめざしているのかについての問題点を整理することを目的としている。

1 「社会的養護の課題と将来像」の見直しと「ビジョン」の提案

(1)「ビジョン」作成で葬られた「社会的養護の課題と将来像」
（2011［平成23］年7月）

　社会的養護界に突然投げかけられた「ビジョン」作成・提案プロセスに関して、率直にいえば、その唐突さと強引な「改革」のすすめ方の提示には多くの深刻な問題がある。

　まず「ビジョン」は、「平成29年7月31日の第15回新たな社会的養育の在り方に関する検討会で、初めて座長作成のサマリーを含む報告書案の全文が示され、現場の意見を聴く機会を設けられることもなく、そのわずか2日後に開催された最終の検討会でとりまとめられたという異例ともいえる経過で成案化された」（社会福祉法人 全国社会福祉協議会　全国児童養護施設協議会　会長　桑原教修『『新しい社会的養育ビジョン』に関する意見」2017年9月6日）という作成プロセス上の問題が指摘されている。その内容と改革方針に関して「現場には大きな驚きと衝撃が広がり、現に養育を担っている職員はもちろん、これから子どもたちの養育に携わろうと考えている者たちに計り知れない影響を与えている」（前掲）といわれている。

　児童養護界には"衝撃を与えるような爆弾"を投げ込まないと問題提起にならないという提案の手法としての側面を持っているかもしれないが、「ビジョン」の具体的な内容は社会的養護の骨格を変え、結果的に取り返

16　I部　社会的養護の事実・現実から出発を

しのつかない要養護児童の権利保障の基盤を崩す可能性がある。

　とくに問題点と考える第1は、児童養護施設における実践と運営の戦後の歩み、とりわけ70年代以降の歩みと到達点に関して、リアリティのある児童養護の実態把握が十分に検討されないまま、里親・養子縁組（特別養子縁組）への比重の変更＝「家庭養育優先」の基本方針の下で、具体的な目標とその達成のための年限を区切った数値目標などが児童養護界に高飛車に押し付けられていることである。

　第2に、そもそも社会的養護体系に関する論議を真摯に問うのであれば、その前提として児童養護施設を中軸とした施設養護とグループホームの量と質の分析を踏まえて課題を明確にしていく必要があるが、その点に関しては真摯な検討はされていないことである。

　第3として、内外の里親制度の現状と課題を明らかにしていく研究的作業が求められていることである。措置されている時点での施設と里親の比率がよく紹介されるのだが、施設および里親制度を利用した要養護児童の社会的自立状況──高校卒業率、就業継続率、法律違反（犯罪）率、ホームレス率、職員・里親との関係性の継続率──などの統計的把握が必要である。そうした作業を検討会でのヒアリングだけで済ませるのではなく、施設現場や里親、社会的養護の利用当事者、見解の異なる研究者・研究団体なども含めて、じっくりと論議することが必要である。真摯に社会的養護の今後のあり方を追究することが求められているのであって、要養護児童の人権こそ保障されるべき課題のはずである。

(2)「ビジョン」で提起されている内容と問題点

　「ビジョン」の〈要約編〉を踏まえて、まず提起されている基本方向を整理しておく。

　　①「家庭への養育支援から代替養育までの社会的養育の充実とともに、家庭養育優先の理念を規定し、実親による養育が困難であれば、特別養子縁組による永続的解決（パーマネンシー保障）や里親による養育を推進することを明確にした」とされている。

②児童福祉法改正の理念を具体化するために、「社会的養護の課題と
将来像」を「全面的に見直し」、「ビジョン」とそこに至る工程を示
す内容となっている。

③「代替養育は家庭での養育を原則とし、高度に専門的な治療的ケア
が一時的に必要な場合には、子どもへの個別対応を基盤とした『で
きる限り良好な家庭的な養育環境』を提供し、短期の入所を原則と
する」ことが掲げられている。

　そして、そうした基本的な方向を踏まえて、「ビジョンの骨格」が以下
のように「工程に基づいて着実に推進されなければならない」としている。
とりわけ「乳幼児期を最優先にしつつ」、「全年齢にわたって代替養育とし
ての里親委託率（代替養育を受けている子どものうち里親委託されている子ど
もの割合）の向上に向けた取組を今から開始する」ことを掲げている。

①就学前の子どもは、原則として新規での施設への措置入所を停止し、
里親に委託する。

②全国平均17.5%の里親委託率（2015年度末）を、3歳未満では概ね
5年以内に、3歳以上の就学前の子どもについては概ね7年以内に
それぞれ「75%以上」に引き上げる。

③特別養子縁組は概ね5年以内に、現状の約2倍である年間1000人
以上の成立をめざし、その後も増加を図っていく。

④養育困難な子どもが入所する施設の場合も、すべての施設は原則と
して概ね10年以内を目途に、「小規模化（最大6人）・地域分散
化・常時2人以上の職員配置」を実現し数人単位で地域に分散した
小規模施設に変えていく。

⑤里親への包括的支援体制（フォスタリング機関）の抜本的強化と里
親制度改革を「最大のスピードで実現し、2020（平成32）年度には
すべての都道府県で行う体制」とする。

⑥あわせて児童相談所・一時保護改革として、児童相談所改革におい
ては調査・保護・措置に係る業務と支援マネジメント業務の機能

分離を進めることとし、一時保護に関する改革としては緊急一時保護とアセスメント一時保護とに機能分化することで、「概ね5年以内に子供の権利が保障された一時保護を実現する」としている。

「ビジョン」は2016年の児童福祉法改正を受けて提言されたものであり、全会一致で成立した児童福祉法改正で確認された必然的な方向を示した政策提案であると喧伝されている。したがって児童福祉法改正前に提言されていた「社会的養護の課題と将来像」が見直され、事実上葬り去られるのは当然という意見もあるが、同意し難い。

その点について補足的にいっておくと、2016年の児童福祉法改正（5月27日、国会で可決・成立）で新設された第3条の2では「国及び地方公共団体は、児童が家庭において心身ともに健やかに養育されるよう、児童の保護者を支援しなければならない。ただし、児童及びその保護者の心身の状況、これらの者の置かれている環境その他の状況を勘案し、児童を家庭において養育することが困難であり又は適当でない場合にあつては児童が家庭における養育環境と同様の養育環境において継続的に養育されるよう、児童を家庭及び当該養育環境において養育することが適当でない場合にあつては児童ができる限り良好な家庭的環境において養育されるよう、必要な措置を講じなければならない」ことが規定されている。

「児童福祉法等の一部を改正する法律案の概要」では、「1. 児童福祉法の理念の明確化等（1）児童は、適切な養育を受け、健やかな成長・発達や自立等を保障されること等を明確化する。（2）国・地方公共団体は、保護者を支援するとともに、家庭と同様の環境における児童の養育を推進するものとする。（3）国・都道府県・市町村それぞれの役割・責務を明確化する」などの説明がなされている。

このような法的規定が新設されることで、すべての子どもを里親、養子縁組を含む「家庭」で育てるという新しい「家庭養育優先原則」を明確にした内容とされている。施設入所は、里親、養子縁組を活用することが「適当でない」場合にのみ限定し、しかもその場合でも「できる限り良好な家庭的環境」を保障することを義務づけた内容であり、日本の児童福祉

法制上で見れば "画期的な内容" と喧伝されることが多い。

　そうであれば、「できる限り良好な家庭的環境」とは何かについて、養護（養育）内容論として検討される必要があるが、法律上も「ビジョン」においても養護（養育）形態論に終始しているのが実際である。

　里親制度および養子縁組推進論者、「脱施設化」論者が "水戸黄門の印籠" のように掲げる新設された第3条の2は「家庭養育原則」の徹底＝里親・養子縁組（特別養子縁組）を社会的養護の中心的な柱とし、原則的方向として一元化をめざす法的な根拠とされている。

　しかし率直にいって、社会的養護における施設と里親の量的比重の変更、養護形態（施設・里親・養子縁組・グループホームなど）と養護内容など、運営・実践レベルの問題を法律に書き込むことがはたして適切であるのかという問題を孕んでいるといえよう。わが国の社会的養護の現状（「社会的養護の課題と将来像の実現に向けて」厚生労働省、平成28（2016）年1月）から見れば、平成26年10月1日現在、乳児院、児童養護施設、情緒障害児短期治療施設（現在、児童心理治療施設）、児童自立支援施設の現員数の総計が3万4043人に対して、里親への委託児童数は4731人、ファミリーホームの委託児童数1172人を加えると5903人となっている。したがって里親・家庭的養護が全体の社会的養護に占める割合は、14.8%、施設養護は85.2%を占めているのが実際である。こうしたわが国の社会的養護の現状に関して、政策的に大きく変更を加える内容を法律に書き込むことには大いに疑問を感じざるをえない。そもそも量的な形態レベルでの政策変更であって、「良好な家庭的環境」の養育内容が明示されないままになっており、社会的養護・養育の質的なレベルでの方針提起とはなっていないことも問題である。

　第3条の2が新設されたのは、第1節で基本的な権利保障の骨格と内容を明らかにし、国と自治体の責務を書き込むべきところであり、「国及び地方公共団体は、児童が家庭において心身ともに健やかに養育されるよう、児童の保護者を支援しなければならない」という国と自治体の責務を明確にすればよいはずである。

　そもそも「児童は、適切な養育を受け、健やかな成長・発達や自立等を

保障されること等を明確化する」ということが改正の意義として「法律案の概要」で述べられているのだが、憲法25条（健康で文化的な生活保障）がある国で、憲法制定（1947年5月3日施行）から70年あまり経っている現在、そうした内容を「明確化する」こと自体が改正理由にあげられていることに疑問を感じざるをえない。その点ではとりわけ社会的養護のもとで暮らす子どもたちには「適切な養育を受け、健やかな成長・発達や自立等を保障されること」がなかったことを逆照射する皮肉な論理展開となっている。

(3) 両委員会の構成メンバーの変更の意味

2017年8月「新たな社会的養育の在り方に関する検討会」（「ビジョン」と略記）（12名）と2011年7月「児童養護施設等の社会的養護の課題に関する検討委員会」（12名）＋「社会保障審議会児童部会社会的養護専門委員会」（「社会的養護の課題」と略記）（9名で総計21名）のメンバー構成の変化の内容を見ると、後者の「社会的養護の課題」（検討委員会＋専門委員会）の21名のうち、社会的養護の現場関係者は14名で、3分の2を占めている。またメンバーで「ビジョン」メンバーとして継続したのは、検討委員会メンバー12名中5名となっており、新規に選出されたメンバーは7名である。また大学教授が7名、児童養護施設関係者は3名（理事長2名と副施設長1名）、児童相談所1名などで構成されている。

検討委員会および専門委員会の委員長を兼ねていた柏女霊峰氏は「ビジョン」のメンバーから外れている（2017年10月6日に設置された「社会保障審議会児童部会社会的養育専門委員会」では、委員長の任を担っている）。

メンバー変更の特徴は、第1は「社会的養護の課題」での現場関係者14名のメンバーのうち12名が「ビジョン」から外れている点である。したがって児童養護の直接の関係者が少数となっている。第2にその裏返しになるが、「ビジョン」の構成メンバー12名のうち、7名が新たなメンバーで、全構成員のうち7名が大学教授となっている。こうしたメンバー変更の実際は、社会的養護のあり方について、基本的な目標地点をまずは設定して、その具体化を図るという国・厚生労働省の戦略となっている。

そうした政策提起と議論の方法をとるのであれば、広くさまざまな立場と多様な見解を持った人たちで議論すべきことではなかろうか。その点で大いなる疑問を感じている。

2 「社会的養護の課題と将来像」の何が不十分で、残された課題は何であったか

(1) 何が政策側にとって"問題"だったのか

「ビジョン」では「『社会的養護の課題と将来像』の見直しの必要性」（9～10頁）で、「『家庭的養護』の推進、施設やその生活単位の小規模化」などの「多くの前進があった」ことは認めるのだが、決定的な問題点として、「施設養護における『家庭的養護の推進』の必要性は、その生活単位の縮小のみならず、本体施設から分散して地域に基盤をおく養育環境に移行できるかにあったが、そうした展開が不十分な提言となっている、社会的養護としての在宅支援の在り方が提示されておらず、永続的解決を保障していくことについてまったく提示されていない、この永続的解決を担う児童相談所を中心としたソーシャルワークの在り方に関して言及されていない、代替養育としての一時保護の在り方が提示されていない、できる限り家庭的な養育の必要が乳児院と児童養護施設に限られて児童心理治療施設や児童自立支援施設での家庭的環境の必要性が明確になっていない、里親やファミリーホームを優先させるとは提言されているがどのような場合に施設養育が必要であるのかが提示されていない、代替養育施設種別をそのままに踏襲しており子どものニーズに合った代替養育の抜本的改革は考慮されていない、といった限界がある。また、代替養育を必要とする子どもの数に関し、最近10年での伸びをもとに将来推計を行っているが、その実数は定数で規定されており、子どもの真のニーズに合わせた改革となっているか疑問がある」としている。

あわせて「平成28年改正法では、家庭支援を行っても家庭での養育が困難であったり適当ではない場合には、家庭同様の養育環境での養育が原則とされ（論点1）、それが適当でない場合は（論点2）、できる限り良好な

家庭的環境で養育されること（論点3）が必要と定められた。本検討会では論点1～3に関して、十分な議論を尽くし、その在り方を提示した」（p.26～p.29）としている。

　要約的にいえば、①要養護ニーズを持った子どもの抱える課題に「永続的解決」を推進し保障することがまったく提示されていないこと、②「できる限り家庭的な養育の必要」と「家庭的環境の必要性」が明確になっていないこと、③「代替養育施設種別をそのままに踏襲しており子どものニーズに合った代替養育の抜本的改革」が明示されていないこと、④「永続的解決を担う児童相談所」と「代替養育としての一時保護」のあり方が示されていないことなどが指摘されているところである。

　「社会的養護の課題と将来像」の全面見直しをすすめる背景には上記のことだけではなく、文章化されていない問題もあると推測する。それは職員配置基準の改定がこの間すすめられてきたが、政府としては600か所を超える児童養護施設の職員配置をさらに改定することに関してきわめて後ろ向きなことも1つの状況である。それは財務省、総務省などの意向も少なからず反映していることは想像に難くないが、子どもたち（要養護児童）に「健康で文化的な生活」をどのように保障していくのかという基本的スタンスが問われる課題でもある。

(2)「社会的養護の課題と将来像」が主張していること

　あらためて「課題と将来像」が求めた内容について確認をしておこう（藤野興一「社会的養護の到達点とこれから―日本型社会的養護の構築を―」『新たな社会的養護への挑戦　第70回全国児童養護施設長研究協議会記念誌』2017年、全国社会福祉協議会全国児童養護施設協議会、82～91頁）。その第1の柱は「家庭的養護family-like care」（生活単位の小規模化・個別ケア）の推進および里親foster careの委託促進である。ここで「家庭的養護」とは、「生活単位の小規模化であって、施設定員を減らすということではない」ことを強調している。

　第2の柱は、里親制度の促進と施設による里親支援および地域の児童家庭支援を強化することである。施設か里親かの二者択一ではなく、具体策

としては、「2015年度を初年度にして、3期15年をかけてすべての大舎制の施設を6人程度の小規模グループケアまたは地域小規模児童養護施設とし、里親またはファミリーホームを推進すること、施設とグループホーム（分園型小規模グループケア）と里親・ファミリーホームをそれぞれ3分の1ずつとする目標を立て」ている。そうした方向に基づいて「施設と里親が連携して、里親支援専門相談員の配置等施設による里親支援の体制」づくりがすすめられることが想定されていた。施設が里親支援機能を持つことが社会的養護の将来像を描くために必要不可欠な課題であることは確認すべき事項である。

　第3の柱は、社会的養護施設を地域の児童福祉の拠点にすることである。藤野興一論稿では、「社会的養護施設」という用語を使っているが、これは「家庭的養護 family-like care」概念を踏まえた上で、施設機能としてのソーシャルワーク機能を図っていくことを意識した用語であろう。里親、地域小規模児童養護施設、要保護児童対策地域協議会（略称：要対協）との連携なしには、今後の社会的養護の発展を望むことはできない。

　「課題と将来像」が提示したこれらの論点は継続されるべき課題であり、「ビジョン」においても引き継がれるべき課題であったし、これからの論議においても避けて通ってはならない課題である。

3 「社会的養護」と「社会的養育」概念はどう違うか
──概念の転換はいかなる意図をもって提起されているか

(1)「養護」と「養育」概念の大きな溝

　「養護」および「社会的養護」概念はこれまで長く使用されてきた概念であるが、「ビジョン」では「社会的養育」という概念が使われ、前者に比較して権利保障の拡充という観点でも、対象の広がり（すべての児童）という面でも基本的な違いがあるかのように恣意的≒誘導的に使われている。「社会的養護」概念を「社会的養育」に変更した理由と「社会的養育」概念そのものの定義に関して「ビジョン」の中で明示されてはいない。特別な意味をこめて新たな概念を使うのであれば、明確に定義と用語解説を

すべきである。

「ビジョン」（本文編）では、「新たな社会的養育という考え方では、そのすべての局面において、子ども・家族の参加と支援者との協働を原則とする。参加とは、十分な情報を提供されること、意見を表明し尊重されること、支援者との適切な応答関係と意見交換が保障されること、決定の過程に参加することを意味する。子どもは年齢に応じた意見表明権を持ち、意見の表明と適切な応答関係の保障は、子どもの発達の基盤となる。意見を適切に表現することが困難な場合にはアドボケイトを利用できる制度の創設が必要である。また、家族の参加の保障と支援者との協働は、家族の能動性を促進すると同時に、支援者の情報と認識の幅を広げ、より適切な養育の在り方を構想する基盤である」という説明がされている。ここで述べられている内容は、社会的養護の取り組みの中で課題としてきたことであり、制度的実践的に着実に改善・前進をしてきた中身である。

「新たな社会的養育」という用語の本質をほとんど定義することなく使用し、その考え方によれば「そのすべての局面において、子ども・家族の参加と支援者との協働を原則とする」というのだが、その用語の考え方が直線的に「より適切な養育の在り方を構想する基盤」を形成するわけではない。むしろ児童養護の考え方や視点の転換が法律・制度・運営や実践のあり方に影響を及ぼし、その過程で概念や用語の転換がなされるのが実際である。決して用語の転換が「家庭養育優先原則」に直結し、社会的養護の実態を変革するものではない。

論理展開の方法としての演繹法とは、一般論やルールに観察事項を加えて、必然的な結論を導く思考方法だが、「ビジョン」はそうした展開にもなっていないし、まして、多くの観察事項（事実）から類似点・共通点をまとめ上げることで、結論と方向を導き出す帰納法ともなっていない。その点ではきわめて恣意的な作文となっており、論理展開に無理がある。

そもそも「新たな社会的養育という考え方」では「子ども・家族の参加と支援者の協働を原則とする」というのだが、そのためには制度的保障と実践的運営的改革が求められるのであって、「原則とする」と位置づけることだけで実現するわけではない。「社会的養護」において「子ども・家

族の参加と支援者の協働」が追究されてきた歩みと実際がある。

　「アドボケイトを利用できる制度の創設が必要である」というのであれば、権利表明や行使が困難な子どもや障がいとともに生きている子どもたちの権利を代弁・擁護し、本来人間が持つ権利をさまざまな理由で行使できない状況にある人に代わり、その権利を代弁・擁護し、権利実現を支援する機能であるアドボカシー（advocacy）の条件整備をすべきである。

　「養育」と「養護」概念について確認しておくと、「養育」は児童福祉法の制定過程では基本概念とされてきた概念である。「保育」とは「保護教育」を合成した用語であり、「養護」というのは、「養育保護」の意味を持った概念である（松崎芳伸『児童福祉法』1948年、日本社会事業協会、94頁）。児童福祉法の制定過程で「養育」は児童福祉の基礎・根幹に位置づけられる用語であり、「養育」概念をベースに児童福祉の領域別課題が示されている。その点でいえば、「養育」概念は児童福祉の課題に特化された概念というより、児童福祉の基盤としての概念であり広く一般児童を対象にした概念であるといえよう。

　そうであれば「社会的養育」とは、社会の一般的な子育てのことをさしているのであり、「ビジョン」が説明しているような養護内容に関する概念であるとはいえない。「養護」は経済的貧困と家族問題を内包した概念・用語であり、このような社会的歴史的に形成されてきた用語を具体的な論証抜きに勝手に定義し意味づけることには同意できない。

（2）「家庭的養育」と「家庭養育」の整理の意図

　そもそも厚生労働省は、第13回社会保障審議会児童部会社会的養護専門委員会（2012年1月16日）において、「『家庭的養護』と『家庭養護』の用語の整理について」で以下のように表明してきた。ここでは「養育」ではなく、「養護」を使用しており、その上で「家庭的養護」と「家庭養護」の違いに論究したものである。

　そこでは「家庭養護」と「家庭的養護」の用語を区別し、「施設養護」に対する用語としては、里親等には「家庭養護」を用い、施設において家庭的な養育環境をめざす小規模化の取り組み（グループホームや小グループ

26　Ｉ部　社会的養護の事実・現実から出発を

グループケアなど）には、「家庭的養護」を用いるとしている。両者を合わせていうときは、これまでどおり、「家庭的養護」を用いることとしている。

　ちなみに昭和23年の「家庭養育運営要綱」および昭和63年の「里親等家庭養育運営要綱」では、里親を「家庭養育」としており、「養育」概念を使用している。

　国連の「児童の代替的養護に関する指針」（2009年12月国連総会決議、厚生労働省雇用均等・児童家庭局家庭福祉課仮訳、以下「本指針」）との関係では、family-based careが「家庭養護」、family-like careが「家庭的養護」に対応している。国連の同指針では、family-based careとして、①Kinship care（親族による養育）、②Foster care（里親制度）、③Other forms of family-based care（家庭的養護の他の形態）をあげている。

　そうした定義を整理した上で、「Ⅱ．一般原則及び展望」において「7.本指針の適用にあたって、児童の最善の利益とは何かという判断は、親による養護を奪われ又は奪われる危険にさらされている児童のため、そのニーズ及び権利を充足するのにも適した行動指針を特定することを目的に行われるべきである。かかる行動指針は、判断の時点における、また長期的に見た、その児童の家族環境、社会環境及び文化環境におけるその児童の権利の完全な個人的発展並びに権利主体としてのその児童の地位を考慮に入れた上で、特定されるべきである。判断過程において、年齢及び成熟度に応じて児童が権利を求められ、かつ児童の意見が考慮される権利にとりわけ配慮すべきである」と明記している。

　さらに「8.各国は現在の代替的養護の提供を改善することに注意を払い、本指針に含まれる諸原則を反映させつつ、各国の全体的な社会・人間開発政策の枠組の中で包括的な児童福祉・児童保護策を策定及び実施」することを各国政府に求めている。

　本指針「Ⅰ．目的」では「（b）かかる永続的解決策を模索する過程で、又はかかる永続的解決策が実現不能であり若しくは児童の最善の利益に沿っていない場合、児童の完全かつ調和のとれた発育を促進するという条件の下、最も適切な形式の代替的養護を特定し提供するよう保障するこ

第1章 「新しい社会的養育ビジョン」をどう読むか　27

と」が掲げられている。そうした誠実な姿勢をわが国の政府はとってきた
か、また「ビジョン」策定のプロセスでは問われてきたといえるのであろ
うか。

　「養護」概念が施設養護に力点があり、そのようにイメージされること
が多いので、「養育」概念による社会的養護のイメージ転換を図る意味が
あるのかもしれないが、ビジョン（幻想）ではなく、真のイメージ転換の
ためには施設養護と里親養育の実際がいかなる実態であったのか、現在ど
うあるのかを真摯に検討していくことが求められている。そうした観点か
ら児童養護施設の職員配置（最低基準）の変遷を見ておきたい。

(3)「社会的養護」機能の拡充を阻害してきた根本問題とは何か

　1976年度に職員配置が改定された後、その基準に変更が加えられたの
は、2012年度であり、わが国は実に36年間、基本的な職員配置の改善を
しないままに推移させてきた。イギリスでは、1970年代には全体として
児童：職員比2：1を実現している。わが国では1976年度に、3歳未満児
2：1、幼児（3〜5歳）4：1、学童（6歳以上）6：1に改定して以降、2012
年度に学童5.5：1（「児童福祉施設の設備及び運営に関する基準」による規定）、
2015年度に学童4：1の予算措置の実施が実現したところである。その間、
個別課題等への加算を中心に改善はしてきたが、基本的な職員配置＝子ど
もの生活援助の基盤の改善は据え置かれてきたのである。こうした歴史的
経緯と実態からは「各国の全体的な社会・人間開発政策の枠組の中で包括
的な児童福祉・児童保護政策を策定及び実施すべき」という各国政府に求
められた課題にわが国が応えてきたとはいえない。

　「社会的養護」機能の拡充を阻害してきた根本問題は何であったのかと
いう歴史的実体的な観点からの論究なしに、施設の否定的評価のもとで、
条件整備もあいまいにしたまま「家庭的養育」重視の方向に舵を切ること
は、寄港先を明らかにしてはいるけれど、泥船のようなものである。そも
そも「ビジョン」には、表1-1に見るように40年近く条件整備を放置し
た状況のもとで、児童養護問題の深刻化・拡大化・重複化が社会的に注目
され、児童養護施設の現場からも改善要求が出されてきたことにまともに

28   Ⅰ部　社会的養護の事実・現実から出発を

表1-1　児童養護施設の職員配置（最低基準）の変遷（児童数：職員数など）

年度	3歳未満児	幼児（3〜5歳）	学童（6歳以上）	その他の配置・加算など
1948	10：1	10：1	10：1	
1964	9：1	9：1	9：1	
1966	5：1	8：1	8：1	
1968	5：1	7：1	8：1	
1969	5：1	6：1	8：1	
1970	3：1	6：1	8：1	
1971	3：1	5.5：1	7.5：1	都加算6：1を実施
1972	3：1	5：1	7：1	
1974				栄養士101名以上の施設に配置 都加算5.5：1に改定
1976	2：1	4：1	6：1	栄養士81名以上の施設に配置
1979				栄養士41名以上の施設に配置
1985				特別指導加算70名以上の施設に配置 都加算5：1に改定
1983				特別指導加算50名以上の施設に配置
1989				特別指導加算全施設に配置
1990				管理宿直専門員の新設
1992				自活訓練事業の実施
1998				非常勤指導員の加算（自立支援）
1999				非常勤心理職の配置
2000				地域小規模児童養護施設の創設
2001				個別対応職員（非常勤）の配置
2004				家庭支援専門相談員の配置 小規模グループ加算の新設 個別対応職員（非常勤）の全施設配置
2006				心理職の常勤化
2007				個別対応職員の常勤化
2012			5.5：1	0・1歳児　1.6：1
2015	児童養護施設			
	2：1	3：1	4：1の予算措置の実施	0・1歳児　1.3：1
	乳児院			
		3：1	4：1	0・1歳児　1.3：1
	児童心理支援施設			
				保育士・指導員　3：1 セラピスト　　　7：1
	児童自立支援施設			
				自立支援専門員・生活支援員　3：1 セラピスト　10：1
	母子生活支援施設			
	10世帯未満1人	20世帯以上2人	20世帯以上3人	30世帯以上4人

出典）浅井・金澤共編『福祉現場の貧困』明石書店、2009年、p333をもとに筆者作成

応えてこなかった国の政策的怠慢についていかなる評価をしているのであろうか。こうした時代状況と施設条件のもとで、施設養護と現場実践者がさまざまな課題に対応してきたのであり、その点への関心と現場の真摯な実践と運営への敬意がほとんど感じられないことは残念である。

4 「ビジョン」提案の背景と工程

(1)「新しい社会的養育ビジョンの実現に向けた工程」

「ビジョン」では、「平成28年改正児童福祉法の原則を実現するため」に、①市区町村を中心とした支援体制の構築、②児童相談所の機能強化と一時保護改革、③代替養育における「家庭と同様の養育環境」原則の徹底と施設養育の小規模化・地域分散化・高機能化、④永続的解決（パーマネンシー保障）の徹底、⑤自立支援の徹底などの改革項目について、速やかに平成29年度から改革に着手し、目標年限をめざし計画的にすすめることが提示されている。

①市区町村の子ども家庭支援体制の構築――「平成30（2018）年度から開始し、概ね5年後までに各地で行える体制とする」という方向は、自治体改革構想の児童福祉領域における行政運営体制の二重構造――保育・母子福祉の市町村運営体制と児童養護施設などの県レベルでの運営体制――を市町村単位の基礎自治体に一元化する方向にそった内容となっている。それは介護保険や保育、障害福祉領域と同じように市町村単位の運営という方向に連動したものである。

そうした政策動向の中で②「児童相談所・一時保護改革」が位置づけられている。「通告窓口の一元化」方針は、これまでの通告窓口の多元化方針をなぜ変更することになったのかが明示されるべきである。

児童福祉の運営体制に関しては、市町村単位に責任体制を移管する方向が用意周到にすすめられている。そうした方向が具体化すれば市町村格差がさらに広がり、社会的養護水準のバラツキがいま以上に拡大することも明らかである。児童養護の水準維持が各自治体の対応課題として迫られ、社会的養護のナショナル・ミニマムは事実上穴だらけとなり、社会的養護

の国家責任はいっそう霧散していくことになる。

その前提の課題として、児童相談所の配置基準についてガイドライン上は、国際的にはきわめて低く人口50万人に1か所と規定されてきたが、総人口1億2659万人（2018年1月現在）であれば、253か所が必要であり、実際には208か所（2015年4月現在）にとどまっていることこそ、改革されるべきである。

「一時保護に関する改革として、機能別に2類型に分割（緊急一時保護とアセスメント一時保護）し、閉鎖空間での緊急一時保護の期間を数日以内とする」（3頁）とされている。この点に関する批判的論点は、第8章の茂木論文を参照されたい。

③「里親への包括的支援体制（フォスタリング期間）の抜本的強化と里親制度改革」が掲げられている。

「最大のスピードで実現し、平成32年度にはすべての都道府県で行う体制とし、里親支援を抜本的に強化する」（3頁）としているが「抜本的に強化する」中身は不明である。

また「一時保護里親」「専従里親」などの新しい里親類型を平成33年度を目途に創設し、「『里親』の名称変更」も予定されている。

④永続的解決（パーマネンシー保障）としての特別養子縁組は「ビジョン」の柱であるが、その検証を踏まえて、現状と課題を掘り下げる必要がある。

⑤「乳幼児の家庭養育原則の徹底と、年限を明確にした取組目標」——「家庭養育原則」の実現のために、「原則として施設への新規措置入所を停止する。このため、遅くとも平成32年度までに全国で行われるフォスタリング事業の整備を確実に完了する」（3〜4頁）とされている。目標として事業の年限を区切るのであれば、児童養護の諸団体、施設、研究レベルでの基本的合意を形成する努力が必要と考える。

なお、その際、「これらの改革は子どもの権利保障のために最大限のスピードを持って実現する必要がある」とされている。「最大限のスピード」の弊害は、この間の国家戦略特区と加計獣医学部開設問題でも明らかになってきたが、「ビジョン」が「スピード」をてこに"国家戦略課題"に

なる可能性も否定できない。

（2）提起の強引さと独断性

　「ビジョン」では、「全年齢層にわたって代替養育としての里親委託率（代替養育を受けている子どものうち里親委託されている子どもの割合）の向上に向けた取組を今から開始する。これにより、愛着形成に最も重要な時期である 3 歳未満については概ね 5 年以内に、それ以外の就学前の子どもについては概ね 7 年以内に里親委託率 75％以上を実現し、学童期以降は概ね 10 年以内を目途に里親委託率 50％以上を実現する」（4 頁）。

　「原則として施設への新規措置入所を停止する」「乳児院は多機能化・機能転換し、こうした新たな重要な役割を担う」、こうした数値を具体化するための条件の検討は今後の課題とされ、「都道府県計画の見直し要領（骨子案）」（第 22 回社会保障審議会児童部会社会的養育専門委員会、2017 年 12 月 22 日）が出された。そこでは「この見直し要領（骨子案）を参考に各都道府県において、計画の見直しに向けた準備や検討を進めていただくことになる」とされ、「地方分権」「地方の主体性」などの謳い文句は投げ捨てられている。そこにあるのは、「ビジョン」具体化の強引さ・独断性と包括的視点の欠如である。あわせて歴史的な到達点と実践現場の努力を見ようとしない政策側のおごりさえ感じるのである。

　塩崎泰久・元厚生労働大臣は、改正児童福祉法ですでに「就学前の乳幼児期は養子縁組や里親、ファミリーホームへの委託を原則とすると定めているのです。これを数値化したのが 75％。正直言うと、『原則』なのに 75％では甘すぎるぐらい」「改正法に基づいて決めたのが今回の『新しい社会的養育ビジョン』なのだから、これを否定されると法律自体を否定することになってしまう」などという（ハフポスト日本版「『どんな親でも必要なのは愛』塩崎恭久氏が語る里親と特別養子縁組のこれから〜 “子どもの権利” の法制化に努力した元厚労相〜」（2017 年 11 月 21 日、http://www.huffingtonpost.jp/2017/11/20/adoption-and-foster-families_a_23249518/）。

　塩崎発言に見られるような権力的強引さこそが戒められるべきである。

5 真のビジョン（vision）を具体化するための提案

　本書では、新たな社会的養育の在り方に関する検討会「新しい社会的養育ビジョン」（2017年8月2日）が提起をしている内容に関して、誠実に検討することをめざして、各論稿が執筆されている。

　率直に思うことであるが、わが国の社会的養護が「家庭養育の原則」によって里親・養子縁組中心の骨格を形成することが制度的に具体化されたときに、予定した効果よりも深刻な問題が露わになり、後戻りができない決定的な現実が露呈することになってしまう可能性が大きいのではないか。社会的養護体系を変えるという政策的提起をするのであれば、前提として、社会的養護の現状の問題点はどこにあるのかを真摯に分析することが求められる。率直にいって、1976（昭和51）年に職員配置が学童7：1から6：1に改定され、2012年に5.5：1に改定されるまで36年、2015年に現行の4：1に改善されるまでで見れば39年もかかったことこそまず問われるべきではないか。

　その上で①これまでの施設養護、とくに戦後の児童養護施設の歩みと到達点を評価・分析すること、②里親制度が広がらなかった現状と課題の評価・分析、③施設養護と比較して里親制度の利用比率が高い国際的な動向がよく紹介されるが、利用時の比率だけでなく、どのような養育上の成果と問題点があるのかを把握する必要があろう。さらに④子どもの最善の利益、発達的環境の保障を具体化するための運営のあり方、施設環境の改善とそのための財政保障が明確にされる必要がある。

　そもそも要養護児童の実数を把握するところから出発することが重要である。現状の施設や里親の受け入れ可能な数は定員数に規定されているのが実際である。つまり受け皿がなければいくら里親がいいといっても里親の委託数を増やすことは難しい。それは施設養護についても同様である。その点では要養護問題の捕捉率を把握する責任が国・厚生労働省にある。

　「ビジョン」が純粋に子どもの発達保障と抱えている問題の解決を通して、人生を応援していく制度のあり方を求めるのであれば、誠実な議論と政策づくりをしなければならない。この点をあらためて確認し、全体を読

表 1-2　社会的養護体系と実践内容を検討するための段階モデル

段階	課題意識	具体的な動き
第 1 段階	社会的養護をめぐる現状と課題・問題点の真摯な検討——歴史的にどのような歩みがあったのかを真摯に考える必要がある。	施設・里親の現場の意見を集約し、問題点があるとすれば、その問題はどのような構造の中で形成されてきたのかを分析することが求められる。
第 2 段階	改革の論点をどのように提起していくか。その論議の組織化をどのようにすすめるか。	改革の論議はまず現場の職員、施設責任者、里親等の団体の中で論議されることが優先されるべきである。あわせて社会的養護の利用者・利用経験者の声と提案を把握することは必須課題である。
第 3 段階	国・自治体レベルでの社会的養護の量と質に関する調査の実施	社会的自立の観点から、社会的な待機児童が存在していないかという要養護量の調査の必要がある。
第 4 段階	施設と里親、養子縁組の実態分析	措置途中での退所、措置変更の実状、進路選択の現状と課題、退所後の自立状況と生活状況の把握が問われる。
第 5 段階	調査で浮き彫りになった問題点と課題の検討を国・自治体・専門職による検討会議での論議	里親制度の利用者を含めた包括的な社会的養護の枠組での実施をする。中でも当事者参加の原則を大事にしてすすめる。
第 6 段階	場合によってはプロジェクトチームによる改革方針の検討と具体案の提起	少なくとも都道府県段階でのプロジェクトチームの結成——現場と当事者の声の重要性を踏まえての検討作業をすすめる。
第 7 段階	具体的で組織的な改革方針の提起	子どもの最善の利益を正面に据えての方針論議を英知を結集して実行する。
第 8 段階	パイロット・プロジェクトの結成とその分析検討	先行調査を実施することの必要性に関する合意と成功事例の分析と検討を行う。
第 9 段階	社会的養護体系および量と質の変革の年次計画の作成・提案、継続的実施のための財政保障	潜在的および顕在的な社会的養護ニーズの把握を踏まえて、現行の計画の見直しと新たな計画づくりをすすめる。
第 10 段階	モニターと事後評価のシステム化	利用児童、現場、保護者の生の声を聴き、全国・各自治体において統計上の集約をすすめ、資料と統計を保存する。

んでいただきたいと願っている。

　Mulheir and Browne によって提示された「脱施設化して子どものサービスを変革する 10 段階モデル」（Mulheir, G., Browne, K., *De-institutionalising and Transforming Children's Services: A Guide to Good Practice*, University of Birmingham Press, 2007）を踏まえて、「社会的養護体系と実践内容を検討するための段階モデル」を提起してみたい。Mulheir らの 10 段階モデルは、基本的に「脱施設化」（De-institutionalising）の方針に基づいた「施設養育から家族基盤型養育に子どもを移す事業」をすすめる改革モデ

ルであるが、筆者の提起する改革モデルは、社会的養護の体系と実践内容の再検討のためのモデルである。つまり前者は施設養護の問題の変革課題を正面から問うことは少なく、里親制度、養子縁組などの代替的サービスへの移行をすすめる段階モデルであるが、私の提起する段階モデルは、施設養護と家族基盤型養育の両者の発展を総合的に推進する視点にたった段階モデルである（表1-2）。

　現場実践者と当事者の声に誠実に耳を傾け、真摯な論議をすることこそがいま求められていることである。この時代のおとな・専門職・行政職・研究者の役割を果たしたいものである。

　「ビジョン」の提起のし方は、非民主的で強権的な方針となっており、施設養護の運営と実践の中身を真摯に検討した上での論点提起となっているとはいえない。少なくとも施設養護の歩みを誠実に評価し、どういう問題があるのかを総合的に批判分析するべき点が不十分であるといわざるをえない。

　拙速で強引な方針提起ではなく、段階的で課題を明確にした必要な議論が提起されるべきである。検討のための段階モデルを参考にしていただきたい。

まとめにかえて──社会的養護のあり方を真摯に問う

(1)「ポピュレーションアプローチ」という欺瞞

　「ビジョン」の本文編「Ⅰ．はじめに」で「『新たな子ども家庭福祉のあり方に関する専門委員会』報告書（平成28年3月）に基づき、平成28年5月に児童福祉法が抜本的に改正され、子どもが権利の主体であることが明確になり、子ども家庭への養育支援から代替養育までの社会的養育の充実が求められることとなった」と説明されているが、①それまでは子どもが権利の主体であることは明確ではなかったのであろうか。②また先の児童福祉法の抜本的改正で社会的養育の充実が求められることになったというのであるが、はたしてそうであろうか。①に関していえば、子どもの権利条約を批准し締約国（条約を国会で審議、承認し国際的に宣言した国）に

なったのは 1994 年 4 月 22 日で、国際的にもわが国の子どもが権利の行使主体になったことは法的に明らかである。にもかかわらず、権利保障の観点で教育・福祉施策を貫くことを行わなかったことの責任は国にある。

「ビジョン」は「ポピュレーションアプローチから代替養育に至るまでの新たな社会的養育の在り方を提示することを目的として構成された」ということである。問題・疾患を発生しやすい高いリスクを持った人を対象に絞り込んで対処していく方法が「ハイリスク・アプローチ」で、それに対して対象を一部に限定しないで集団全体へアプローチをし、多くの人々が少しずつリスクを軽減することで、全体としてリスクを下げていこうという考え方がポピュレーションアプローチである。

しかし各論稿で明らかにされるように、養護を必要とする子どもたちにとって「集団全体としては多大な恩恵」をもたらす保証がされないばかりか、子どもの発達と暮らしの権利の到達水準にきわめて深刻な状況を生み出す可能性が高い。それは子どもの権利の侵害を招くばかりか、排貧の状況を政策的に作り出し、「ソーシャル・クレンジング」――「また格差を拡げ、階級間の流動性のない閉塞された社会をつくりだした新自由主義のなれの果ての姿」（ブレイディ・みかこ『子どもたちの階級闘争』みすず書房、71 頁）を生み出すことにもなりかねない。またロバート・D・パットナム著『われらの子ども』（創元社、2017 年）では悲惨なアメリカにおける機会格差の拡大が描写されている。諸外国の現実と動向を誠実に学びたいものである。

(2) 社会的養護の展望の探り方

これからの社会的養護の展望の探り方について、箇条書き的に述べて、全体の構成へとつなげることで第 1 章の役割としておきたい。

第 1 は、子どもの現実と権利論を踏まえて、未来を展望する観点で真摯な議論をするしくみこそいま必要である。「スピード感」よりも事実と現実に立脚した政策論議が必要である。

第 2 に、社会的養護の歴史の到達点に立脚して持続可能な制度改革のあり方を追究すべきである。いま「ビジョン」が提起している方針は歴史的

考察を踏まえたものとはいえない。

第3として、現場実践者・運営管理者の声を真摯に聞きながら、発展方向を探るべきである。「ビジョン」の提起する内容は、決して現場と子どもたちから出てきている声ではない。真摯に現場の声に耳を傾ける姿勢こそ行政と政策立案者に求められている。

第4として、社会的養護の利用者の生の声を真摯に聴くべきである。多様な意見があることを前提に、本気で社会的養護のあり方をこの時代の分岐点で、何を提起し、何を大事にしようとするのかが政策立案者、行政側、現場実践者、里親、研究者などに問われている。

本書での問題提起と提案が多くの子どもの福祉と社会的養護に関わる方々の検討の素材となることを心から願っている。

2 社会的養護の現実を踏まえた改革の課題

児童養護問題の視点から

堀場純矢

はじめに

　「新たな社会的養育の在り方に関する検討会」（2017）によって示された「新しい社会的養育ビジョン」（以下、「ビジョン」）は、2016年の児童福祉法改正を踏まえて、子どもを権利主体として位置づけるとともに、直接的支援事業（派遣型）やショートステイ事業の充実、児童家庭支援センターの配置増を含む市区町村における子ども家庭支援体制の構築など、評価できる点もある。

　しかし、2011年7月に社会保障審議会児童部会社会的養護専門委員会がとりまとめた「社会的養護の課題と将来像」に基づく「都道府県推進計画」の途中段階で、就学前の子どもの施設入所を原則停止することや、高い数値目標を短期間で設定した里親委託や特別養子縁組の推進を提起した点で、関係者の大きな議論を呼んだ。また、「ビジョン」は全国児童養護施設協議会などの関係団体や、里親・施設生活経験者などの当事者の参画がないまま議論が進み、提起されたことにも批判がある。

　このような状況に対して、筆者が役員（編集部長）を務める全国児童養護問題研究会（以下、養問研）は、「ビジョン」が出た翌月に「『新しい社会的養育ビジョン』に対する意見：子どもたちと支援者の現実から出発した『子どもが主人公』『個と集団の育ち合い』の観点にたつ制度改革を求めます」という意見表明（2017　遠藤由美、望月彰、黒田邦夫を中心に作成。以下、「養問研の意見表明」）を行い、厚生労働大臣に提出するとともに、養問研のホームページ上で公開している。そのうち主な5つの要点を、表2-1に掲載した。

　筆者も「養問研の意見表明」にあるように、「ビジョン」には批判的な

38　I 部　社会的養護の事実・現実から出発を

表2-1　全国児童養護問題研究会・意見表明の要点

1. 子どもが望む家族との距離感を保ちながらその自立を支援するためには、養子縁組・里親か施設かの二者択一ではなく、子どもの権利を守る社会的養護の多様な選択肢が必要です。
2. 里親委託の拡充については、国際的なフォスターケア・ドリフト問題、日本の里親委託解除・措置変更の多さ、被措置児童等虐待発現率などの現状に立脚した現実的な改革の実施を求めます。
3. 施設養護において「良好な家庭的環境」を実現するために、子どもを主人公とする施設運営、「個と集団の育ちあい」の観点による実践を可能にする設備運営基準の改善が不可欠です。
4. 今後の乳児院・里親とフォスタリング機関・児童相談所との関連が不鮮明です。
5. 地域で子どもが育つ「共育て」の観点をもつ地域づくりが必要です。

出典）全国児童養護問題研究会（2017）「『新しい社会的養育ビジョン』に対する意見：子どもたちと支援者の現実から出発した『子どもが主人公』『個と集団の育ち合い』の観点にたつ制度改革を求めます」2017年9月4日

立場である。しかし、そのすべてを批判するわけではなく、前述したように評価している点もある。また、「ビジョン」の座長を務めた奥山（福祉新聞2017）が指摘するように、数値目標がなければ、ここまで議論が大きくなることはなかったともいえる。

しかし、里親への支援体制が構築されていない中で、現実離れした数値目標を掲げて里親を推進することによって、欧米のように「フォスターケア・ドリフト問題」が起こる危険性がある（資生堂社会福祉事業財団2012）。また、里親が中心の欧米諸国においても、とくに10代以上の子どもはマッチングが困難で、里親家庭で不適応を起こすことや里親では対応できないケースも多いことから、施設の役割があらためて見直されている状況もある（Courtney and Iwaniec 2009, 資生堂社会福祉事業財団2008, 2012, 2014）。

さらに、フランスでは日本と同じく、実親との関係で里親委託が困難な状況もある（資生堂社会福祉事業財団2008）。そのため、「ビジョン」のように家庭養育ありきの急激な変革は困難であり、それをすすめることにより、結果として子どもの人権侵害にもつながりかねない。

また、里親は都道府県・政令指定都市等からの措置委託により、里親手当や子どもの生活費が支給され、監査を含む定期的な外部の目があるが、

それとあわせて推進されている特別養子縁組は、さらに危うい状況にある。たとえば、「児童虐待対応における司法関与及び特別養子縁組制度の利用促進の在り方に関する検討会」(2017) によると、特別養子縁組成立後、養親による養育困難の訴えや虐待等が生じた事案が2年間で58件あり、縁組成立後に支援の継続が困難となる理由として、里親会からの退会、里親登録の削除、養親からの支援拒否、転居による住所の不明などがあげられている。こうした状況を踏まえて、同検討会では対応を検討する必要があると指摘しているが、特別養子縁組は措置から外れるため、対応が必要であったとしても、できない状況が必ず生じるといえる。

「ビジョン」が示すフォスタリング機関についても、民間に委ねることによって、養子縁組あっせん団体元理事による事件[1]のように、不祥事が起こる危険性がないとはいえない。そのため、児童相談所（以下、児相）の担当部署に、専門職（正規）を適切に配置することが望ましいと考える。

以上の点を踏まえて、本節では「ビジョン」を批判的に検討したい。ただし、「ビジョン」の各論については、他の章で詳しく取り上げられているため、本節では「ビジョン」が示した項目のうち、筆者がこれまでに取り組んできた研究を踏まえて、まず、①「養育」と「養護」の違いについて取り上げた上で、「ビジョン」を策定した②検討会・審議会等と議論の過程における問題点を検討したい。そして、それを踏まえて、③児童養護問題の現実を踏まえた地域における家庭支援について述べた上で、最後に④児童養護施設の小規模化・地域分散化に向けた課題について提示したい。

1 「新しい社会的養育ビジョン」の問題点

(1)「養育」と「養護」の違い

1章でもふれられているが、ここでは「ビジョン」の根本的な問題として、概念の違いについて取り上げる。「ビジョン」では、それまで使用されてきた「社会的養護」から「社会的養育」という用語に転換している。これは児童養護施設（以下、施設）や里親以外の地域で暮らす子どもと家庭を含めたより広範な概念になったという点で、評価する見方もある。

しかし、他の章で述べられているように、これまで日本の児童養護を支えてきた施設への客観的な評価もないまま、家庭養育ありきで里親・特別養子縁組に転換することになるとしたら、本末転倒である。また、筆者は日本の児童養護における制度・施策の脆弱さ（施設の職員配置、里親への支援策など）や、前述した欧米の「フォスターケア・ドリフト問題」を踏まえると、前全国児童養護施設協議会会長の藤野（2017）が提起した「日本型社会的養護（仮称）」のように、日本の実態に即した制度改革が必要と考える[2]。

そこで、ここでは「養育」と「養護」が持つ意味の違いについて見ていく。まず、「養育」は一般的に、「家庭での保護者による行為（家庭養育）としても用いられるし、児童養護施設などで保育士や児童指導員による行為（施設養育）としても用いられる」（山縣2005）ことが多い。しかし、「養育」とは厳密にいえば、中嶌（2004）が指摘するように、「親または法定保護者が子どもを養い、保護し、育てること」を意味しており、「原則として夫婦関係と親子関係によって成立する家族という生活共同体の中で行われる親による扶養・監護・教育であり、親の生活行為の一部」である。

この親子関係を成立させているものとして、中嶌は親権の法定保障、親子の情愛、生活保持を前提とする親の子に対する私的扶養であるとしている。そして、中嶌は「社会的養育」はそれを代行するものと述べている。ここで中嶌が指摘するように、「養育」は親（または保護者）による私的扶養という意味合いがあり、社会的な意味を持つ「養護」とは異なる意味を含んでいる。

一方、野澤（1991）は、「児童養護」は児童福祉の中に位置づけられるため、「児童養護」と「養育」または「養育ケア」は区別されるとし、後者は親の私的生活の中で私的労働によって行われる私的ケアであるとしている。その上で、野澤は「児童養護」を「生活の場を保障するとともに、親の養育を代行して管理・援助・教育の社会的ケアを要保護児童に対して行うものを総称している」と定義している。

また、「ビジョン」の策定まで使用されてきた「社会的養護」について、厚生労働省は「保護者のない児童や、保護者に監護させることが適当でな

い児童を、公的責任で社会的に養育し、保護するとともに、養育に大きな困難を抱える家庭への支援を行うこと」と定義している。このように、これまで使用されてきた社会的な意味を持つ「養護」や「社会的養護」が、「社会的」という前置きがあるとはいえ、私的扶養の概念である「養育」に入れ替わったことは、重要な政策的意図があるといえる。

　こうした概念の転換は、従来の公費負担が大きい施設よりも、里親や特別養子縁組など、より安上がりな制度に転換していく上で、都合がよいことといえる。したがって、「社会的養育」が新たに支援の対象を広く捉えているという肯定的な側面だけではなく、概念の転換の背景にある政策側のねらいを正確に捉える必要がある。

(2)「児童養護問題」と「養護」

　(1) で取り上げた「養護」の社会性をより正確に捉えるために、「児童養護問題」（以下、「養護問題」）との関係について取り上げる。まず、「養護問題」は施設への「入所理由」（厚生労働省 2015）で見ると、「虐待・酷使」「放任・怠惰」「父母の精神疾患」などとして現れている。

　しかし、それは結果（現象）であり、親が抱えている労働・生活問題を社会のしくみと関連づけて構造的に捉えなければ、「養護問題」の本質は見えない。この点について、施設では 1992 年の「養護施設入所児童等調査」以降、親の就労・所得の項目が削除されたため、「養護問題」の実態を把握することが困難になっている（松本 2006）。

　そこで筆者は、施設で暮らす子どもと親の生活問題を明らかにするための調査（6 施設の子どもの父母 352 名）を行った（堀場 2013）。そこでは「養護問題」の背景に、厳しい社会のしくみの中で引き起こされる親の労働問題と、それを基底として引き起こされる生活問題の深刻化があり、最終的に子どもへの虐待・放任などの「養護問題」として顕在化していることが浮き彫りとなった（堀場 2013）。

　この点を踏まえて「養護問題」を定義すると、「雇用労働者・自営業者などの社会階層にある子育て世帯の生活の維持・再生産の行き詰まり・困難の問題」である。すなわち、「養護問題」とは、資本主義社会において、

自らの労働力を用いて生活を維持している親（または保護者）が、失業・低賃金・不安定就労などの労働問題を基底として、生活問題（家計の脆弱化・破綻、住居の喪失、健康破壊、社会的孤立）が引き起こされ、最終的に子どもを虐待・放任するに至るほど追い込まれ、自助によって子育てをする機能が麻痺・崩壊した状態のことをいう。したがって「養護問題」は、労働問題を軸に据えて、生活問題の一部として捉える必要がある。

このように「養護問題」は社会問題であり、それには「養育」という私的扶養の概念としての個人的な対策ではなく、社会的な対策が不可欠である。この点について「ビジョン」では、児童福祉施設においてトラウマやアタッチメントに関する理解や子どもへの対応技術、そして、家族の抱える問題（家族病理）に対する深い理解と子ども・家族への支援など、きわめて高度な専門性が求められるとしている。

「ビジョン」で指摘されているように、子ども・家族を支援する上で、心理学的な視点は重要である。しかし、そこではそれに過度に依拠した捉え方をしているため、社会問題としての「養護問題」を、トラウマや家族病理といった心の問題に矮小化して捉えている。これは（4）で後述する検討会に、医師や心理学を専門とする構成員が複数いることも影響していると考えられるが、「養護問題」の本質を捉えることなしに、根本的な解決策を見出すことは困難である。

この「養護問題」への対策として「養護」がある。ここであらためて定義すると、「養護」とは「養護問題」に対する制度・施策の総称である。すなわち、「養護」とは「資本主義社会で大多数を占める雇用労働者を中心とする働く人々が抱えている社会問題としての生活問題の一環として引き起こされる『養護問題』に対する、国・自治体行政の責任による最終的な制度・施策の総称」である。つまり、「養護」はそれ自体に社会的な意味を持っている。

このように、国・自治体行政による法制度を根拠に展開される「養護」は、具体的には児童福祉法のもとで認可された児童福祉施設（または里親）と、そこで雇用された職員による養護問題を抱えた子どもの生命・健康・生活面のトータルなケア、および、その家族や退所者へのケアを含めた概

念である。

　ここで見てきたように、「養護問題」対策としての「養護」は政策概念であり、社会的な性格を持っている。それを「ビジョン」を契機として、私的扶養の概念である「養育」に置き換えることによって、前述したように、より安上がりな施策としての里親・特別養子縁組に転換する根拠になる危険性がある。

　ただし、「養護」を含む社会福祉制度は、生活保障制度の中でも最終的な制度・施策の一環であるため、それだけで「養護問題」を解決することはできない。とくに日本はEU主要国などの先進国とは異なり、全国一律の最低賃金制度を欠いていることに加えて、「すべり台社会」（湯浅2009）といわれるほど、制度的な基盤が脆弱であるため、施設にさまざまな問題が集約され、最終的にしわ寄せされる傾向がある[3]。

　このため、「ビジョン」が提起している点が機能するには、社会福祉制度だけではなく、その前提となる社会政策としての雇用・所得保障を軸にした、住宅・医療・教育を含む包括的な制度・施策の整備・拡充が必要であり、それらとセットで提起することが現実に即した制度改革と考える。

（3）検討会・審議会等の問題点

　次に「ビジョン」に代表されるように、厚生労働省などの省庁が政策の方向性を検討するために設置される検討会や審議会がどのような組織なのか、および、その問題点について取り上げたい。

　まず、省庁における公的な諮問機関としては審議会があり、そのもとに部会・委員会（例：社会保障審議会児童部会社会的養護専門委員会、社会的養育専門委員会など）が設置されている。そこでは、今後の政策の方向性や内容について議論がなされ、その審議や意見具申により、法改正を含めた検討がなされ、それを根拠に制度の改正が行われることになる。

　このように、審議会は重要な役割を果たしているが、官僚が事務局を担当し、委員は関係団体の代表や一部の学識経験者によって構成されることが多いため、施設で暮らす子どもや現場で働く職員の意向、そして、社会（養護）問題の本質を捉えた議論が十分になされているとはいい難い（鷲谷

1973，早川 2007)。

　この点について蔵田（2005）は、生命倫理に関する審議会・委員会を例として、実質的・統一的な審議がなされず、会議が単なる手続きになっているという批判も少なくないことに加えて、事務局主導で議論の結論が決まっており、議論が適切に反映されていないとこともあると述べている。

　さらに、蔵田は、委員の人選は官庁の裁量に任せられているが、実際には適材適所ではなく、官庁の人脈によって委員会のメンバーが決定されることも少なくないと指摘している。これは（4）で後述する検討会の構成員の人選とも共通した点があるといえる。

　ただし、筆者は検討会・審議会等の役割そのものを否定しているわけではない。むしろ、現場の実態を踏まえて、多様な立場の構成員によって議論がなされ、それが適切に政策に反映されるのであれば、必要と考えている。また、近年は自治体の「子ども・子育て支援会議」「子どもの貧困対策会議」などにおいて、公募で住民の参画がすすめられていることや、学者が地域貢献の一環として、自らの学識を活かした提言をすること自体は評価すべきことといえる。

　しかし、前述した点に加えて、早川（2007）が指摘するように、審議会の構成員である学者が正論を述べず、行政に迎合し、お墨付きを与える役割を果たしているとしたら、そうした状況は改善する必要があると考える[4]。実際に、筆者が行った施設における小規模化の影響に関する職員へのインタビュー調査（堀場 2018）においても、「審議会の人選をもっとクリアに」「社会的養護の審議会も（中略）任せていられない」という意見が出ているように、施設現場からも審議会に対する不信感が一部存在している。この点について「ビジョン」は、塩崎前厚生労働大臣が交代する直前に、きわめて短期間の議論で一方的に取りまとめられたものであり、問題が大きい（武藤 2018a）。

　翻って、社会福祉学の領域では、学問の性格上、人々の暮らしや人権を重視した研究に取り組んでいる学者が多く存在しており、それほど利権があるわけでもない。さらに、「ビジョン」の検討会や社会的養育専門委員会は、子ども・家族の人権やそれに関する政策を議論する場であるため、

蔵田や早川の指摘とイコールで捉えることはできない。

　前述したように、「ビジョン」は政治主導の側面が強いが、一般的に構成員の人選は事務局主導（蔵田 2005）であることや、すべてがそうでないとはいえ、「ビジョン」の検討会での一部構成員の発言などを踏まえると、その人選には政策的な意図が大きく関わっているといえる。とくに、「ビジョン」では、その議論の過程にも多くの問題があるため、（4）で詳しく取り上げたい。

（4）検討会における議論の問題点

　（3）で述べた点について、2017 年 8 月 2 日の新たな社会的養育の在り方検討会における議論では、構成員である西澤からそれまで議論がされていない「集団主義養護理論」という特定の理論を名指しで批判を展開するという、検討会の場における議論として不適切な場面があった。

　これは座長代理の松本が「ビジョン」の案で西澤が提案した「従来の『集団養護』や『集団処遇』といった概念は不適切である」という部分について、「それらの概念そのものがどういうものかについて、余りきちんと議論もされていないし、特にこれがなくても『極めて個別性が高いものである』として、『従来、ルールによる集団管理に依拠してきた』とつないでいいのではないか」と指摘したことから、複数の構成員で意見が交わされた上で、西澤が発言したものである。

　西澤はその議論の中で、「『集団養護』はあくまでも集団主義養護理論をさしているのであって、（中略）要は、悪い意味で言えばジャガイモ理論と言われている、子どもは子どもの中でもまれて育つのだという、雑多に言うとそういうことです」と述べた上で、それが「歴史的に言うと、かなりゆがめられてきた経過があるので、（中略）どこまで説明するのか。そもそもの積惟勝の集団主義養護理論までさかのぼるか、それが今ゆがんで、現在の集団主義養護理論があるわけですけれども、そちらのことを説明するのか」と述べている。

　しかし、正確にはゆがめられてきたのはなく、それをベースにしながらも、さまざまな学問領域から学び、よいところを取り入れながら柔軟に発

展してきたのが、「集団主義養護理論」を提唱した積惟勝が初代会長を務めた養問研の立場である。実際に、毎年開催されている養問研の全国大会分科会や支部学習会等での実践報告、会員らによる著書（大江・石塚ら2015，全国児童養護問題研究会・日本の児童養護と養問研半世紀の歩み編纂委員会2017，子どもと福祉編集員会2016ほか）を見ても明らかなように、養問研は民主的な子ども・職員集団づくりとともに、子どもの個別性を大切にした実践に取り組んでいる。

　さらに西澤は、その後の他の構成員とのやり取りの中でも、「『集団養育』あるいは『集団養護』については、かなりしっかりした理論を重ねているものであり、かつ、やはり、今の養護施設の現場で個別化を進める上では、私は非常に不適切だと思っているので、その点を明らかにした方がいいのではないかという思いです」と述べている。

　ただし、西澤の指摘については、座長代理の松本の「ある特定の理論、何々理論というものを個別にここで取り上げることが妥当かという問題だと思うのです」「個別のことについてここで評価するようなかたちになるので、それはどうかなと思ったのです。全体として、ここである特定の理論について、その評価について議論をしたいわけではないので。西澤構成員のおっしゃりたいことはわかるし、私も私なりの意見はあります」という指摘や、構成員の塩田の「積惟勝先生の集団主義（養護）理論は別に個別性をおろそかにしたものではないので、それと一緒にならなければいいなと思っています。集団の中でも個を大切にするという意味合いが入っていたと思っています」という発言に見られるように、的確な議論もなされている。

　こうした議論を経て、結果として西澤の提案は一部取り下げられた経緯があるが、座長の奥山も西澤の発言を踏まえて、「今、西澤構成員がおっしゃったように、集団が育てるのだ。育てる側ですね。大人の側と言いますか、養育する側が集団でいいのだというのも、少し矛盾はあるのかなと。1対1の関係性ということはかなり重要なので、余り誰でもいいから集団で、1人の子どものニーズに全員が合っていればいいのだというものではないか。そうすると、先ほど西澤構成員がこの『集団処遇』というところ

表2-2 「ビジョン（8/2案）」と「ビジョン」の文言の比較

☆修正前（ビジョン〈8/2案〉）

「上記のような治療的養育の提供や家族問題への支援は、子どもや家族の個々の支援ニーズに基づいて行われる、極めて個別性の高いものであり、**従来の『集団養護』や『集団処遇』といった概念は不適切**である。また、従来、ルールによる集団管理に依拠してきた生活のあり方も根本的に改めて、子どもと、生活支援を担う養育者（ケアワーカー等）との関係性に基づく生活の展開を図る必要がある。」

★修正後（ビジョン）

「上記のような治療的養育の提供や家族問題への支援は、子どもや家族の個々の支援ニーズに基づいて行われる、極めて個別性の高いものであり、**集団力動に過度に依存した養育や、個別的関係性を軽視した養育は不適切**である。従来、ルールによる集団管理に依拠してきた生活のあり方も根本的に改めて、子どもと、生活支援を担う養育者（ケアワーカー等）との関係性に基づく生活の展開を図る必要がある。」

出典）厚生労働省（2017）「2017年8月2日 第16回新たな社会的養育の在り方に関する検討会」資料1、「新しい社会的養育ビジョン」をもとに、遠藤（2017）が作成した表を一部修正して転記

でおっしゃった内容も少し内容的に入れていただけませんか」と述べている。

　結果として、「集団主義養護理論」への直接的な批判は入らなかったものの、「ビジョン」では「集団力動に過度に依存した養育や、個別的関係性を軽視した養育は不適切である」という文言が入ることとなった（表2-2）。このように、西澤の発言は他の構成員の指摘によって、一部修正されたが、検討会の場における基本的なスタンスや、批判している理論への理解が十分ではない中で、こうした議論がなされたことに加えて、中立的な立場（蔵田2005）が求められる座長の奥山も、西澤の意見に同調する意見を述べたことは、検討会における議論として適切ではない。

　しかし、積惟勝の「集団主義養護理論」は、塩田の指摘や「養問研の意見表明」にあるように、集団を形成するにあたって、個の尊重を重視しており、子ども同士・子どもと職員の関係においてもそれは同様である（遠藤2017）。また、2人以上であれば集団であり、それは施設よりも規模が小さいとはいえ、里親・特別養子縁組家庭であっても同じことである。

　むしろ、家庭養育である里親・特別養子縁組家庭は、「ビジョン」が指摘する個別的な関係性に基づくメリットだけではない。例えば、外部の目

や逃げ場が少ないという意味では人権侵害や問題が起きやすく、起きても発覚しにくいという負の側面もある。実際に、里親は負担の大きさに加えて、委託解除総数のうち、里子との関係が不調で委託を解除されたケースが約4分の1あるなどの問題も指摘されている（毎日新聞2011, 入江2014）。また、被措置児童等虐待の件数を見ても、里親・ファミリーホームにおいて毎年約10件前後発生している。これは前述したように、外部の目が少ない中で公になったケースだけであり、死亡事件や性的虐待事件が発生していることからも、とくに留意する必要がある[5]。

　さらに、里親家庭ではマッチングが難しいことに加えて、その家庭独自の生活文化の色が濃いことから、とくに10代以上の子どもがなじむことは難しいといえる。そうしたことも含めて、ていねいに議論した上で家庭養育がよいというならわかるが、欧米の「フォスターケア・ドリフト問題」への対策や、里親への支援体制を十分に整備しないまま、短期間の期限付きで高い目標値を掲げた「ビジョン」の提言は、残念ながら的外れといわざるをえない。

　また、「ビジョン」では、合わせて「子どもの意見表明権」の重要性が指摘されているが、6歳未満の子どもが対象となる特別養子縁組では、子ども自身が意見表明をすることが困難であることに加えて、里親委託においても当事者の手記（野口2006）にあるように、子どもが本心をいえないままに措置されるケースもある。そうした点も含めた議論がなく、結論ありきですすめられていくこと自体が、子どもの人権を本当に重視しているかが問われるのではないだろうか。

　さらに、「養問研の意見表明」にあるように、家庭養育でなければ愛着関係を築けないわけではなく、「ビジョン」で指摘されているように、家庭生活への拒否感がある子どもや、施設でしか見ることができない子どもも少なくないため、形態論ではなく、現実に即した議論がなされる必要がある。

　この点については、「ビジョン」を受けて開かれている社会的養育専門委員会（以下、専門委員会）からも、その後の会議において、地域の実情を踏まえず、目標ありきで実態を無視して一方的に里親委託をすすめては

ならないという意見が出た。そのため、この意見を踏まえて、2018年1月31日の専門委員会で骨子案を示し、都道府県には数値目標の達成を求めず、現行の計画を上回る目標の設定を求めるに留めることとなった。厚生労働省は「調整の余地はある」としながらも、意見交換は今回で一区切りとし、要領は2018年度中にまとめ、それを参考に都道府県は現行計画を見直し、2019年度から実施されることになった（東京新聞 2018）。この状況を見ても、「ビジョン」がいかに現実離れした案であったかがわかる。

　専門委員会では、検討会と比較して関係団体による構成員が幅広く網羅されていることや、当事者（施設生活経験者の団体）も加わっているため、「ビジョン」の検討会と比較して、現実的でバランスのとれた議論がなされている。ただし、前述したように、委員会はさまざまな制約や限界があり、そこで出された意見がすべて反映されるわけではない。そのため、過度に期待したり静観したりするのではなく、方向性が示された後も現場の実態に即した運用がなされるよう、政策動向を注視するとともに、関係者によるソーシャルアクションが不可欠である。

　この点については、全国児童心理治療施設協議会や全国児童養護施設協議会などの関係団体が「ビジョン」に対する意見表明をしており、それ自体は重要な取り組みといえる。しかし、「ビジョン」を含む制度・施策を改善するためには、施設経営者の組織だけではなく、現場で働く職員が声をあげていくこと（武藤 2018b）に加えて、当事者や市民を巻き込んだ組織的・継続的な運動が必要である。

　また、湯浅（2009）は当事者を軸にした運動がないと社会は動かず、空中戦に終わるおそれがあるとし、当事者運動を目指すことの重要性を指摘している。ただし、当事者の参画や当事者団体の活動については、留意すべき点もある。それは内田（2011）が指摘するように、①当事者活動に過度な期待をかけ、当事者に大きな負担をかける結果になること、②自己責任論が根強い現状では、反転して当事者に責任を押しつけることにもなりかねないなどの点である。

　「ビジョン」では、主に「自立支援」について「当事者の参画と協働」が取り上げられているが、検討会・審議会等における当事者の参画につい

50 　I部　社会的養護の事実・現実から出発を

ても、これらの点に留意する必要がある。また、当事者団体においても、施設職員・研究者・学生などの関係者が、里親・施設生活経験者とともに当事者という立場で関わりながら、活動を展開することが望ましい。

2　児童養護問題を踏まえた家庭支援の方向性

　ここでは、「ビジョン」が示した市区町村における家庭支援体制について、筆者が行った母子生活支援施設職員への聞き取り調査（堀場 2013）や、前述した施設の調査（堀場 2013）を踏まえて、養護問題の実態に即した家庭支援の方向性について提起したい。

　まず、母子生活支援施設（以下、母子施設）の調査（10か所）から見た、母子世帯の貧困について述べる。この調査では、職員から母子施設入所前に母親が生活保護を申請したとき、福祉事務所の職員から申請書を何度も「書き直してこい」と言われるのを見てきた子どもが、入所後にそれを再現した「ごっこ遊び」をしているケースや、母親が「学校へ行かなくてい」と言うため、兄弟全員が不登校になっているケースがあった。

　また、母子施設の職員からは、母親がストレスを子どもにぶつけるため、子どもは母親の前で良い子を演じているが、それを職員や他の子どもに対して、暴言・暴力として出しているという意見があった。さらに、母親については「当たり前のことが伝わらない」「距離をとらないと振り回される」「親子で楽しく過ごす感覚がない」「食事を弁当や総菜で済ます」など、母親の生活能力の低さや精神的な不安定さが指摘された。

　これはたしかに母親の言動だけを見るとそうかもしれない。しかし、日本は子育てをしている女性の雇用環境が厳しいうえに、公的な支援も手薄である。それに加えて母子施設の母親は、成育歴の中で虐待やDVなどの不適切な対応しかされてこなかったため、基本的な生活習慣や人との心地よい距離の取り方がわからず、前述した状況に至ったともいえる。

　それに加えて、母親は手本になる親がいなかったため、職員から口頭で説明されても、それを理解することが難しいのではないか。そうであるなら、職員が母子の生活の中に入り、具体的な行為を通して支援するしくみ

が必要である（堀場 2016）。

　また、施設の調査（堀場 2013）においても、就学の時期を知らず、子ども
を学校に行かせていなかった無職の父親や、性的虐待・DVを受けて精
神疾患になり、子どもを虐待するに至った母親など、母子施設と同様に深
刻なケースが多い。

　こうした中で子ども時代を過ごした施設生活経験者の聞き取り調査（堀
場 2013）においても、「施設に入所するまで家で風呂に入れず、ご飯も食
べられず、虐待や無視をされ、学校でもいじめられていた」「入所前は普
通の家庭でできるイベントが何もなかった」などの意見があり、荒んだ状
況に置かれていたことがわかる。

　とくに深刻なのは、彼らが「生活文化の貧困」を抱えていることである。
「生活文化の貧困」とは、社会経験（旅行、外食、買い物、友人関係など）
の少なさ、食文化や家族間の対話の貧しさ、暴力的な人間関係などの状態
に長年置かれ続けたことをいう[6]。そのため、彼らの多くは負い目や自己
否定感に加えて、精神的な不安定さを抱えており、生きる意欲すら削がれ
ている。こうした状況から、彼らは公的機関に自ら相談することは皆無に
近い。したがって、公的機関や施設の職員が、家庭訪問を通して彼らの生
活実態をつかむとともに、そこで本音を引き出し、関係を築くことの意義
は大きい。

　このように、施設で暮らす子どもの親の多くは、「生活文化の貧困」を
背景として、家事・育児の知識が希薄で、金銭管理の面においても具体的
な支援を必要としている。また、彼らは貧困の再生産を背景として、低学
歴で資格がないことに加えて、長年にわたって深刻な労働・生活条件のも
とに置かれ続けた結果、自助によって安定的な仕事に就くことや働き続け
ることが困難であることが多い（堀場 2016）。

　こうした状況に対応する家庭への支援策として、(2) で述べた制度・施
策に加えて、「ビジョン」が示している直接的支援事業（派遣型）の意義
は大きい。これは欧米諸国で包括的な家庭訪問プログラムとして、
1937 年にデンマークではじまり、ノルウェー、イギリス、オランダ、ア
メリカなどで取り組まれてきた（Wasik and Bryant 2001）。これらの欧米諸

国での実践は、検証作業によって親の状態の改善や、子どもの認知能力の向上などの有効性が実証されている。たとえば、イギリスの「シュア・スタート」においても、早期介入の重要性が明らかとなっている（岩重2010）。

　そのため、日本においてもこうした欧米で効果が実証されている施策を展開していく必要がある。しかし、現状では「乳児家庭全戸訪問事業」や「養育支援訪問事業」などに限られ、養護問題に十分に対応しているとはいえない。また、日本では「ビジョン」で示された児童家庭支援センターの拡充に加えて、2016年に子育て世代包括支援センターが法定化されたが、相談への対応だけではなく、実際に家庭に出向いて、継続的に家事・育児支援を行うしくみが必要である。

　この点については、前述したように、施設で暮らす子どもの親の多くは「生活文化の貧困」が深刻であるため、家事・育児の方法を知らないことが多い。その場合、ここで述べたアウトリーチ型の家事・育児支援の拠点を小・中学校区単位で設置し、費用負担の心配なく支援が受けられた場合、施設入所に至るほど問題が深刻化せず、家庭生活を維持できたケースが相当数あると考えられる。

　また、養護問題の深刻さを踏まえると、西郷（2007）が指摘する「ホームスタート」の取り組みは重要だが、ボランティアに依存した方法のみでは限界がある。そのため、国・自治体行政が責任を持ち、その拠点となる施設の整備や専門職（保健師・保育士など）を配置し、事業を展開していく必要がある。

　さらに、この施策が養護問題を予防するだけではなく、早期に解決・緩和することによって、将来的には社会的コストの削減も期待される。それに加えて、こうした施策を整備することによって、一時的な財政負担はあったとしても、新たな産業と雇用の創出にもつながるため、メリットは大きい。

　一方、現在のように在宅での児童福祉司等による指導か、施設入所かという両極の二者択一ではなく、在宅で親子がともに暮らしながら、前述した支援と合わせて、公的機関や施設などに定期的に通う中で支援するしく

みも必要である。

これらの点を踏まえて「ビジョン」では、「子供の貧困対策に関する大綱」がスクールソーシャルワーカーや、スクールカウンセラーの配置の推進のみを目標にしていることから、そうした数（非正規）だけではなく、市区町村の支援拠点における専門職の質（正規として雇用）を担保していくことも含めた提起が必要といえる。

また、「ビジョン」では地域・家庭の変化についての分析がされているものの、(2)で述べたように、養護問題の本質を踏まえた分析が十分になされているとはいい難い。現実には前述したように、いまの厳しい社会のしくみのもとでは、親自身の生活が成り立たない状況がある。そのため、そうした根本的な問題に焦点を当てた対策が必要である。

③ 児童養護施設の小規模化・地域分散化に向けた課題

(1)「ビジョン」が示す児童養護施設の小規模化の課題

施設では近年、政策的に小規模化・地域分散化（以下、小規模化）がすすめられる中で、宿直や1人勤務の増加などの労働環境の悪化に加えて、ユニット・職員の孤立などを背景として、職員の育成も困難になってきている（みずほ情報総研 2017，堀場 2018）。

この点について「ビジョン」では、養子縁組家庭や里親家庭では対処することができず、子どもが家庭生活に拒否感を持っているなどの場合、「できる限り良好な家庭的環境」として、地域小規模児童養護施設や分園型グループケア（最大6人以下）をした上で、「ケアニーズが高い子どもが入所する状況になれば、4人以下で運営できるようにするべき」としている。そして、「小規模施設では、最大3年程度を目処に、家庭養育に移行できるよう、子どもの問題の改善に向け努力する」とされている。

しかし、現実には人数が減るほど距離が近くなり、精神的なストレスが増えることに加えて、子ども・職員双方の逃げ場もなくなることを踏まえる必要がある。また、最大3年程度という短期間で家庭養育に移行することが、子どもの権利や個別性に即した適切な支援といえるだろうか。

翻って、「ビジョン」において「ケアニーズの高い子どもには、子ども1人に対して職員2人を配置することができる措置費が支給される制度とすべきである」としている点は、一定の評価ができる。しかし、「ビジョン」では措置費の加算制度や研修体制などについてはふれているものの、職員の安定的な雇用や労働環境の改善についての言及がない。

さらに、「ビジョン」によると、施設は里親では見ることが困難な子どもをケアする治療的役割が求められるとしている。しかし、難しい子どもばかりが集まる施設では、家庭的で安心した生活ができる環境にならないのではないか。この点については、「ビジョン」をすすめることで予測される「フォスターケア・ドリフト問題」を踏まえると、それによって大人への不信感をさらに募らせ、心が傷ついた子どものケアを施設が担うことになる。そうした状況を踏まえると、前述した以上の職員配置にしなければ、機能しないばかりか、施設崩壊すら起きかねない。

(2) 児童養護施設の地域分散化がもたらす影響と課題

次に「ビジョン」が提起した、施設の地域分散化について見ていく。施設ではそれを実現していこうとする中で、いくつかの課題に直面している。たとえば、2000年から制度化されている地域小規模児童養護施設（以下、地域小規模施設）の職員配置（常勤2人、非常勤1人）では、①職員が交替勤務の中で勤務が重なる時間を十分に取ることができず、新任職員がベテラン職員の姿から学ぶ条件が確保できないこと、②閉鎖的な環境の中で職員が孤立しやすいこと、それらを背景として③暴力・性問題への対応が困難で、早期離職に至りやすいことなどの問題が指摘されている（子どもと福祉編集委員会 2010）。

これは地域小規模施設だけではなく、本体施設の小規模化においても、宿直や1人勤務の増加などの労働負担に加えて、ユニット・職員の孤立や職員育成の困難さなどが指摘されており、この状況でさらに地域分散化をすすめれば、施設運営に支障をきたす状況になりかねない（黒田 2013, みずほ情報総研 2017, 堀場 2018）。

そのため、地域分散化ありきではなく、本体施設における小規模化も必

要といえる。実際に、建物の構造（2つのユニットを通路でつなぐ、キッチンを2ホームで共有して行き来しやすくする）を工夫して、ユニットや職員の孤立を防いだり、労働負担を軽減したりして、子どもと職員双方の人権保障を大切にした実践をしている施設も少なくない（黒田2013，子どもと福祉編集委員会2016）。

筆者が行った施設における小規模化の影響に関するインタビュー調査（堀場2018）においても、小規模化した施設では、方針の共有、連絡会・引き継ぎ・会議の工夫、有休や産休・育休の保障、個人ではなくしくみで実践する、若手が意見を言いやすい雰囲気づくりなどのさまざまな取り組みによって、ユニット・職員の孤立や労働負担を軽減していた。

そのため、「ビジョン」が示すような地域分散化だけではなく、本体施設におけるユニットケアを活かす必要があると考える。また、地域小規模施設は現行の配置基準では、本体施設のサポート（宿直や勤務の応援、緊急時の支援）がなければ、労働基準法を守ることが困難である。

このような状況から、「ビジョン」が示す「小規模施設が地域の中に分散して設置されていることを原則する」という画一的な方法ではなく、前述した調査で出た意見（堀場2018）のように、複数の地域小規模施設を長屋のようにして通路でつなぎ、複数のホームで宿直や会議を共有し、サポート体制を築くなどの柔軟なしくみも検討していく必要がある。

また、里親も支援体制が希薄な中で、里親不調や負担の大きさ（毎日新聞2011，入江2014）に加えて、地域間格差も大きく、十分に機能しているとはいえない。そうした中で、拙速に里親委託を推進していくと、前述したような事件がさらに増える危険性が高い。したがって、里親への支援体制の整備や、職員の労働条件・労働環境と、それを改善するための労働組合や職員集団づくりを含めた小規模化・地域分散化の議論を抜きにしては、子どもの最善の利益にたった「社会的養護」は実現しないといえる。

施設や里親家庭は、子どもの生活の場であるため、多少の自己犠牲はやむをえない面もあるが、その結果、職員や里親が孤立して問題を抱え込み、疲れきって数年で燃えつきていては、結局は子どもにしわ寄せが行くことになる。また、特別な人しかできない自己犠牲では、持続可能性がない。

里親は労働者ではないが、施設では職員が予備力をすり減らしながら働くこと（重田 2010）を余儀なくされている状態がある。

しかし、これはILOが提唱するディーセント・ワーク（人間らしい働き方）と逆行する働き方である。実際に職員や里親など、ケアのにない手が自らの権利すら守られていない状態に置かれていては、子どもの権利を守ることはできない。そのため、ケアの受け手（子ども、家族）とにない手（職員、里親）双方の人権を一体的に保障するしくみを早急に整備する必要がある（井上 2010）。

おわりに

「ビジョン」は社会的養護の関係者だけではなく、大手新聞の社説や記事でも取り上げられるなど、社会的にも大きなインパクトを与えた。現在、それは専門委員会での議論が一区切りつき、2018 年度中に一定の方向性が示されることになっているが、その段階だからこそ、多様な意見を政策に反映させる取り組みが必要である。

ただし、「ビジョン」によって、今後の方向性（家庭養育の推進）はある程度、明確になったといえる。そのため、批判的に検討することに加えて、これからそれをどう現実に即して議論し、実践していくかも課題となる。

翻って、近年、施設における職員配置の改善や、2017 年度に予算化された「社会的養護処遇改善加算」など、一見すると制度が改善しているように見える。しかし、広く社会全体で見ていくと、「アベノミクス」による円安や優遇税制などによって、大企業の経常利益が増加し、内部留保が400 兆円を超えているにもかかわらず、実質賃金は低下している。さらに、労働法制の規制緩和や成果主義賃金を背景として雇用が劣化し、精神障がいの労災請求・認定件数が増加するとともに、非正規雇用が 4 割を超えるなど、働く人々の労働・生活問題が深刻化している。

そうした中で、逆進性が強い消費税の増税（8%）に加えて、子どもの貧困対策法（2013 年）を成立させる一方で、同年に生活保護の生活扶助基準を引き下げるなど、矛盾した政策が続いている。このように、制度全体

で見ると改悪されている側面が強いため、「ビジョン」を含む概念の変化や制度改革のねらいを正確につかむ必要がある。

また、ここで述べたように、検討会・審議会等における議論は限界があることや、ケアの受け手とにない手双方が抱えている労働・生活問題の背景には、制度の貧困さがあるため、その改善に向けたソーシャルアクションも不可欠である。さらに、「ビジョン」によって、施設と里親が分断されることがないよう、両者の協働的な関係を築くための取り組みも求められる。

注

1) 朝日新聞 2017 年 3 月 8 日付記事によると、「赤ちゃんの未来を救う会」の元代表理事と元理事が営利目的で特別養子縁組をあっせんした疑いで逮捕された。

2) 前全国児童養護施設協議会会長の藤野（2017）が提起した「日本型社会的養護（仮称）」は、欧米のように施設を廃止して里親へ移行するという方向ではなく、日本独特の措置制度の下で、4 ～ 6 人の小規模ケア・個別ケアの拡充・強化を図りつつ、施設と里親が連携し、施設のソーシャルワーク機能などの専門性を活かした日本独特の社会的養護をめざすとしている。

3) 日本の「家族関係社会支出」（GDP 比、2014 年度）は 1.34% で、他の先進国（スウェーデン 3.63%、イギリス 3.85%、フランス 2.91%、ドイツ 2.24%）と比較して顕著に低い（内閣府 2018）。また、「子どもの物的福祉」（平均可処分所得、貧困家庭で暮らす子ども、教育的貧困）の指標を見ても、日本は OECD 加盟国中 22 番目と低水準である（OECD 2009）。

4) 早川（2007）は、学者が行政機関の審議会委員になることについて、意図的に権力に迎合したり、思わぬ落とし穴に陥っていくとし、①行政権力出張型、②権力迎合型、③行政追随型、④沈黙型、⑤見識型のタイプがあると指摘している。そして、その上で②が最も悪質と述べている。また、蔵田（2005）は、委員会の中立性に関して疑問が出されることも多いと指摘している。

5) 2010 年 10 月に報道された里親による女子生徒へのわいせつ事件（滋賀県甲賀市）、2011 年 8 月に報道された里親による里子虐待死事件（東京都杉並区）など。「被措置児童等虐待」についての詳細は、厚生労働省「被措置児童等虐待届出等制度の実施状況」平成 21 年度から 26 年度までを参照。

6) この点について小笠原（2012）は、近年、ユニクロのように安くてデザインが優れたものが増え、貧困が見えにくいこと、および、文化の貧困さの影響を指摘している。小笠原は文化の貧困について、子どもにゲーム機を買い与えている父親を例にあげ、父子は一緒にゲームをすることだけが楽しみになっているが、それは父親自身が親に

58   I部　社会的養護の事実・現実から出発を

関わってもらった記憶がないからで、住んでいるアパートも物がない部屋だったと述べている。さらに、別の父子家庭もダブルワークでゆとりがなく、家庭での会話が「おいメシくうぞ」「はよくえ」だけだったという。

引用文献

新たな社会的養育の在り方に関する検討会（2017）「新しい社会的養育ビジョン」

井上英夫（2010）「人権の旗を掲げよう：にない手の人権が侵害されている」『医療労働』No.526，2010年7月号，日本医療労働会館，6

入江拓（2014）「里親不調により里子との離別を経験した里親のメンタルヘルスとそのケアに関する研究」『科学研究費助成事業　研究成果報告書（基盤研究C　課題番号23593477）』

岩重佳治（2010）「イギリスにおける『子どもの貧困』対策に学ぶ：子どもの貧困撲滅は、社会の責任」クレスコ編集委員会・全日本教職員組合編『クレスコ』2010年7月号，大月書店，22-25

内田龍史（2011）「児童養護施設生活者／経験者の当事者活動への期待と現実」西田芳正編『児童養護施設と社会的排除：家族依存社会の臨界』解放出版社，194-195

遠藤由美（2017）「基調報告に向けて 2017.12　子どもの権利と『社会的養育』：改革の実現性と妥当性を問う」

大江ひろみ・石塚かおる・山野則子編（2013）『子どものニーズをみつめる児童養護施設のあゆみ：つばさ園のジェネラリスト・ソーシャルワークに基づく支援』ミネルヴァ書房

小笠原寛明（2012）「連載『子どもの貧困』からみえたこと」『あいち保育研究所 研究紀要』3号，あいち保育研究所，3-9

蔵田伸雄（2005）「(5) 提言・その5：『政策決定過程・手続き・機構等に関する生命倫理基本法』」『北大法学論集』56（3）：422-407

黒田邦夫（2013）「児童養護施設における『小規模化』の現状と課題：『小規模化』は施設間格差を拡大している」子どもと福祉編集委員会編『子どもと福祉』vol.6，明石書店，64-68

厚生労働省ホームページ「社会的養護」 http://www.mhlw.go.jp/stf/seisakunitsuite/bunya/kodomo/kodomo_kosodate/syakaiteki_yougo/index.html （2018年4月24日閲覧）

厚生労働省（2015）『平成25年　児童養護施設入所児童等調査』

厚生労働省（2017）「2017年8月2日　第16回新たな社会的養育の在り方に関する検討会　子ども家庭局家庭福祉課」議事録　http://www.mhlw.go.jp/stf/shingi2/0000176752.html （2018年2月4日閲覧）

子どもと福祉編集委員会編（2010）『子どもと福祉』vol.3（特集1：児童養護施設の小規模化），明石書店，4-28

子どもと福祉編集委員会編（2016）『子どもと福祉』vol.9（特集1：児童養護施設の小規

模化でみえてきたこと），明石書店，5-21

西郷泰之（2007）『ホーム・ビジティング　訪問型子育て支援の実際：英国ホームスタートの実践方法に学ぶ』筒井書房，16-110

重田博正（2010）『保育職場のストレス：生き生きした保育をしたい！』かもがわ出版，40-41，106

資生堂社会福祉事業財団（2008）『2007年度　第33回資生堂児童福祉海外研修報告書：パリ・ロンドン』22，62

資生堂社会福祉事業財団（2012）『2011年度　第37回資生堂児童福祉海外研修報告書：スウェーデン・デンマーク児童福祉レポート』30，51

資生堂社会福祉事業財団（2014）『2013年度　第39回資生堂児童福祉海外研修報告書：フィンランド・オランダ児童福祉レポート』20，92

児童虐待対応における司法関与及び特別養子縁組制度の利用促進の在り方に関する検討会（2017）『特別養子縁組制度の利用促進の在り方について』

全国児童養護問題研究会（2017）「『新しい社会的養育ビジョン』に対する意見：子どもたちと支援者の現実から出発した『子どもが主人公』『個と集団の育ち合い』の観点にたつ制度改革を求めます」2017年9月4日

全国児童養護問題研究会・日本の児童養護と養問研半世紀の歩み編纂委員会編（2017）『日本の児童養護と養問研半世紀の歩み：未来の夢語れば』福村出版，8-181

東京新聞　2018年2月1日付記事　http://www.tokyo-np.co.jp/article/national/list/201802/CK2018020102000132.html　（2018年3月14日閲覧）

内閣府ホームページ（各国の「家族関係社会支出」の対GDP比の比較）http://www8.cao.go.jp/shoushi/shoushika/data/gdp.html　（2018年2月2日閲覧）

中嶌洋（2004）「5章5節　児童養護の理論」浅井春夫監修・中山正雄編『児童養護の原理と実践的活用』保育出版社，64

野口美香（2006）『生きててもいい…？ひまわりの咲く家』幻冬舎，28-29，51-61

野澤正子（1991）『児童養護論』ミネルヴァ書房，7-9

早川和男（2007）『権力に迎合する学者たち：「反骨的学問」のススメ』三五館，39-72

福祉新聞　2017年12月11日付記事

藤野興一〈全国児童養護施設協議会会長〉（2017）「新たな社会的養育の在り方に関する意見」

堀場純矢（2013）『階層性からみた現代日本の児童養護問題』明石書店，70-105，164-190

堀場純矢（2016）「子どもの貧困と生活文化の影響」全国養護教諭サークル協議会編『保健室』No. 184，本の泉社，7-12

堀場純矢（2018）「児童養護施設における小規模化の影響：職員の労働環境に焦点を当てて」『生協総研賞・第14回助成事業研究論文集』公益財団法人生協総合研究所，56-70

毎日新聞　2011年10月5日付記事

松本伊智朗（2006）「子どもの貧困と社会的排除：研究のための予備的ノート」『総合社会福祉研究』第 29 号，総合社会福祉研究所，31-45

みずほ情報総研株式会社（2017）「平成 28 年度先駆的ケア策定・検証調査事業　児童養護施設の小規模化における現状・取組の調査・検討　報告書（厚生労働省委託事業）」

武藤素明（2018a）「新しい社会的養育ビジョンと今後の児童養護・児童福祉のあり方を考える」『全国児童養護問題研究会西日本（岡山）研修会資料集』

武藤素明（2018b）「トピックス 財団合同学習会『新しい社会的養育ビジョン』の今後の展望について：施設職員としての役割を考える」『福祉のひろば』2018 年 2 月号，総合社会福祉研究所，52-53

山縣文治（2005）『児童福祉論』ミネルヴァ書房，26-27

湯浅誠（2009）「反貧困：すべり台社会から脱出するために」『医療・福祉研究』第 18 号，医療・福祉問題研究会，20-36

鷲谷善教（1973）「『社会福祉士法』制定試案をめぐる問題点」鷲谷善教監修・「福祉問題研究」編集委員会編『社会福祉労働論』鳩の森書房，263-287

Courtney, M.E. and Iwaniec, D.（2009）*Residential Care of Children: Comparative Perspectives*, Oxford University Press（＝岩崎浩三・三上邦彦監訳〈2010〉『施設で育つ世界の子どもたち』筒井書房）

OECD ed.（2009）*Doing Better for Children*（＝高木郁朗監訳〈2011〉『子どもの福祉を改善する』明石書店）

Wasik, B.H. and Bryant, D.M.（2001）*Home Visiting: Procedures for helping families*, Second Edition, Sage Publications（＝杉本敏夫監訳〈2006〉『ホームビジティング：訪問型福祉の理論と実際』ミネルヴァ書房）

3 諸外国における里親制度の実態から考える

社会的自立はどう保障されているか

黒川真咲

はじめに

　2011年7月、児童養護施設等の社会的養護の課題に関する検討委員会・社会保障審議会児童部会社会的養護専門委員会により「社会的養護の課題と将来像」が取りまとめられ、里親委託率を3割以上に引き上げることが提言された。その中で、各国の要保護児童に占める里親委託児童の割合が参考資料として提示され、「欧米主要国では、概ね半数前後が里親委託であり、日本において、施設：里親の比率が9：1となっている現状は、施設養護に依存しているとの指摘がある」と書かれている。

　2010年前後の各国の要保護児童に占める里親委託の割合は図3-1のようになっており、たしかにこれだけを見ると、日本は飛び抜けて低い割合を示している。しかし、そもそも諸外国それぞれで「里親」に関する定義や制度は異なっており、一概にこの数値だけを見て、日本の里親委託率を上げなければいけないという結論には至らないのではないだろうか。

　2014年5月には、国際人権NGOヒューマン・ライツ・ウォッチが日本の社会的養護を検証する調査報告書「夢が持てない―日本における社会的養護下の子どもたち―」を発表し、日本の社会的養護制度が施設偏重であり、子どもたちが自立した生活を築く場を奪っていると、日本政府に対し社会的養護制度を全面的に見直すことを提言している。しかしながら、日本は本当に施設偏重なのだろうか。諸外国に比べ、子どもの自立が奪われているのだろうか。

　2017年8月、新たな社会的養育の在り方に関する検討会から出された「新たな社会的養育ビジョン」には、「3歳未満については概ね5年以内に、それ以外の就学前の子どもについては概ね7年以内に里親委託率75%以

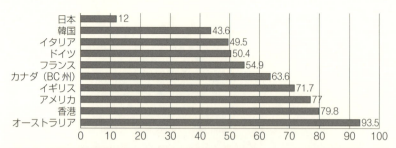

図 3-1　各国の要保護児童に占める里親委託児童の割合（2010 年前後の状況）（%）
出典：「家庭外ケア児童数及び里親委託率等の国際比較研究」主任研究者 開原久代
（2011 年 厚生労働科学研究）

上を実現し、学童期以降は概ね10年以内に里親委託率50％を実現する」と書かれている。ここ数年、日本の社会的養護における里親およびファミリーホームへの委託率（里親等委託率）は毎年約1％ずつ上昇しており、2016年度末における全国平均は17.5％となっている（2016年 厚生労働省福祉行政報告例）。はたして日本がめざすべきビジョンは里親委託率の引き上げなのか。諸外国の実態と日本の現状を比較する中で考える。

1　オーストラリア

（1）オーストラリアにおける社会的養護の現状

　Australian Institute of Health and Welfare（AIHW）の統計によるとオーストラリアにおける社会的養護で育つ子どもの数は2015年6月の時点で4万399人となっており、これはオーストラリアの子ども全体の0.81％に相当する。過去10年間毎年増加しているとともに、2011年から2015年までの5年間で15％増加した。
　社会的養護で育つ子どものうち、93.4％が里親等に委託をされており、どの国よりも里親委託率が高い。また、47.3％は親族里親が占めており、親族里親が1％しかない日本とは大きな違いがある。

（2）オーストラリアの里親制度における課題

　里親委託が基本のオーストラリアにおいて、里親制度における重要な課

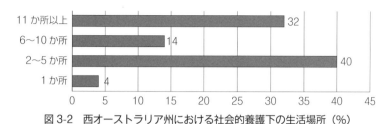

図3-2 西オーストラリア州における社会的養護下の生活場所（%）
出典）Johnson, G, Natalier, N, Liddiard, M and Thoresen, S 2011
'Out in the world with no-one: A qualitative study of the housing pathways of young people who have recently left state out-of-home care'

題として、度重なる生活場所の変更があげられている。ヴィクトリア州と西オーストラリア州において行われた社会的養護下で育った子どもたちの措置変更履歴調査（2011年Johnson, Natalier, Liddiard & Thoresen）によると、2～5か所の生活場所を経験している子どもが40％、6～10か所の生活場所を経験している子どもが14％、11か所以上の生活場所を経験している子どもが32％いるという結果であった。

　この調査結果によると、オーストラリアの社会的養護で育つ子どもたちの多くが、1つの安定した生活場所を得られず、複数の家庭を移動しながら育っている。とくに11か所以上の生活場所を経験している子どもが32％もいることは驚きである。これはヴィクトリア州・西オーストラリア州だけに限らず、南オーストラリア州において2014年から2015年の間に社会的養護下で生活する子どもたち393人に対して行った調査においても、1～2か所の生活場所を経験している子どもが50.3％、3か所が12.7％、4～5か所が13.4％、6～10か所が10％、11か所以上が12.7％いるという報告がされている。南オーストラリア州の報告は措置中の児童に対する調査であり、社会的養護を離れるまでの間にさらに措置変更を重ねる可能性もある。

　生活場所が安定しないことは子どもたちにとって重大な懸念事項であり、措置変更回数の多い子どもたちは、より少ない子どもと比べて、社会的養護経験に対する満足度が低いという報告もされている。また、支援者の変更により子どもたちが信頼関係を築く能力を低下させており、社会的養護ニーズの増加に対応するための十分な里親を得ることが大きな課題となっ

ている。ただし、単に里親を増やすだけではフォスタードリフトが加速し、結果として困難な問題を抱えた児童が増加するのを防ぐために、里親に対しより専門性を求める声もある。里親の数を確保するために親族里親に委託される児童の割合が急増しているが、現時点では親族里親におけるケアが子どもにとってよい成果をもたらすかどうかの検証も十分にされていない。

また、2009年にCreate Foundation（Create）が行った調査の中で、以下のような社会的養護を離れた若者たちが抱える課題も浮き彫りになっている。

- ・社会的養護を離れた若者の35%が、保護を離れた最初の年にホームレスを体験している
- ・社会的養護を体験した若い男性の46%、若い女性の22%が少年犯罪に関わっている
- ・社会的養護を体験した65%の若者は高校を卒業していない
- ・社会的養護を体験した若者の29%は失業中（国内失業率の平均は9.75%）
- ・社会的養護を体験した若者の28%はすでに親になっている

社会的養護を離れた若者がその後の人生において、社会的排除にあったり、貧困を経験したり、困窮を体験するという結果が報告されており、社会的養護を離れる際の計画の不十分さとアフターケアの提供が課題となっている。

2 カナダ オンタリオ州

(1) カナダ オンタリオ州における社会的養護の現状

カナダは連邦国家であり、それぞれの州で独自の政策がすすめられているため、一括りにすることはできないが、オンタリオ州トロントのCAS（Children's Aid Society：児童保護協会）の措置児童の居住先の統計による

と、2013 〜 2014 年の措置先は里親が 58.6％、親族里親が 1.8％、グループ
ホームが 13.7％、一人暮らしが 26％となっている。

　里親については子どものニーズに応じて、Regular Foster Care（一般里
親）、Specialized Foster Care（特別ニーズ里親）、Treatment Foster Care
（治療的里親）があり、特別な訓練を受けた里親によって養育・支援される
制度を整えるとともに、ニーズのある子どもとその里親家族へのトリート
メント・フォスターケア・プログラムを開発し、コミュニティの中で支援
し癒していくサービスを提供している。精神科医や心理士などによる助言
やグループワークを通して治療的里親の家庭を専門的にサポートするプロ
グラムや、治療的養育が可能となるように養育者に対し専門的支援と教育、
実践ツールを提供するプログラム、治療的介入がとくに必要な子どもを預
かる里親に対して Child Youth Worker を里親宅につけて子どもの支援を
補助するプログラムがある。

　また、グループホームにはアセスメントグループホームとトリートメン
トグループホームがあり、精神障がいや発達障がい、身体障がい等、より
困難な子どもが措置されており、里親家庭に適応できなかった子どもの受
け皿になっている。

(2) カナダの里親制度における課題

　支援プログラムを開発し、手厚い支援体制を整えているオンタリオ州の
里親制度でも、措置変更により里親家庭を転々とするドリフトの多発が課
題となっており、フォスタードリフトの中で養育されてきた子どもの犯罪
率が高いという事実も明らかになってきた。

　また、Federation of BC Youth In Care Network（ブリティッシュ・コロ
ンビア州社会的養護当事者ネットワーク）による報告・提言「ユース・ス
ピーク・レポート 2016 〜 BC 州の社会的養護で過ごす若者たちが直面して
いる課題〜」の調査によると、14 〜 24 歳までの BC に在住している当事者
142 名のいままでに利用した里親の件数は、1 件が 23％、2 〜 3 件が 31％、
4 〜 6 件が 30％、7 〜 9 件が 7％、10 件以上が 8％であった。

　また、同調査によると、1 年の間に養育環境が変更になった最大回数は、

図3-3 カナダBC州における利用した里親件数（％）
出典）Federation of BC Youth In Care Network 2016
「ユース・スピーク・レポート2016〜BC州の社会的養護で過ごす若者たちが直面している課題〜」

0回が17％、1〜3回が55％、4〜6回が22％、7回以上が6％となっており、短期間の間に次々と養育環境が変更になっているという事実は衝撃的である。まさに里親家庭をたらい回しにされてしまっている状況があるといえる。

虐待を受けた子どもの養育にはやはり困難が伴い、ドリフトの問題や人材不足などが明らかになってきている。オンタリオ州では養育家庭に適応できなかった子どもたちはグループホームに入所することになるため結果的にグループホームの子どもたちは高年齢となっており、さまざまな障がいや問題行動を表出する傾向が顕著になっている。

3 アメリカ

(1) アメリカの社会的養護の現状

The AFCARS Repor#23によると、2015年のアメリカの社会的養護で暮らす子どもの数は42万7910人であり、措置先としては、里親が45％、親族里親が30％、施設が8％、グループホームが6％と、里親委託の割合が75％を占めている。一時期は50万人を超える社会的養護で暮らす子どもがおり、急激な増加に社会的養護で過ごす期間の長期化とたらい回し現象が現れる事態となった。結果、パーマネンシーの保障が叫ばれ、養子縁組が積極的にすすめられるようになってきている。

なお、減少し続けてきた社会的養護下の子どもの数が2013年度以降再び上昇傾向にあるが、この背景には、2010年より対象年齢について、条

件はありつつも 21 歳未満まで引き上げられたことも影響していると考えられる。

(2) アメリカの里親制度における課題

　パーマネンシープログラムをすすめてきているといっても、すべての子どもが養子縁組できるわけではない。いまも 40 万人を超える子どもたちが社会的養護下で暮らしている。アメリカ小児学会によると、里親や施設で育った子どもは、約半数に身体的な欠損や身体障がい、発達障がいなどによる慢性的な医療が必要であり、5 歳以下の子どもの半数は発達に遅れが見られ、80％が深刻な情緒的問題を抱えているという報告がなされている。一般の子どもよりも PTSD に罹る割合は 6 倍、薬物乱用に関わる割合は 4 倍、うつ病に罹る割合は 2 倍、不安障害と診断される割合も 2 倍以上であるとの報告もある。大きな課題を抱える子どもたちがいる一方で、里親になるための講習は 30 時間程度しか義務づけられてはおらず、養育費目当てで世話をするつもりのない里親や虐待をしてしまう里親などが一定数いることも事実である。

　アメリカ中西部の 3 つの州（イリノイ州、ウィスコンシン州、アイオワ州）で行われた調査結果では、社会的養護から離れた後の若者の課題が明らかになった。調査結果はいくつかの年齢に分けて行われているが、23 〜 24 歳時点の社会的養護経験者の委託解除後の状況を見ると、就労している者は 48％、これまでにホームレス経験がある者は 24.3％、逮捕歴のある者が 67.7％、妊娠経験のある女性が 77％と衝撃の結果が表れている。子どもたちが抱えている課題を青年期に至るまでに十分にケアしきれていない実態があるといえる。

4　日本において社会的自立はどの程度保障されているのか

(1) 諸外国に共通する課題

　里親中心であるがゆえに、フォスタードリフトの多さと、生活場所や支援者が頻繁に変わることでの子どもの不安感の強さ、信頼関係を築く上で

68 Ⅰ部 社会的養護の事実・現実から出発を

の困難さがどの国でも共通した課題となっている。障がいのある子どもや
虐待を受けてきている子どもは対応に苦慮することも多く、里親家庭に適
応できずにたらい回しになっている。そのため、里親への手厚い支援とと
もに、治療的ケアが強く求められている。

　また、高年齢になっての問題の表出や社会的養護を離れた後に若者が直
面する困難さも共通してあり、これはドリフトの問題と切り離すことがで
きない。

　なお、どの国も里親委託率は日本より格段に高いものの、そこには親族
里親が多く含まれている。日本では親族里親の割合は著しく低く、まずは
そこから見直していく必要もある。

(2) 東京都における児童養護施設退所者についての調査報告

　里親委託率の低さから社会的養護制度が非常に乏しいといわれ、施設依
存が子どもの自立を奪うと指摘されているわが国ではあるが、本当に施設
が子どもの自立を奪っているのだろうか。日本の児童養護施設退所者の委
託解除後の現状を把握し、諸外国との国際比較を行うべく、2017年1月
〜2月にかけて、東京都の児童養護施設に対し「児童養護施設退所者につ
いての調査」（東京都社会福祉協議会児童部会リービングケア委員会[1]）を
行った（図3-4〜3-11）。

　児童養護施設の退所者に対する調査はこれまでも各都道府県等で行われ
てきているが、生活保護の受給率や逮捕歴、妊娠経験等まで踏み込んだ調
査はあまり前例がない。委託解除後の社会的養護経験者の状況について、
客観的に諸外国と比較することができる貴重なデータを得ることができた。

1) 調査の目的

　　①日本の児童養護施設退所者の委託解除後の現況を把握する

　　②里親制度中心である諸外国における委託解除後の社会的養護経験者
　　　に対する調査との国際比較を行う（比較することを前提にしているた
　　　め、対象については、退所後1〜2年経過した退所者、退所後4〜5年経
　　　過した退所者とする）

③比較したデータを基に、日本の社会的養護のあり方を見直し、今後の政策提言につなげる

2）調査対象

東京都の児童養護施設（都外施設含む）　63 施設

　　回答のあった施設　60 施設　（回収率：95.2％）　452 名

① 1996 年 4 月〜 1997 年 3 月に生まれた退所者（現在 19 〜 20 歳）で、2011 年度に中学卒業時点まで入所していた児童のうち、中学卒業時に家庭復帰していない者

② 1993 年 4 月〜 1994 年 3 月に生まれた退所者（現在 22 〜 23 歳）で、2008 年度に中学卒業時点まで入所していた児童のうち、中学卒業時に家庭復帰していない者

3）調査方法

・メールに調査依頼および調査票の添付

・自立支援コーディネーター[2] またはそれに準ずる職員がメールでの回答

4）調査期間

2017 年 1 月 11 日〜 2 月 15 日

5）調査結果

①対象者（図 3-4）

　今回の調査は諸外国との比較を行うことを目的としているため、比較データが存在する 2 つの年代の退所者を対象とするとともに、社会的養護の責任を明確にするべく、「中学卒業時に家庭復帰していない者」に限定して調査を行った。

　近年、児童養護施設の入所児童の平均年齢は上昇傾向にあり、高齢児の占める割合が高くなってきている。そのため、児童養護施設から社会的自立をしていく退所者も増加傾向にあると思われる。

I部 社会的養護の事実・現実から出発を

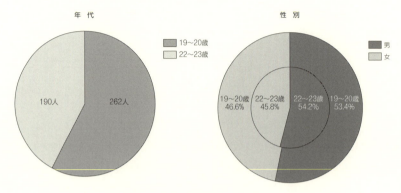

図3-4 調査対象者の年代と性別

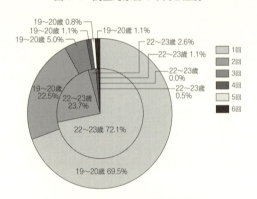

図3-5 社会的養護経験回数（回）

②社会的養護経験回数（図3-5）

 7割の退所者は、退所した児童養護施設以外の社会的養護経験がなく、措置が必要な期間、同じ施設で生活を送ることができている。また、社会的養護を2回経験している退所者の多くは、乳児院から児童養護施設へと措置変更してきたケースであると考えられる。
 一方、3回以上社会的養護を経験しているケースは全体の6.4%、4回以上社会的養護を経験しているケースは2.4%にすぎない。

③高校進学（図3-6）

 高校進学率は99.6%であり、高校進学（職業訓練校等も含む）をしなかった児童は1名しかいない。現在東京都の児童養護施設では、ほとんど

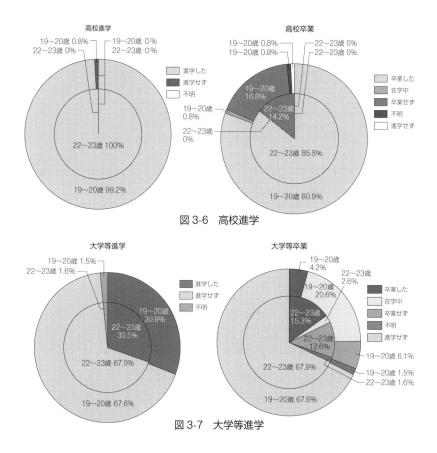

図 3-6　高校進学

図 3-7　大学等進学

の児童が高校へ進学している。

また、高校中退率は 15.7％ と、全国の 1.5％（2015 年 児童生徒の問題行動等生徒指導上の諸問題に関する調査 総務省統計局）と比べると 10 倍以上ではあるが、逆にいえば 83.0％ は高校を卒業することができている。

社会的養護経験回数と中退率との関係を見ると、3 ～ 6 回の社会的養護経験者の中退率は 27.6％ となっており、全体が 15.7％ であるのに比べて高い割合を示している。

④大学等進学（図 3-7）

2016 年の学校基本調査によると、全国の大学等進学率は 71.1％、東京の大学等進学率は 78.8％ となっている。一方、東京都の児童養護施設にお

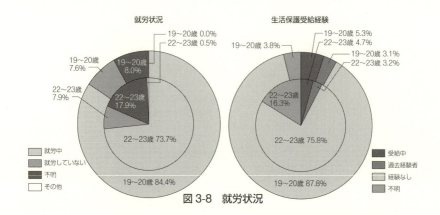

図 3-8　就労状況

いては、2014年の東京都育成支援課民間児童養護施設に関する調査で、大学等進学率は41.5％という結果が出ているものの、今回の調査においては、高校卒業と同時に退所した者に限らず対象としているため、30.8％と低い数値になっている。

19〜20歳の退所者については調査時点で在学中の者も多く、大学等卒業率を単純に集計することはできない。22〜23歳の退所者については、全体に占める大学等卒業率は15.3％、大学等進学者における大学等卒業率は50.0％となっており、41％が大学等に進学しても中退してしまう状況がある。

また、3〜6回の社会的養護経験者の大学等卒業・在学率は17.2％となっており、全体の21.9％からすると、やや低くなっている。

⑤就労状況（図3-8）

就労形態については、常勤に限らず、アルバイトや就労継続支援B型も含めてカウントした。現在就労している退所者は合計すると79.9％である。

退所してからの期間が長くなると施設と連絡が取れない退所者が増え、就労状況や生活保護の受給状況等も「不明」が多くなっている。生活保護の受給者の中には就労継続支援B型を利用している退所者も多く含まれていると思われる。

⑥生活状況（図3-9）

現在ホームレスの退所者は1人もいなかった。これは、ホームレスと施

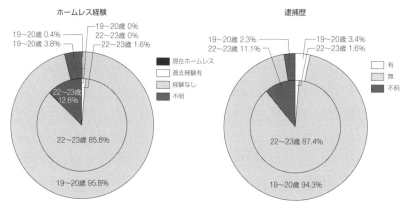

図 3-9　生活状況

設が認識する退所者がいれば、施設が何らかの支援を行いその状況が解消されているからではないかと思われる。ただし、ホームレスであることを積極的に施設に伝える退所者は少ないと思われるため、「不明」の中にホームレスの退所者がいる可能性はある。

　生活保護の受給経験やホームレス経験、妊娠経験等、経験を問う設問のほとんどは年齢が上がるほど経験率が上がっている。しかしながら、逮捕歴についてのみ、年代が逆転しており、その理由についてはこの調査結果から読み取ることはできなかった。19 〜 20 歳の退所者については、退所後の期間は短いものの、退所後だけに限らず入所前や入所中に逮捕歴があったということも考えられる。

　逮捕歴のある退所者は全体で見ると 2.7％だが、3 〜 6 回の社会的養護経験のある退所者については、6.9％と 2 倍以上の割合になっている。

　また、高校を中退した退所者（不明含む）の逮捕歴有の割合は 8.0％となっており、かなり高い割合を示している。

⑦妊娠経験（図 3-10）

　妊娠経験がある退所者は全体の 18.2％となっている。22 〜 23 歳では女性退所者の 4 分の 1 が妊娠を経験している。

　また妊娠経験者のうち中絶している割合は、19 歳〜 20 歳で 31.3％、22 〜 23 歳で 22.7％と年齢が低いほど中絶する割合は高くなっている。

I部　社会的養護の事実・現実から出発を

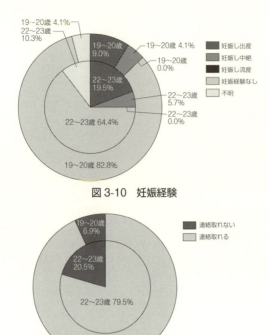

図 3-10　妊娠経験

図 3-11　施設との連絡

⑧施設との連絡（図 3-11）

　東京都の自立支援強化事業[3]におけるアフターケア対象者（社会的自立10年、家庭復帰5年）に対する、退所者の状況把握率は77.4%（H28年度東京都育成支援課 民間児童養護施設の自立支援に関する調査）であるが、今回の調査では、比較的退所してからの年数が浅いことから、連絡が取れる退所者の割合は全体の87.4%となっている。ただし、施設との連絡の取れない児童は3年経過する間に約3倍になってしまっている。

　また、高校を中退した児童の、施設と連絡の取れる割合は69.3%であり、全体から比べ低い値となっている。

(3) 諸外国と比較して

　今回の調査の目的は東京都の児童養護施設経験者の措置解除後の現況を

第 3 章　諸外国における里親制度の実態から考える　　75

表 3-1　社会的養護で育った子どもの状況　19 ～ 20 歳時点

	アメリカ中西部	東京の児童養護施設
高校卒業率（ケア継続者含む）	57.8%	80.9%
大学等への進学率（ケア継続者含む）	23.5%	30.9%
現在、就労している割合	40.5%	84.4%
ホームレス経験ありの割合	0.6%	0.4%
逮捕歴ありの割合	28.1%（有罪判決 12.3%）	3.4%
公的援助を受けた経験のある割合	23%（現在受給中）	5.3%
女性の妊娠率	約 50%	13.1%

表 3-2　社会的養護で育った子どもの状況　22 ～ 24 歳時点

	アメリカ中西部	東京の児童養護施設
高校卒業率	65.8%	85.5%
大学等の卒業率	6.2%	15.3%
現在、就労している割合	48.0%	73.7%
ホームレス経験ありの割合	24.3%	1.6%
逮捕歴ありの割合	67.7%（有罪判決 37.0%）	1.6%
公的援助を受けた経験のある割合	男性の 3 分の 1 女性の 4 分の 3 （過去 1 年間に受給）	5.3%
女性の妊娠率	77%	25.2%

表 3-3　社会的養護下の生活場所の数

	西オーストラリア	カナダ（BC）	日本（東京）
1 か所	16%	23%	70.9%
2 か所	40%	30%	22.3%
3 か所			4.2%
4 か所		30%	1.2%
5 か所			0.5%
6 か所	14%		0.9%
7 か所		7%	0%
8 か所			
9 か所			
10 か所	32%	8%	
11 か所以上			

76   Ⅰ部　社会的養護の事実・現実から出発を

明らかにするとともに、里親中心の諸外国との国際比較を行うことにある。アメリカ、オーストラリア、カナダの既存の調査結果との比較をしたものが表3-1～3-3となっている。

　アメリカの委託解除後の里子の状況は、19～20歳の時点においても、22～24歳時点においても高校の卒業率・就労率ともに今回の東京都の結果と比べて20％程度低くなっている（表3-1）。

　また、22～24歳時点においては、ホームレス経験のある者は今回の調査結果の15.2倍、妊娠経験がある女性は3.1倍、逮捕歴のある者は42.3倍に上っており、アメリカの委託解除後の里子の状況よりも、東京都の児童養護施設経験者のほうが格段に安定した状況にあるといえる（表3-2）。

　オーストラリアやカナダは里親委託が社会的養護のかなりの割合を占めているが、それゆえに里親から里親への措置変更の回数が非常に多く、オーストラリアでは6か所以上の生活場所を経験している里子が46％もいる。一方、東京の児童養護施設では1か所のみが7割近くを占め、4か所以上の生活場所を経験している退所者は3％以下に留まっている（表3-3）。東京都の調査の中では、社会的養護経験回数が多い退所者は、1～2回の退所者と比べて、高校中退率が高く、大学進学率が低く、逮捕歴は高くなるという結果が表れている。措置変更が多くなることで、進路保障や生活の安定を保つことがより困難になるといえる。

おわりに

　国際的に批判されがちな日本の社会的養護システムではあるが、退所後の社会的養護経験者の状況から見れば、安易に里親中心に切り替えていくことが必ずしもよいとはいえないのではないかと考える。施設中心だからこそ継続した支援が行えている面も少なからずあり、子どもたちは里親宅にいつまでいられるかわからないという不安と隣り合わせの生活を送ることもなく過ごすことができる。

　また、生活場所が変わらないということは、子どもを取り巻く地域も変わらないということである。地域が変われば、同時に学校も友だちも見慣

れた景色もすべて変わってしまう。養育者が変わらないことも大切だが、子どもにとっては学校も友だちも見慣れた景色もみな大切なものであり、地域の中で育つ面も大きい。

　虐待の増加、家族の多様化、子どもの質の変化、子どもを取り巻く課題はますます困難さを増しており、社会的養護を必要とする子どもたちへのケアは、より高度な専門性が求められている。それに対応できるだけの里親制度システムを構築するのは、諸外国の現状から見ても容易なことではない。また、養子縁組をすすめて社会的養護の子どもの数が減れば、それで問題が解決するということでもない。

　ただ数字だけの目標を掲げ里親を増やしていくことは、諸外国が抱える課題を踏襲していくことにつながってしまう。社会的養育ビジョンが指し示す方向性のとおりにすすめれば、いまよりもさらに子どもたちの自立が保障できなくなる危険性がある。あらためて現在の日本の養護形態の積極面を見直した上で、日本がめざすべきビジョンを考えていく必要がある。

注

1）東京都社会福祉協議会児童部会内における委員会であり、2017 年より自立支援コーディネーター委員会へと名称が変更になっている。
2）東京都の独自事業である自立支援強化事業において、児童養護施設に配置されている自立支援に関わる専門職。
3）東京都の自立支援に関わる独自事業の名称。2012 年より開始。

参考文献

池谷和子（2014）「アメリカにおける里親制度」『東洋法学』第 57 巻第 2 号
厚生労働省（2016）「福祉行政報告例」
児童養護施設等の社会的養護の課題に関する検討委員会・社会保障審議会児童部会社会的養護専門委員会（2011）「社会的養護の課題と将来像」
日本社会事業大学社会事業研究所（2017）「平成 26 年度厚生労働省児童福祉問題調査研究事業課題 9　社会的養護制度の国際比較に関する研究 調査報告 第 2 報」
Child Family Community Australia（2016）'Children in care' Australian Government Australian Institute of Family Studies
Child Family Community Australia（2016）'Supporting young people leaving out-of home care' Australian Government Australian Institute of Family Studies

Children's Bureau The Adoption and Foster Care Analysis and Reporting System
(AFCARS) Report #23 Preliminary FY 2015 Estimates as of June 2016

Government of South Australia Child Protection System Royal Commission report:
'The life they deserve'

Human Lights Watch（2014）「夢が持てない―日本における社会的養護下の子どもた
ち―」

Johnson, G, Natalier, N, Liddiard, M and Thoresen, S（2011）'Out in the world with no-
one: A qualitative study of the housing pathways of young people who have recently
left state out-of-home care' in Philip Mendes, Guy Johnson, Badal Moslehuddin（ed.）
Young People Leaving State Out-Of-Home Care: Australian Policy and Practice, Aus-
tralian Scholary Publishing, North Melbourne, Australia, pp. 140-168.

Leslie, L., House Way and Means Subcommittee on Income Security and Family Sup-
port, Hearing on the Utilizing of Psychotropic Medication for Children in Foster
Care, Department of Federal Affairs, May 8, 2008

Mark E. Courtney, Amy Dworsky, JoAnn S. Lee, Melissa Raap（2010）'Chapin Hall at
the University of Chicago Midwest Evaluation of the Adult Functioning of Former
Foster Youth: Outcomes at Age 23 and 24'

Mark E. Courtney, Amy Dworsky, Gretchen Ruth, Tom Keller, Judt Havlicek, Noel
Bost（2005）'Chapin Hall at the University of Chicago Midwest Evaluation of the
Adult Functioning of Former Foster Youth: Outcomes at Age 19'

Uniting Care Children, Young People and Families（2014）'A strong future for young
people leaving out-of-home care'

4 グループホーム実践から 社会的養護の展望を探る
児童養護で積み重ねてきた実践をつなぐ

中山正雄

　子どもの養育は家庭養育が基本である。しかし、家庭を奪われた子どもに代わりの家庭を保障するしくみはきわめて脆弱であるため、わが国の里親の多くは未だ子どもがないゆえに子どもを求め養育するという状況に止まっている。「家庭を奪われた子どもに自らの家庭を提供して養育する」という考えは、残念ながらわが国の「子どもの養育観」として定着していないのが現状である。

　戦後、1948（昭和23）年の厚生省の調査では12万3000人の戦争孤児が記録されている。そのころ、行き場を失った子どもたちが全国の里親に送られ、昭和30年代の初めまでは多い年で1万人近い里親委託児が存在したが、当時は養育ということよりも働き手としてのニーズと併せたものでもあったため、その後の里親養育は大きく後退をしたといえる。

　1890年代に石井十次が岡山孤児院を設立し家庭的養護を実践したことはよく知られている。施設という空間から家庭という空間で養育することへと近づいていく取り組みは、人的配置や設備などが十分でない中での集団生活という養育形態の中でもさまざまな工夫が行われ、小舎制養護やグループホームの実践を社会的養護に携わる者の責任としてすすめられてきたのである。

　筆者は1981（昭和56）年より4年間だが施設分園型のグループホームに夫婦で取り組んだ。翌年度には東京都のファミリーグループホーム制度が試行実施された。それから37年になる。当時グループホームで一緒に生活した5歳と3歳の実子も42歳と40歳になった。小学4年生から高校生までの6人の子どもたちとの生活だった。その後、結婚した4人の式では親代わりとしての役割も果たした。2人には障がいがありいまも福祉の援助を受けている。それぞれいまでも筆者とはよい関わりを続けている。

80　Ⅰ部　社会的養護の事実・現実から出発を

「新しい社会的養育ビジョン」を読むと、要約編「3. 新しい社会的養育ビジョンの実現に向けた工程」において、「ファミリーホームを家庭養育に限定するため、早急に事業者を里親登録者に限定し」（3頁）とあり、本文では「3.『社会的養護の課題と将来像』の見直しの必要性」において「『社会的養護の高度化計画』として、小規模グループケアを1施設上限3カ所から6カ所に拡大するにあたり、施設の小規模化や里親支援のみならず、2カ所のファミリーホーム開設を行う計画が条件となったが、結果として『家庭環境』とは言い難いファミリーホームが存在するようになった、（中略）建てられた目標の数字合わせに利用される傾向も出てきた」（10頁）と限定する理由を述べている。

　現在の制度でいうならばまさに施設型のファミリーホームを実践した者として、施設の果たしてきた役割・実践を整理する責任があると思われ、この小論をまとめることとした。

1　わが国におけるグループホームの開始

　1966（昭和41）年に刊行された『全国児童養護施設協議会20年のあゆみ』には、アメリカの小児専門精神科医ロレッタ・ベンダー博士の「永久に損なわれた人格——施設に育つ子どもたち」が1950（昭和25）年にわが国に紹介され、ホスピタリズムの検討から「家庭的処遇論」の論争が盛んに行われたことが記載されている。全国養護施設協議会通信（1954［昭和29］年2月10日発行）には、当時の全養協会長で東京育成園園長松島正儀氏の「養護施設における新しい児童育成方式に関する研究」として小論を掲載しているが、その中で、「児童局養護課長が英国の養護施設視察研究から帰られ、『彼地に於ける最新の養護形態は、市民社会の中に隣有する普通家庭において、児童7人程度の構想が最適である』との結論を出しつつあると言う報告に接した」と述べている。なおわが国では現在のグループホームに匹敵するような養育環境は戦時中にも存在した。東京育成園の昭和22〜28年の取り組みなどに見られるように、戦中戦後の混乱期には子どもの生活の場を確保するために取り組んだ先達たちの家庭養護が

あった。

　ホスピタリズム論争は、家庭か施設かにとどまらず、社会的養護のあり方や内容について多くの問題提起を行った。欧米の児童養護の現状が紹介され、1960（昭和35）年には神戸市で翌年には大阪市で家庭養護促進協会が設立され、わが国で初めてファミリーグループホームを施行した新しい家庭養護寮制度がはじめられた。家庭養護促進協会の会報『育てる』（2号、昭和43年5月24日発行）は、「8年目を迎えた家庭養護寮制度」と題して16家庭の実践を伝えている。この会報では「3人から5・6人を養護するような小単位は施設として認めないと言うわけで、家庭養護寮は施設の一形態ではなくて、法上の裏付けとしては、止む無く、里親の延長として発足したのである」とある。また、この会報で「家庭養護寮制度の問題点は何か」が次のように述べられている。「仕事としての資格も保証もなく、自己の家屋と家庭生活の全体を提供して行う、一種の奉仕活動でしかないという限界が、現実の各養護寮の不均質性を許し、客観的評価を求めて養護の実質を露呈し得る程度の専門性をも育ててはいないのである。（中略）児童養護とは児童の生活保護ではない。世襲される精神的情緒的貧困から自らの力で脱出できるように、子どもを育てるということが児童養護なのである。個別か集団かの議論よりもまず、これらの子どもが、もはや、親の人間的貧しさを引き継がないまでに育つためには、何が保障されなければならないかを知り、それを保障するためにどんな制度枠が必要かを認め、その実現のために英知と勇気が一般に欠けている」。この家庭養護寮は神戸で16家庭、大阪で4家庭の実施であったが、昭和40年代以降は応募者がなく子どもの育ちとともに終了している。

　以上から、わが国のグループホームの芽生えは、戦時中から家庭を奪われた子どもにそれに代わる適切な養育の場を求めて、社会的養育に関わる者たちが貧困な福祉行政の中でさまざまな思いを抱き実践を行ってきた基盤が元になっているということができる。

2 施設分園型グループホームの発展

(1) グループホームの開始

施設退所児童のアフターケア施設として広岡知彦らにより 1967 年に開始されたボランティア団体「青少年と共に歩む会」（後に財団法人となり、現在は社会福祉法人）が運営する「憩いの家」は、当初から住宅街に在住する一軒家で少人数の子どもたちと寮母を中心とした大人のスタッフが一緒に生活する、現在でいうグループホームである。後に自立援助ホームとして制度化された、義務教育を終えた子どもたちの自立を支援する施設の先駆けであり、現在も多くの自立援助ホームが同じような形態で実施されている。この憩いの家スタッフであり後に理事となった武田陽一が 1970年ごろより、具体的な欧米のファミリーグループホームを精力的に紹介し養護施設関係者を含み地道な学習を続けたこと等が東京都の行政を動かし、里親（養育家庭）が伸びない中で施設と里親の中間的役割を担う新しい養護形態としての制度化が検討されることとなった。1978（昭和 53）年に東京都の児童福祉審議会具申において、「今後の養護形態の一つとしてファミリーグループホームを制度の中に活かすように」と取り上げられ、多くの施設関係者がグループホームの実施を具体的に検討・あるいは実践するところとなり 1980 年前後に養護施設の分園型グループホームが誕生することとなる。武田が中心の一人であったグループホーム研究会の 1986 年12 月の調査結果によると、施設分園型は 1976 年に岡山県の新天地育児院が開設した夫婦制による家庭幼児寮が最初で、次いで 1979 年の大阪聖家族の家の小学生を対象とした恵みの家である。以後、1982 年 3 月時点では 6 ホーム、1985 年 3 月には 15 ホーム、そして 1986 年には 21 ホームと増えている。一方、1979 年から 1986 年の間に設置し終了したホームも 8ホームある。

なお同じ調査では、別に独立型として自立援助ホーム 6 ホーム、里親型として 19 ホームが掲載されている。

（2）グループホームの制度化

　東京都のファミリーグループホーム制度は、1982（昭和57）年に試行実施となり、3年後から本格実施となった。筆者の実践した二葉学園グループホームは、調布学園のグループホームとともにこの制度に先駆けて実施し制度化を後押しした実践でもある。翌年には横浜市でもグループホーム制度が出発している。後に国の小規模児童養護施設や自立支援型の体験グループホームの制度化にも大きな影響を与えるものになった。東京都のファミリーグループホーム制度は、里親によるものをファミリーホームと名付け、施設分園型をグループホームと名付けた。制度の本格実施時には里親型5ホーム、施設分園型5ホームが制度の下に行われた。

　グループホームは1980年代、新しい養護形態として注目され、さまざまな研究が行われた。中でも資生堂社会福祉事業財団の補助金を受けた「グループホーム養育に関する内外調査研究」は筆者も実践者として参加し2年間の内外調査を行い、その成果は1986（昭和61）年に「社会的養護の今後の在り方に関する研究・調査研究編・提言編」として発表されている。この報告では、施設分園型14ホーム、里親・独立型21ホームを対象とした調査を実施し、グループホームにおける養護効果として以下の5点をあげている。

　イ、安定した濃密な人間関係の創出

　　　夫婦ないし固定した少人数の養育者と児童5～6人の小集団による家庭的な生活は、児童一人ひとりを把握しやすく個別の対応が可能となるため、児童の情緒安定が図られる。（以下略）

　ロ、主体的・自主的な生活

　　　決められた日課や規則に従い、全体の流れに乗っていればなんとなく一日がすぎてしまう受け身の管理された生活から自分たちで考え、必要に応じて行動できるようになってきている。（中略）一人ひとりできることをすすんで協力する機運が生まれつつある。

　ハ、通常の生活習慣、生活技術の修得

　　　地域の中で一般住宅に住み、少人数で普通の家庭と変わらない生活

をすることにより、通常の生活習慣、生活技術が身に付いている。

ニ、社会性の発達

　近所付き合い、友だちやその家族との交流、来客の接待をはじめ、自然に目にうつり耳に入ることから吸収するさまざまなことが、児童の視野を広げ社会性の発達を促している。

ホ、家庭生活の学習

　グループホームは家庭とは何かを体験学習する場となっている。里親・独立型はもちろん、施設分園型でも職員が夫婦住込みで実子が同居しているホームでは夫婦・親子の関係やそれぞれの役割を目の当たりに見ることになる。（中略）働いているときも休息しているときも自分の全生活を児童の前にさらけ出すことになる。児童は養護者の一部分と関わるだけではなく全面的な触れ合いができ、ここから「生活すること」それ自体を学ぶことが可能となる。

　その後、里親型のファミリーホームは増加しなかったが東京の施設分園型グループホームは東京都の制度の充実とともに増加した。1982年に5ホームであったが、15年後の1997年3月には14施設22ホームとなっている。現在（2015年3月）では56ホームを数える。

　1984（昭和59）年8月時点で「わが国におけるおよそグループホームとして捉えられる実践例44カ所」ということが、前述した研究（社会的養護の今後の在り方に関する研究　資生堂社会福祉事業財団）により報告されている。この研究はグループホームを「定員12名程度」としており、また、施設分園型、里親型、独立型（自立援助ホーム）などを含んでいる。

　2000（平成12）年に地域小規模児童養護施設を国が制度化して以後、グループホームは全国的にも増加した。また、施設機能強化事業として自立支援のための家庭生活体験としてのグループホームも実施されている。2016（平成28）年10月現在の厚生労働省の資料から、32年前とほぼ同様に集計を行うと、地域小規模児童養護施設354か所、東京都型グループホーム51か所、里親型（ファミリーホーム）287か所、自立援助ホーム143か所とその数は835か所を数えおよそ19倍となっている。うち、児

童養護施設によるグループホームは400か所を超えている。東京都の施設型のグループホームは、筆者が実践していた昭和57年に「東京都のグループホーム制度」として制度化された当時は5ホームしかなかったものが、平成29年12月現在で国の制度を含めた総数で145ホームとなっている。施設型グループホームが確実に増加・発展してきたのである。

3 東京のグループホームの取り組みの背景とめざしたもの

　東京都の制度化に先駆けて実施された二葉学園のグループホームは「社会的養護の一形態として考えられることに期待できる」ことが取り組みの基本的考えであった。開設時の施設長村岡末広は、「70年代の初めころより、就学前幼児の養護委託が児童相談所窓口で50%を超える状況として現出した。この傾向は、家庭形成が早期に崩壊する問題として、父や母の行方不明、とりわけ母親の家出が増大したことに関係している」として幼児のニーズに応える一形態として、また「要養護問題が多様化するにしたがって、短期に施設を利用するタイプと長期に家庭代替として生活する児童が混在し、養護処遇に苦慮する問題が増えてきたといえる」と当時の養護児童の現状からより子どものニーズに合った養護をすすめるためにグループホームという新しい養育形態を実践し定着させることを考えたのである。その背景と目的を整理すると以下のようになる。

(1) 児童養護の子どものニーズに応える「最大の関心ごとは親のことである」

　二葉学園では、1963年ごろより学園の養護の柱に家庭関係調査・調整を位置づけて、親がいる子ども、親への支援を行えば家庭復帰がかなう子どもが多くいることを実感する取り組みを行っている。当時は、多くの施設が「施設での子どもの生活安定」を優先し、親との面会等を制限していた。「親との関係をあきらめる子」「親はあてにならない」という認識を一変させたのは、「親が行方不明のために落ち着いた生活ができない子ども」の存在だった。親の状況を把握して子どもに伝えたことによる「子どもの

安定の発見」である。子どもたちに自立の力、社会生活の力を養わせることに中心を置いた養護ではなく「施設で生活する子どもの最大の関心ごとは親のことである」ことを職員会議で確認して、家庭関係調整をさらに充実するために1976（昭和51）年度には、最も経験の長い保育士の主たる職務を「家庭関係担当者」（現在でいうファミリーソーシャルワーカー）として位置づけ、親への支援を積極的に開始したのである。

(2) 親子関係を大事にする施設

親支援への取り組みは、父子家庭の父親の状況から福祉の制度を活用して学園の近くに住居を用意し親の就労指導までやらざるをえない取り組みを生み出すことになった。これにより親子関係を調整する役割を認識し、親が安心して出入りできる施設へと生活を変更していく必要を痛感することになる。つまり、村岡がいう「短期に施設を利用するタイプ」で、親子関係の調整と親子への支援により短期間で家庭に復帰するケースが見込まれたのである。この家庭関係調整を本気ですすめるためには、親子関係調整が見込めず、長期に施設で生活する可能性が高い子どもたちが落ち着いて生活できる場所が別に必要と考えた。つまり、村岡のいう「長期に家庭代替として生活する児童」のための生活の場としてグループホームを実施することになったのである。

(3) 地域の子育て力向上への支援

グループホームは、「長期に家庭代替として生活する児童」のために用意されたものであるが、同時にそこには、地域の子育て力の低下が叫ばれる中で、子育て支援としての役割を果たせる可能性も視野に入れていた。本園においても地域の自治会や学校関係等で積極的に地域活動に力を入れていたが、それらをグループホームが地域の施設としての役割として展開できると考えていた。

実際に筆者の実践では、①小学・中学の先生たちの理解者として連携を強め、②ホーム児童の友達と関わりテスト前の勉強の支援と家出したいと言う友達の親子関係調整をし、③地域の子ども会等への積極参加や近隣の

第 4 章　グループホーム実践から社会的養護の展望を探る　87

住民との関係づくりを行った。

（4）小規模の養護施設としての専門職員の養成

　村岡は児童養護施設で働く男性職員が増加しつつある中で、将来展望を持って自らの児童養護への夢を追い続けるには小規模で責任を持ってすすめられる施設が地域にたくさん設置されることが必要で、そのためにもグループホームを実施したいと当時職員会議で語っている。

　これは、男性が一生かけて取り組むには、「夢と責任の二つが持てる条件が必要」と考えていたからである。それが持てるように制度を整える必要性も村岡の中では大きかったと思われる。この考えは、1979（昭和 54）年度に、（これも先駆的だが）学園の子どもの生活支援担当を完全男女ペア担当制にしたことも影響している。

（5）職員同士の結婚と結婚しても続けられる職場

　さらに、影響を与えたのは職員同士の結婚と結婚しても長く働ける職場を築くという考えである。職員が長く働き続けることや退職しても引き続き関わっていく関係が、子どもたちの将来への支援にとって重要であるとする考え方である。当時、二葉学園には、指導員と事務職員、指導員と保育士、指導員と栄養士のペアが存在した。この 3 組が結婚して同じ職場で働き続けることについては、1975 ～ 1979 年にかけて職場で大議論となった。「親と離れて暮らす子どもに職員の幸せを見せつける」とする意見と「身近で適切な夫婦の関係を見せることの大切さ」「女性も長く子どもと関わることが、子どもの利益に叶う」とする意見であった。村岡は「養護の仕事に関わり長く務められるためにはそれぞれの強みを活かしてかかわりを創り出す」という考えであった。本園でも可としてすすめたがグループホーム担当者が出産して継続することも視野に入れていた。

　それらを制度としても創り出すことが施設に関わる者の使命であると職員会議で常に述べていたのである。

(6) 条件が整うまで待っていたら子どもの最善の利益は追求できない

二葉学園には労働組合が 1971 年に結成されて全国でも数少ない組合のある職場であった。1973 年に入職した筆者は、組合の役員を担っていた。労働条件の見通しはどうなるのかもわからなかったが、「子どもたちにとって、いま、何が必要か」の議論を大切にしていた。そもそも、組合の求めているものは「子どものためによい仕事がしたい」「自分たちが必要と思う仕事に取り組みたい」「そのための条件を整える」というものである。「必要なことを行えば、条件は後からついてくる」は、社会福祉法人二葉保育園が民間社会福祉事業として、困難な中でも「必要なことに取り組む」としてきた福祉の開拓者精神とも一致していたといえる。

4 グループホームの実績を見る

グループホームの生活による実績は、統計的に整理されたものは少ない。それぞれの実績を示す個別の実践はどの養育形態にも見られるが、子どもの社会的養護の形態別に調査を基に比較検討した研究は見当たらない。これは、同時に里親養育が施設養育やグループホーム養育よりも完全に勝っているとする調査がないのと同様である。グループホームを実践している施設による報告書、東京都の児童部会「東京のグループホーム実践報告集1 ～ 3 号」に示される事例等から筆者がまとめていえることは、以下のとおりである（これは、家庭と比較したものではなく、従来型施設の養育と比較した効果である）。調査研究で裏付けるデータは不足しているものの、施設分園型グループホームの増加と実践報告は以下の効果を裏付けているということができるであろう。

(1) 社会性の獲得に効果がある

家庭と同様の住環境がもたらす効果として、近所づきあい、近所への配慮（迷惑をかけない・みっともないことをしないなど）が、自然と身に付くことで、社会や地域生活についての関心も高くなる。これは、同時に「家での生活共同体」としての絆などを強めることにもなっている。

（2）自発性・自立性が育ちやすい効果がある

　家庭と同様の住環境と少人数環境がもたらす効果として、日常生活において一人ひとりの役割が、日課やルールに基づいて「やらされるもの」ではなく、興味を持って「やりたいもの」として自発的生活が見られる。少人数の関わりで関係が密でありトラブル等も解決を避けては通れず、1人の問題でホームの構成員全員に影響することから自立的生活への意識向上が見られる。

（3）家庭復帰力が育つ効果がある

　家庭と同様の生活環境において、家庭で行われる日常生活とトラブルの解決法を専門のスタッフから生活を通して学びとることが可能であり、日々の体験は子どもに家庭で必要な生活技術を獲得させ、家庭復帰後に乗り越えて行ける生活力を高めることができている。そのことが家庭復帰力を高める効果となっている。

（4）愛着関係が築きやすい効果がある

　子どもの社会的自立には、「安心できる人」の存在が欠かせないといえる。愛着関係とは「いつも自分の中にいて大事なときに思い浮かぶよい影響を与える人を持っている」ということであろう。家庭と同様の住環境と少人数の生活は、調理職員、事務職員、指導員、保育士と分業ではなく、生活すべてに関わることから、勤務時間は丸ごと子どもとの生活であり、子どもとの密接な人間関係を築くことができる。それは生きることに関わることでありその重さは、さらに、子どもの愛着関係によい影響を与える可能性を持っている。

（5）自立の支援に大きな効果がある

　家庭復帰が困難であり、もちろん、里親での養育の可能性はない子どもの自立前に体験する生活としての効果がある。とくに自立支援施設の子どものグループホーム実践では、高校卒業まで支援できることによる自立支援の効果が報告されている。

90   I部　社会的養護の事実・現実から出発を

5　家庭と同様の養育環境とグループホームの養育環境

　児童福祉法が定める「家庭と同様の養育環境」とは何であろうか。「新しい社会的養育ビジョン」では、この説明はない。初めから「家庭と同様の養育環境＝里親家庭養育」としてすすめられているのはどうしてなのか疑問である。「ビジョン」が「里親であれば家庭と同様の養育環境であるとし、里親登録をしていなければ家庭と同様の養育環境ではない」とする根拠はまったく希薄である。そこで、何が異なるのかを考えてみる必要がある。施設分園型グループホームと里親によるファミリーホームを比較してみる。

(1) 生活する地域

　施設分園型は、一般の生活と同様の地域で生活する場を持つことがグループホームとしての条件であり、里親と異なることはない。計画的に地域を選ぶことができることは勝る点となるともいえる。

(2) 住環境

　施設分園型の住居は、一般の地域の中で一般の住宅で養育することが条件であり、里親と異なることはない。計画的に建築する場合は勝るともいえる。

(3) 生活人数

　グループホームは現在の定員を6人としている。「里親が行う養育に関する最低基準」では第17条に「委託児童及び該当委託児童以外の児童の人数の合計は6人を超えることはできない」とあり、ファミリーホームの定員は児童福祉法施行規則第1条の19において「5人又は6人とする」となっている。里親は1人、2人もあるが里親家庭の児童も6名がありうるとしていることから異なることはない。

（4）養育者同士の関係

　厚生労働省児童家庭局長通知「里親制度の運営について」によれば、里親認定の要件には、養育里親の要件としておおむね次のようなことが記されている。

　①要保護児童の養育についての理解及び熱意並びに児童に対する豊かな愛情を有していること。②経済的に困窮していないこと。③都道府県知事が行う養育里親研修を修了していること。④里親本人又はその同居人が欠格事由に該当していないこと。これらは専門里親、養子縁組里親も同様となっている。

　ここには、④に示すように「里親本人と同居人」としており、里親が夫婦でなければならない規定はない。しかし、小規模住居型児童養護事業（ファミリーホーム）は、平成24年の児童福祉法施行規則の改正により、「夫婦である2名の養育者＋補助者1名以上」または「養育者1名＋補助者2名以上」とし、「家庭養護の特質を明確化した」と厚生労働省の資料にはある。同じく「養育者は、ファミリーホームに生活の本拠を置くものでなければならない」と改正されている。これは、生活の本拠を置かない養育者が過去に認められたことも影響している。なおこのことが、「ビジョン」が「結果として『家庭環境』とは言い難いファミリーホームが存在する」としている根拠かとも思われるものの、改正されているためこれ以外の要因があるのであろう。施設分園型のグループホームには、ファミリーホームも含まれるため、分園型ファミリーホームと比較すると違いが見えない。グループホームとファミリーホームの違いは、①グループホームは養育者の生活の本拠地がグループホームになく通勤交代制があるがファミリーホームは養育者の生活の本拠地がホームにあること②グループホームの養育者は夫婦でなく職員だがファミリーホームは養育者が複数の場合は夫婦であることである。養育者が1人の場合は夫婦に限らないため施設分園型で養育者の1人が住み込めば違いはないことになる。

（5）生活共同体と運命共同体

　施設分園型の生活共同体は、養育者に事故があっても子どもの生活に運

命的な変化を生じることはなく、施設として家庭的な生活を保障するしくみになっている。それは、養育者と児童との関係上の問題等が生じる場合も同様で施設としての体制が保障する。一方で、里親および里親型のファミリーホームでは、養育者に事故があれば現状の制度では、たちまち子どもの生活が脅かされることになる。

（6）養育者の専門性

里親の要件を見ると、専門性を求められるのは専門里親とファミリーホームの里親である。里親の研修の充実や専門性の担保が課題となっている。一方で施設の場合は、担当者の専門性に加えて施設としての組織の持つ機能と専門性を活用できる。

（7）養育者の労働性

家事労働は労働たりえるが、親が子どもの養育に関わる時間や労力を労働としての対価の対象としたり労働法上の制限の対象としたりすることは一般にはない。それゆえに里親であればその養育は里親に任される。一方で施設分園型は法人等に雇用される労働者による家事労働を伴う養育全般であり、1日の時間や労力に制限がある。

（8）運営費および生活費

里親制度に基づく養育に係る費用は施設運営にかかる費用と比較すると大幅に少なくなる。厚生労働省の資料「社会的養護の現状について」平成29年3月によれば、児童養護施設45人定員の場合児童1人あたりの費用は月額28万円となっている。さらにグループホームであれば6万円の追加で34万円とある。里親型ファミリーホームの場合はその半分程度であり、養育里親であれば養育手当と子どもの生活費を合わせて約13万円となる。

以上のように見てくると、里親登録の必要性は、運営費の問題が大きいことがわかる。労働性があっても夫婦でなくても施設分園型で工夫をする余地はまだまだある。子どもの最善の利益のためにこそ養育形態や内容は

第4章　グループホーム実践から社会的養護の展望を探る　93

常に改善・発展を追い求めるのが社会的養護に関わる者の責任であり、里親登録に限定することには疑問を呈さざるをえない。

6 　公的責任として必要な施設の役割

　社会的養護の範囲は、要保護児童の問題にとどまらず、要保護児童を生み出す地域の問題にもなっている。施設のグループホームは現状ではまた、地域の支援を得て活動する状況にあるが、本園の専門職を含めて地域に養育の総合的な専門の養育機関として存在することにより、地域の子育て力向上、そして要保護児童が生み出されるのを予防する公的責任を担う新しい実践を期待できる。

（1）子どもの最善の利益を支えるもの
　児童福祉法は子どもの権利条約第 18 条と 20 条の規定を反映したものになった。戦後の 1947（昭和 22）年に制定された児童福祉法は第 1 条で「すべて国民は、児童が心身ともに健やかに生まれ、かつ、育成されるよう努めなければならない」②「全て児童は、等しくその生活を保障され、愛護されなければならない」と定められていた。改正された第 1 条は、「全て児童は、児童の権利に関する条約の精神にのっとり、適切に養育されること、その生活を保障されること、愛され、保護されること、その心身の健やかな成長及び発達並びにその自立が図られることその他の福祉を等しく保障される権利を有する」となった。「すべて国民は」ではじまり「努めなければならない」で結ぶ改正前は「国民の義務を定めた法律である」ことを示しているが、改正法では、「全て児童は」ではじまり「権利を有する」で結び「子どもの権利を定めた法律」に姿を変えたことを示している。
　第 2 条は「国及び地方公共団体は、児童の保護者とともに、児童を心身ともに健やかに育成する責任を負う」とのみ明記し「児童の養育は国と保護者の共同の責任」と理解されていた。改正された第 2 条には、旧条文を残しその前に次を加えている。「すべて国民は、児童が良好な環境におい

て生まれ、かつ、社会のあらゆる分野において、児童の年齢及び発達の程度に応じて、その意見が尊重され、その最善の利益が優先して考慮され、心身ともに健やかに育成されるよう努めなければならない」「②児童の保護者は、児童を心身ともに健やかに育成することについて第一義的責任を負う」と保護者の第一義的責任を明記した。

そして第3条の2として加えられた条文「国及び地方公共団体は、児童が家庭において心身ともに健やかに養育されるよう、児童の保護者を支援しなければならない。(以下省略)」は、まさに公的責任とは何かを明確にしている。

社会的養育において、真っ先に検討されるべきは、この児童育成の恒久的基本である「児童が家庭において健やかに育成される」ためのビジョンであり、「家庭環境を奪われる子どもをなくす予防としての社会的システムづくり」である。そして、「家庭環境を奪われた子が本来の家庭に復帰できる（家族再統合）支援の社会的システムづくり」である。

(2) 予防および支援の社会的システムに果たす役割を担うもの

予防や支援について「新しい社会的養育ビジョン」には児童家庭支援センターや要保護児童対策地域協議会、児童相談所、法律家との協働によるソーシャルワークなどの充実、また、里親支援機構の整備や「一時保護里親」の新設などを提起している。

里親養育の充実は重要であり賛成だが、里親に公的責任としての予防や支援の役割を課すことは困難である。「里親支援機関の整備」が行われたとしても里親制度は里親個人の状況や都合がその存在および養育内容に大きな影響を与えるという限界がある。

東京都の施設分園型グループホームの設置状況を確認したところ、2017（平成29）年12月現在で145か所存在するが、そのうち27か所は施設本体の行政市区ではない地域に設置されている。これは、すべての市区町村に施設分園型のグループホームを設置して、社会的養護を担うとともに、予防としての地域の子育て支援を展開できる可能性を示している。また、残る118か所は本園所在地の周辺にあるが地域の住民として定着してきて

いる。職員の都合があっても組織としてその存在を維持し必要な機能の強化に取り組んできたことから公的な責任として地域において予防と保護、再統合への役割を果たすことの可能性を見出すことができる。

（3）施設分園型グループホームの新しい実践と展望

　施設分園型グループホームの強みは、本園機能を持つ組織の一部であることに他ならない。公的な組織としてのシステムを整備することで、地域における予防と保護、そして再統合という恒久の社会的養育の保障の実現に取り組むことができる本園機能と一体化した地域の小さな子育て拠点への挑戦である。里親という個人や私的養育では、社会全体の養育責任には応えられない。「子どもは社会のもの」として確立するには公的な制度の充実が重要である。

①予防への取り組み

　家庭の養育力、地域の子育て力の低下の中で、それらを向上させる役割には、開かれた家庭の存在が重要である。施設分園型グループホームは地域の資源としてその存在を明らかにしてすすめるときに、さまざまな可能性を持つことができる。

　特に本園は集団生活が可能な設備を持っていることを活かして、全ての子どもに生活体験を提供しての早期発見の役割が可能であり、分園型グループホームの地域への浸透による役割と合わせて「全ての子どもが家庭で健やかに育つことを公的な責任として進める」予防としての社会的養護が考えられる。

②保護と支援

　地域の子どもの一時保護とその保護者への支援を総合的に展開できる。機能としては、本園の設備や専門職および複数の分園がある。子どもや保護者の状況に応じて多様なプログラムの中で保護と支援を展開することが可能である。

③地域の子育て力の向上

地域における子どもの家庭や地域の子育て資源との共同子育てを実施できる。保護者の子育て力の向上とともに地域の子育て力を向上させることができる。本園の専門職等の活用は地域の連携力を高めることが可能となる。

④家族再統合支援

保護者の住居に近いため、保護者の状況を把握し必要な対応をほぼ日常的に行うことが可能である。これは児童と保護者の関係改善には大きな意味があり、再統合へのさまざまな体験や取り組みの支援が可能となる。

⑤地域の子育て拠点としての安定

施設分園型のグループホームは、組織として維持し発展してきている。前述した二葉学園のグループホームは、制度のない中で設置したときから37年を経て、担当者は替わったもののグループホームとしては7か所に増やして維持し発展している。この安定感は地域の社会的資源として定着していることを示している。施設が組織として人材の養成を行い、養育の質を担保していくことも安定的な拠点として信頼できる。

⑥里親支援

施設分園型は、公的な組織の下で行われるため、地域の里親支援にも役割を果たすことが可能となり、里親養育にも重要な存在となりうるのである。

　以上のように検討してきたことから、いま問われているのは、施設か里親かの二者択一の狭量な対立軸ではなく、子どもの大いなる可能性に対応できる制度と実践のあり方である。その点で、施設分園型グループホームの拡充は、今後とも重要な選択肢の一つであると考える。

引用文献・参考資料

グループホーム研究会・青少年と共に歩む会（1981）『グループホーム研究Ⅰ』

グループホーム研究会・青少年と共に歩む会（1983）『グループホーム研究Ⅱ』

グループホーム研究会・青少年と共に歩む会（1987）『グループホーム研究Ⅲ』

厚生労働省 新たな社会的養育の在り方に関する検討会（2017 年 8 月 2 日）「新しい社会的養育ビジョン」

児童養護施設東京家庭学校（2016）『児童自立支援定型型グループホーム開設 10 年記念実践報告集』

児童養護施設至誠学園グループホーム研究会（2006）『新たな社会的養護としての地域サテライト型児童養護の実践研究』

社会的養護の今後の在り方に関する研究班（1986）『社会的養護の今後の在り方に関する研究』資生堂社会福祉事業財団

全国児童養護施設協議会（1954 年 2 月 10 日）『全国養護施設協議会通信』

全国児童養護施設協議会（1966）『全養協 20 年のあゆみ』

高橋利一（2002）『子どもたちのグループホーム』筒井書房

東京都社会福祉協議会児童部会グループホーム制度委員会（1997）『東京のグループホーム実践報告集Ⅰ』

東京都社会福祉協議会児童部会グループホーム制度委員会（2003）『東京のグループホーム実践報告集Ⅱ』

東京都社会福祉協議会児童部会グループホーム制度委員会（2014）『東京のグループホーム実践報告集Ⅲ』

中山正雄他「グループホーム 10 年のまとめ」（1992）『養護実践研究』第 3 号，児童養護施設二葉学園

福田垂穂他（1982）「新しい社会的養護の動向と展望——脱施設化とグループホームの展望」『明治学院大学論業　社会学・社会福祉学研究』第 61 号

村岡末広（1982）「養護処遇におけるファミリー・グループホームの位置づけ」『季刊児童養護』13 巻 3 号，全社協全国児童養護施設協議会

5 戦後日本の児童養護施設の歩みと到達点

児童福祉法制定から現在まで

片岡志保

はじめに

　本章は児童福祉法制定から現在までの児童養護施設がどのような歩みをたどってきたかについて述べ、現在までの児童養護施設の到達点を明らかにすることを目的とする。

　まず、制度上の児童養護施設の目的と対象、職員配置基準、設備基準の変遷を示す。次に児童養護施設で暮らす（措置の対象となった）子どもたちの変化を概観する。最後に児童養護問題に対応した実践者の取り組みについて述べる。これらを通して、子どもの現実に即した実践者の願いが実践そのものに変化をもたらしてきたこと、また、児童養護施設の制度変化が実践に後れをとりながらも実践者の取り組みに後押しされてきたことを示したい。

1　児童福祉法ならびに児童福祉施設最低基準の変遷

　児童福祉法は、他の法律がそうであるように日本国憲法の理念を具現化するための法律として第二次世界大戦の惨禍への応急対策として 1947 年に制定された。いわゆる社会福祉六法 [1] のうち戦後最も早い時期に制定されている。この事実は戦後緊急に「戦災孤児」「浮浪児」への対応が迫られていたことを物語っており、当時子どもの問題は直接間接に戦争によって引き起こされていた。

　1997 年、児童福祉法の大幅改定によって「養護施設」は「児童養護施設」に名称を変更し、目的として「養護すること」に加えて「自立を支援すること」が明記された。2004 年の改定では乳児の入所が認められ、退

第5章　戦後日本の児童養護施設の歩みと到達点　　99

表 5-1　児童福祉法第の主な変遷

	1947 （第 1 回国会）制定時	1997 （第 140 回国会）	2004 （第 161 回国会）現行
第 41 条	養護施設は、乳児を除いて、保護者のない児童、虐待されている児童その他環境上養護を要する児童を入所させて、<u>これを養護すること</u>を目的とする施設とする。	<u>児童養護施設は、乳児を除いて、保護者のない児童、虐待されている児童その他環境上養護を要する児童を入所させて、これを養護し、あわせてその自立を支援することを目的とする施設とする。</u>	<u>児童養護施設は、保護者のない児童（乳児を除く。ただし、安定した生活環境の確保その他の理由により特に必要のある場合には、乳児を含む。以下この条において同じ。）、虐待されている児童その他環境上養護を要する児童を入所させて、これを養護し、あわせて退所した者に対する相談その他の自立のための援助を行うことを目的とする施設とする。</u>
施設名称	養護施設	児童養護施設	〃
対象	乳児を除いて、保護者のない児童、虐待されている児童その他環境上養護を要する児童	〃	保護者のない児童（乳児を除く。ただし、安定した生活環境の確保その他の理由により特に必要のある場合には、乳児を含む。以下この条において同じ。）、虐待されている児童その他環境上養護を要する児童
目的	養護すること	養護し、あわせてその自立を支援すること	養護し、あわせて退所した者に対する相談その他の自立のための援助を行うこと

注）下線は筆者加筆。

　所者の自立援助も児童養護施設の目的とされた（表 5-1）。
　児童福祉施設最低基準は 1948 年に制定された（現、児童福祉施設の設備及び運営に関する基準（2011 年名称変更））。最低基準制定当初こそ当時の施設実態とかけ離れた提案に対しもっと実情に合致した基準にすべきという意見もあった（潮谷 1973）が、次第に最低基準を超えた取り組みが多くの施設で実践されるようになっていった。
　たとえば、児童養護施設の全国組織である全国児童養護施設協議会（以下、全養協）発行の『季刊児童養護』では次のような主張が並ぶ。「施設幼児の人権は、侵されている !! ―緊急に抜本策を実施せよ―」（1971, 1 (4)）、「国は児童福祉施設最低基準を早急に改訂すべきである」（1972, 2 (4)）、「急げ！児童福祉施設の最低基準改訂」（1973, 4(1)）。これらには、幼児担当相員配置数の改善の遅れの指摘、最低基準改定の要望を悲願として叫んできたこと、労働基準法との矛盾などが述べられている。また、全

100 　I部　社会的養護の事実・現実から出発を

表5-2　最低基準における直接処遇職員の定数改定の経緯

	3歳未満		3歳以上	少年（就学～18歳未満）
1948	10：1			
1962	(5：1)			
1964				9：1
1966				(8：1)
1967				8：1
1968			(7：1)	8：1
1970	3：1		6：1	8：1
1971			(5.5：1)	(7.5：1)
1972			(5：1)	(7：1)
1973	3：1		5：1	7：1
1976	(2：1)		(4：1)	(6：1)
1979	2：1		4：1	6：1
2004	0歳	1歳以上		
	(1.7：1)	(2：1)		
2011	1.7：1	2：1		
2012	0～1歳	2歳	(5.5：1)	
	(1.6：1)	(2：1)		
2013	1.6：1	2：1	5.5：1	
2015	〈1.5, 1.4, 1.3：1〉		〈3.5, 3：1〉	〈5, 4.5, 4：1〉
全養協試案（1973年）				4：1

注）（ ）内は予算上の措置、2015年の〈 〉は加算対応。
出典）厚生労働省「社会的養護の現状について（参考資料）平成29年12月」より抜粋

表5-3　居室面積および居室定員の最低基準の改定

	1人あたり居室面積	居室定員
1948年	2.47㎡以上	15人以下
1998年	3.3㎡以上	
2011年	4.95㎡以上（乳幼児のみの居室は3.3㎡以上）	4人以下（乳幼児のみの居室は6人以下）
全養協試案（1973年）		4人以下

出典）厚生労働省「社会的養護の現状について（参考資料）平成29年12月」より抜粋

養協は 1973 年 6 月付で「児童福祉施設最低基準改正にあたっての基本的
考え方と中間試案について」を取りまとめている。その提案内容は、児童
指導員は児童 30 人につき 2 人以上、保母は児童（少年）4 人につき 1 人以
上、居室定員は 4 人以下等となっている（全養協「養護施設三十年」編集委
員会 1976b：13）（表 5-2、表 5-3 参照）。中間試案は「最低基準令は昭和 31
年ころからその向上が要求され、研究を積み、2 回にわたって試案を提示
し、厚生省、中児審の注意を喚起したが、大した反響はなかった。しかし、
今回は厚生省が中児審に諮問していることだし、われらの熱望は是非とも
早急によりよき改訂をかちとるため、全力投球をしていきたい」（全養協
「養護施設三十年」編集委員会 1976b：18）と結ばれている。

　制度として職員配置基準並びに居室面積等の変遷を見ると、実践者らが
切望していた職員配置基準（対少年）においては 1979 年から 2013 年の 34
年もの間改定がされてこなかったこと、かつ、2013 年の改定においても
職員 1 人あたり学童数は 0.5 人減（6.0 → 5.5 人）という乏しい内容であっ
たことがわかる。居室面積については制定時の 1948 年から 1998 年までの
50 年間、居室定員については 2011 年まで実に 63 年間、変化はなかった
（表 5-3）。これらはあくまでも最低基準として省令で示されているもので
あり、表 5-2 に示したように省令に明記されないまま予算上の措置もされ
ている。

　これらからわかるように、実践者は子どもの実態に即して最低基準の向
上を切望し、40 年前に実践者の提案した基準はすでに現在の最低基準を
上回っていた。

2　児童養護施設で暮らす子どもの実態 （入所理由、親の有無等）の変遷

　次に、児童養護施設で暮らす子どもの実態の変遷を見てみよう。
　表 5-4 に児童養護施設入所理由別構成割合の変化を示した。調査項目の
違い等から比較には限界があるが、児童養護施設入所理由について 1961
年と 2013 年を比較して顕著な点は「父母の死亡」が 21.5％から 2.2％に、

表 5-4 児童養護施設入所理由別構成割合（%）

項目	1961	1970	1977	1983	1987	1992	1998	2003	2008	2013
父母の死亡	21.5	13.1	10.9	9.6	7.5	4.7	3.5	3.0	2.4	2.2
父母の行方不明	18.0	27.5	28.7	28.4	26.2	18.5	14.9	10.9	6.9	4.3
父母の離別（離婚）	17.4	14.8	19.6	21.0	20.1	13.0	8.5	6.5	4.1	2.9
棄児	5.0	1.6	1.3	1.0	1.3	1.0	0.9	0.8	0.5	0.4
父母の長期拘禁	4.3	3.0	3.7	3.8	4.7	4.1	4.3	4.8	5.1	4.9
父母の長期入院	16.2	15.7	12.9	12.8	11.5	11.3	9.2	7.0	5.8	4.3
父母の就労	3.3	1.8	1.0	0.7	1.1	11.1	14.2	11.6	9.7	5.8
虐待・酷使	0.4	2.5	2.4	2.4	2.9	3.5	5.7	11.1	14.4	18.1
放任・怠惰	5.7	4.7	4.5	5.6	6.3	7.2	8.6	11.6	13.8	14.7
父母の精神疾患		5.6	5.1	5.5	5.2	5.6	7.5	8.1	10.7	12.3
両親等の不和			1.8	2.0	1.5	1.6	1.1	0.9	0.8	0.8
季節的就労				0.2	0.4					
養育拒否						4.2	4.0	3.8	4.4	4.8
破産等の経済的理由						3.5	4.8	8.1	7.6	5.9
児童の問題による監護困難						6.2	5.4	3.7	3.3	3.8
その他	8.1	9.8	8.1	7.1	11.3	4.5	6.6	7.8	8.5	12.1

出典）堀場純矢（2013）『階層性からみた現代日本の児童養護問題』明石書店 p.66 表 2-2 に、厚生労働省「児童養護施設入所児童等調査」（2015）：2013 年調査 表 11「養護問題発生理由別児童数」の数値を加筆して筆者作成

「虐待・酷使」が 0.4％から 18.1％と変化していることである。前者は 1961年の、後者は 2013 年における最も多い入所理由となっている。また「父母の行方不明」「父母の離別」「両親等の不和」は 1970 ～ 80 年代をピークに年々減少している。近年増加傾向にあるのは「虐待・酷使」「放任・怠惰」「父母の精神疾患」「養育拒否」等である。なお、2013 年調査では児童養護施設で暮らす子どもの 59.5％が虐待経験ありとなっている。このような入所理由の変化と社会背景を照らし合わせると児童養護施設入所措置の対象となる深刻化した子どもの問題は、親の労働・生活問題に直結していることがわかる。

　表 5-5 ～ 5-9 は、全養協（1976）『養護施設 30 年　資料編』、および厚生労働省「児童養護施設入所児童等調査」（1998、2002、2013）を参考に筆者が作成したものである。

　表 5-5 の在所期間別児童構成割合を見ると、2013 年の調査において平

第 5 章　戦後日本の児童養護施設の歩みと到達点　　103

表 5-5　在所期間別児童構成割合（%）

	1970 ※	1998	2003	2013
1 年未満	14.0	17.2	18.4	15.5
1 年以上 2 年未満	21.9	13.9	15.8	13.5
2 年以上 3 年未満	14.8	10.4	12.7	11.4
3 年以上 4 年未満	12.1	9.0	10.4	9.2
4 年以上 5 年未満	9.7	7.7	8.3	8.6
5 年以上 6 年未満	7.6	6.9	6.8	7.2
6 年以上 7 年未満	5.7	6.0	5.6	6.1
7 年以上 8 年未満	4.6	4.8	4.6	5.3
8 年以上 9 年未満	3.0	4.5	3.8	4.9
9 年以上 10 年未満		3.7	3.3	4.1
10 年以上 11 年未満	6.6	3.2	2.9	3.5
11 年以上 12 年未満		2.8	2.3	3.3
12 年以上		6.0	5.0	7.0
平均在所期間	3.1 年	4.8 年	4.4 年	4.9 年

※在所期間の月数の端数を 6 か月未満は切捨て、6 か月以上は切上げとしている。

表 5-6　入所時の年齢別児童構成割合（%）

	1970	1998	2003	2013
0 ～ 5 歳	46.1	46.5	54.9	52.9
6 ～ 11 歳	44.1	31.2	32.9	33.1
12 ～ 14 歳	8.7	9.2	9.7	10.7
15 歳以上	1.1	2.0	2.3	3.2
平均		5.7 歳	5.9 歳	6.2 歳
児童総数※		26,979 人	30,416 人	29,979 人

※総数には年齢不詳を含む。

均在所期間は 2003 年よりも伸びていることがわかる。示した調査結果において 9 年以上在所している児童は 2013 年に最も多くなっている。「新しい社会的養育ビジョン」では「（施設の）滞在期間は原則として乳幼児期は数カ月以内、学童期以降は 1 年以内とする。また、特別なケアが必要な学童期以降の子どもであっても 3 年以内を原則とする」（要約編 3.-(5)）とされた。全養協が「的確な実態把握により定期的に工程の内容の見直しを行うことが肝要であり、実態に応じた対応を強く要望する」[2] と述べていることは、このような実態に即してのことであろう。

また、いずれの調査においても子どもの入所時の年齢は0〜5歳児が最も多数を占めていることに変わりはない（表5-6）。「新しい社会的養育ビジョン」では「就学前の子どもは、家庭養育原則を実現するため、原則として施設への新規措置入所を停止する」（要約編3.-(5)）としている。2013年調査では児童養護施設入所時に0〜6歳の子どもは1万8035人（60.1%）であり、乳児院に入所する子どもとあわせて2万人以上の乳幼児の生活の場を確保することが必要となる。一方で、構成割合としては少ないものの年々12歳以上の子どもの入所が増え、入所時の平均年齢を引き上げている。15歳以上の子どもは、1998年に537人、2003年に680人、2013年に966人と増加している。高校進学や措置延長等の制度が整えられたことが増加要因の1つと考えられる。こうした思春期や青年期の子どもの入所が増加する中で、進学保障を含め彼らにいかに向き合うかということは現在の児童養護施設実践の中で培われているといえよう（高橋2016）。

表5-7の入所経路別児童構成割合を見ると、家庭からの入所が最も多いことに変化はないものの割合としては減っていること、乳児院や他の児童福祉施設からの入所は増加していることがわかる。里親家庭への委託増加に比例して里親家庭から児童養護施設への入所も増えている。

表5-8は心身の状況別児童構成割合を示したものである。「障がい等あり」と判断される子どもは1970年には全体の0.7%であったが、2013年には全体の3割近くを占めるようになっている。近年の調査では里親家庭や他の児童福祉施設で暮らす子どもについても障がいのある子どもが増加している。

最後に保護者の状況について見てみよう（表5-9）。「両親又は一人親」の割合が最も高いことは一貫している。また、「両親ともいない」子どもの推移を見ると2013年の調査結果が最も多くなっている。表には示していないが1998年以降の「両親又は一人親」についてもう少し詳しく見てみると「実父のみ」は減少、「実母のみ」は増加し、全体として一人親は減少している。他方、「養父実母」は増加している。2013年調査において「両親ともいない」「両親とも不明」の子どもの状況別内訳は、祖父母（14.3%）、里親（5.4%）以外の「その他」の状況に置かれていた子どもが

第 5 章　戦後日本の児童養護施設の歩みと到達点　　105

表 5-7　入所経路別児童構成割合（%）

	1970※	1998	2003	2013
家庭から	74.6	72.6	74.1	68.2
乳児院から	12.6	18.1	18.3	21.9
養護施設から	6.9	2.5	2.6	2.9
他の児童福祉施設から		1.9	2.0	3.0
里親家庭から	1.8	0.9	0.9	2.0
ファミリーホームから				0.1
家庭裁判所から		0.1	0.1	0.1
その他から	4.1	2.0	1.9	1.4
不詳		1.9	0.2	0.6

※棄児・置去児は「家庭から」に含まれている。

表 5-8　心身の状況別児童構成割合（%）

		1970	1998	2003	2013
障がい等あり		0.7	10.3	20.2	28.5
内訳（重複回答あり）	身体虚弱	4.0	2.1	2.5	1.9
	肢体不自由	0.8	0.5	0.4	0.3
	視聴覚障がい		0.8	0.8	0.7
	言語障がい		1.1	1.4	1.0
	知的障がい		4.2	8.1	12.3
	てんかん		1.4	1.4	1.2
	ADHD			1.7	4.6
	LD				1.2
	広汎性発達障害				5.3
	その他の障がい等		3.2	8.3	7.7
	その他の身体障がい	1.5			
	精神障がい	2.5			

表 5-9　保護者の状況別児童構成割合※（%）

	1961	1970	1998	2003	2013
両親または一人親	76.9	79.4	82.8	91.5	81.7
両親ともいない	12.7	6.4	12.9	5.0	16.0
両親とも不明		1.4	3.3	3.1	1.7
祖父母	3.4	7.7			
兄姉・叔（伯）父母	6.1	3.8			
その他	1.0	1.0			
不詳			1.0	0.4	0.6

※ 1961 年、1970 年については「措置児童の保護者の有無」（全養協 1976, p.69 第 23 表）、1998 年以降は入所時の保護者の状況について示している。

106　I部　社会的養護の事実・現実から出発を

65.1％を占めており、施設入所以前の子どもの暮らす場は多様になっている。

３　児童養護問題に対する実践者の取り組み

　児童養護施設は深刻な児童養護問題を抱えた子どもたちが暮らす場の最前線となっている。児童福祉法制定後から今日において、どのような児童養護問題があり、児童養護施設ではどのような実践が行われてきただろうか。紙幅の関係から「浮浪児」、子どもの人権、子ども虐待の３つに焦点を当ててそれぞれの児童養護問題に対する実践について紹介する。

(1)「浮浪児」に対する実践

　仙台基督教育児院は1945年12月1日に四恩学園の事業を開始している。四恩学園とは人手不足を解決し、浮浪児を育児院内に安定させるためにとの構想の下に、恩師財団戦災援護会宮城県支部の予算によって、院内の2部屋と、農場等を利用して、育児院と別組織の形をとって浮浪児対策に取り組んだものだという（仙台基督教育児院八十八年史編纂委員会1994：296）。具体的には、「院保存の『浮浪児収容事情』と書いた古いノートに当時の浮浪児の状況と、浮浪児に落ち着いた生活をさせるためにいかに苦労したかが、よく記されている」（仙台基督教育児院八十八年史編纂委員会1994：292）。これは大坂鷹司が1947年ごろにまとめたものとされる（仙台キリスト教育児院100年史編纂実行委員会2006：76）。

　　終戦が近づくに従って戦火によって家を焼かれ親を失った多数の児等の中で仙台は他の都市よりも食糧事情が宜ろしいと聞いて集って来る者の数が日に日に増して参りました。（中略）その子供達は仙台駅前より警官や市の吏員によって本院に収容させられますが、寒い中はおとなしくして居ってもやがて気候がよくなると、飛び出して仙台駅前、塩釜駅前、東一番町のデパートや映画館等で置引き万引、スリ等を働いては警官に捕はれ、其都度私は呼び出されては始末書を書かさ

れたり、又院を逃げる時には、毛布、洋服、時計、靴等持ち出しては売り飛ばし、院に居る時は机だろうが、戸びらだろうが手当たり次第焚くなど寔（まこと）に手を焼く事程り多くて効果が少しもあがりませんでした。

これは何と云っても手不足に因るもので従来の一般孤児や引揚児童と同じ心で取り扱った事は確かに失敗の原因でありました。（中略）

そこで従来の失敗に鑑みて次の如き方法を取ったのであります。

即ち、従来の院児とは全然別にしてそれらの者を一室に収容し師範の男子部の生徒三名を特に彼らと共に宿泊をして頂き、昼は愛護班の生徒たちは代わる代わる慰問に来て、紙芝居、お芝居、遊戯歌等のプログラムを造って彼らのみ独り置く様な事をしなかった事と、（中略）皆々彼らの為に同情し真心を寄せて居る事を知らず知らずの裏に教えてだんだんと落付いた心を取り戻すに至りました故師範の生徒たちの宿泊も中止し、従来の院児と初めて同じ室で同じ様に生活させる事に致しました。（中略）

以上の事を要約致しますと

一、特別な収容施設のない場合、所謂浮浪児狩りに依って多数の児童を普通の育児施設に収容する事は非常なる努力と犠牲とを払ったにも不拘成果を挙ぐる事少なき事。

二、監キンや説教じみた小言は禁物だが彼らのみを放置して逃去のスキを与える事のない様に楽しいプログラムで彼らの心を捕へる事。

三、食糧を充分与え、衣服を調へる事。

四、心の落付が出来たら、仕事を与える事。此際決して、彼らの欲しない仕事を押し付けぬ事。（乳牛、山羊の飼育）

五、同じ部落に多数委託せずなる可く分散せしむる事。

六、性質の荒い子供は返って漁村に於いて喜ばれる。

畳も破られ、硝子戸もメチャメチャにされ其他物質的には非常に多大の損失をいたしました。然し彼らの一人が真に甦生せられるならば私はこれを決して後悔するのではありません。（仙台キリ

スト教育児院 100 年史編纂実行委員会 2007：76-77 下線ママ）

　この記録からは「失敗の原因」を「手不足に因るもの」と「従来の一般
孤児や引揚児童と同じ心で取り扱った事」と捉え、四恩学園の設立によっ
て人手不足を補い、「従来の院児とは全然別に」して異なる「方法を取っ
た」という経過がわかる。「浮浪児」に対する実験的な方法や経験に基づ
いて、子どもにふさわしい実践のあり方を導こうとしていたことがわかる。

(2) 子どもの人権──進学保障

　1968 年に全養協、朝日新聞社東京厚生文化事業団、NHK 厚生文化事業
団の共催で第 1 回「子どもの人権を守る集会」が開かれた。それは「子殺
し、子捨て、親子心中が毎日の如くある」一方、措置理由に子殺しに至る
過程が読み取れることを背景にした「基本的人権を守る行政姿勢、政治姿
勢に対するソーシャルアクションであった」（全養協「養護施設三十年」編
集委員会 1976a：210-14）。人権集会の開催にあたって、全国 520 余施設に
作文の募集を呼びかけたところ 1977 年までの 10 年間に 5000 篇以上の作
文が寄せられ、選ばれた作文によって作文集が発刊された。作文からは施
設で暮らすことに対する子どもたちの気持ちや施設実践をうかがうことが
できる。子どもの氏名は仮名である。

学園の生活　小 5　伊藤美代子

「わあ、○学園のやつが来たぞ」

「あいつ○学園のやつやろう」

　そんなことを言われるたびに私は、悲しいようないやな気がします。

　でも中には「そんなこと言って、あなたたちがもしそう言われたら
どんな気がするか、よく考えてから言いなさいよ」なんてやさしいこ
とばをかけてくれる子もすこしはいます。

　そんなとき私はよけいみじめな気持ちがします。でもそんな○学
園の子でも立派な笑顔があります。笑うと世界一楽しそうです。その
顔は、見るといやなことをふきとばしてしまうふしぎな力があるよう

です。

　ときどきこんな生活いやだと思うこともたくさんあるけれど、すぐにそんなことなど忘れてしまいます。それもきっとふしぎな力をもった笑顔のおかげです。

　ときどき私はふと「〇学園」だからといってどうしてくべつされるのかなあ」と思います。

　この作文を書いているあいだもいろいろな悲しかったことや楽しかったことを思い出してきます。

　「〇学園なんかいやだ」なんて思っても、やっぱり私は〇学園がにくめません。私が「学園がきらいだ」なんて思うときは、いつもおこられたり注意されたりするときだけしかありません。

　だから「へんなことを言われても〇学園をはずかしがるのはよそう。〇学園は何も恥ずかしがるようなことなんかしていないんだから」と思います。

　そしていま私がしたいのは〇学園を立派な施設にしたいことです。

　　※父親は交通事故死。母親は精神分裂病で強制入院となったため、
　　　姉妹で養護施設入所となった。(1975 年　愛知県　O 施設)

　　　　　　　　　　　　　　　　　　　　(全養協 1977：200-01)

　子どもの人権という視点から、教育保障、進学保障はいつの時代でも課題である。

　全養協は中学を卒業する子どもの進路に関して、1953 年の総会で「養護施設等児童奨学法」の制定促進を決議し政府に要請している（小川他 1983：176）。その後、「開差是正」によって義務教育終了と同時に措置解除となることが充足率の低下につながっているという問題意識が明確になり、全養協として初めて 1969 年に中学を卒業する子どもの進路調査を実施した（全養協 1986：77）。結果を受けて高校進学費が措置費で認められていないことなど厚生省の対策不備を原因と見て申し入れることが報道されている[3]。前掲の作文集から進学にふれた 1 編を紹介しよう。

> ### 将来のこと　高1　高木かやこ
>
> 　私は、高校を卒業したら、保母かケースワーカーになりたいとおもっています。保母になりたいと思い始めたのはここに入園したころからでした。毎日の私たちの生活の中でかげになり、ひなたになり気をつかってくれる先生方は、普通の家庭のお母さん以上だとおもいます。私がまだ入園したばかりのころはなじめずになにかといっては、みんなと、問題ばかりおこしていました。勝ち気で負けん気の強い私はなかなかみんなのなかにとけこむことができませんでした。そんなときの保母先生方の助言やはげましは、とっても私を勇気づけてくれました。私の、中3の進路相談のときも、先生方は親身になって相談を受けてくれました。高校進学ということについても、保母になるためには高校を出なければならないということをきいたのが関係していました。(中略)
>
> 　なんにしても、先づ、大切なのは、現在私のおかれている立場というものを理解することだとおもいます。私はみんなに決められた道を歩いていきたくはありません。自分から選んで自分の将来というものを選んでいきたいとおもいます。
>
> 　　　　　※父入院中。本児が母との同居を拒み、他に適当な養育者
> 　　　　　　がいないため入園。(1972年　千葉県　N学園)
>
> 　　　　　　　　　　　　　　　　　　　　　（全養協 1977：246）

　人権集会は「内部的には多くの矛盾を含んだ活動」（全養協 1986：98）であったことが告白されているが、これまでになかった実践者のソーシャルアクションであり、養護施設に社会の大きな関心が寄せられた。その後、課題がありながらも高校進学のための特別育成費の導入があった（昭和48年5月1日児発第278号厚生省児童家庭局通知「養護施設入所児童等の高等学校への進学の実施について」）ことは、それらが政策主体の認識変化を導き、制度の導入に影響を与えたことを示唆している（片岡 2013）。

（3）虐待を経験した子ども

　近年は虐待を経験した子どもの入所が増えている。虐待を経験した子どもが虐待経験の再現や大人の神経を逆なでする挑発的な言動、アタッチメントのDタイプ（無秩序・無方向型）[4] を示すことはすでに広く語られ（西澤 2010，他）、「安全基地」を持ちえないことや自己肯定感の低さが指摘されている。

　ある施設ではユニットごとに職員と子どもが一堂に会して話し合う「家族会議」を施設の最重点目標に位置づけ、施設全体で取り組んでいる。それ以前は子ども集団だけの「子ども会議」を行っているユニットもあればすでに家族会議を実践しているユニットもあった。また、ユニットごとに「分立」や「対立」している印象があった。筆者が行った施設職員へのインタビュー（2017）から実践を見てみよう。〈　〉内は施設職員の発言を、「…」は省略を示す。

　　　家族会議に取り組むきっかけとして次のことが語られた。〈職員から褒められるためのいい子につくってしまうというのが、…自分の不利益も発言できるというところをやって学園が１つにまとまっていく必要があるだろう〉〈それぞれに立場でそのことに対して意見を言い合って、それをじゃあみんながここで生活する上ではどういう風にしていく方法とろうかっていう話を最後までこう一緒になってやっていくっていう作業が、まあ、ゆくゆくは子どもの支援にとってもすごく重要になってくるし、ま、うちの施設の理念にもそこがあってくるんじゃないかっていうことで、子ども会議から家族会議っていうかたちで職員も全員参加をして〉。

　　　また、職員とのつながりを土台とすることで他者や他の場所につながっていくことができると考え、家族会議が信頼関係醸成の場となるよう意識していることが語られた。〈家族会議っていう場所が職員にとっても子どもにとっても、…助けられる場、というかそういう位置づけになる必要があるっていうのは常に言い続けていて〉〈困ったときに弱みを見せられないから、頼ることができない。結局それをやっ

ても、非難されるんじゃないかなとか、そんなのお前が甘いんだみたいなことを言われて終わっちゃうんだみたいな不安とか恐怖から、頼れなくなっちゃうっていう部分では、やっぱり家族会議の、自分の思っていることをしっかり言っていく中で、自分の痛みも共感してもらって、それに対してみんなで対応策を考えてくれるとか、こう、自分の弱いところをさらけ出してもこうやってみんなが受けとめてくれるんだっていう経験を子どもたちも職員もするのが…うまくできるか。家族会議の中で良いことだけを言おうとするんじゃなくて、弱みをどれだけ見せられるか〉。子どもとのやり取りで職員の対応がうまくいかなかったと感じたときなど〈こういうやり取りがあったんだとか、子どものほうもこういう言われ方をしたのがいやだったとか、で、職員のほうも、こういうことをやったのが許せなかったんだっていうところとか、いろんな話をする中で客観的に第三者の方から、ここの部分は誰々君が悪いかもしれないけど、こう言い方に関しては職員さんのほうも気を付けなくちゃいけないよね〉という話し合いがされているという。

　また、〈自分に自信のない子なんかがね、自分がこういうことができなかった、こういうことで怒られちゃったんだっていう話をしたときにほかの中高生の女の子たちが、いやでもこういうところはがんばってたやってたよね、…確かにそこ怒られたけどここがんばってたんだからこっちもできるよきっとみたいな話をされてすごく救われている子どももいた〉など、自己肯定感を育む場になっていることが語られた。

　子どもたちに家族会議のねらいを繰り返し伝え、〈体感させる中で、徐々に子どもたちにも家族会議が根付いてきたというか、…回を重ねるごとに徐々に、…自分たちの意見がこういうかたちで話し合いされていって、最終的に形になるんだなっていう経験〉ができていった。そして、〈家族会議がうまく回り始めてきたかなって思うくらいから、子どもたちの中で、家族会議っていうワードが結構出るようになってきたっていうのがあって、…ルールがちょっと守れなくてトラブルに

なったときなんかに、子どもがそれはこないだの家族会議で決まった
でしょみたいな、家族会議でこういうルールにしたじゃんみたいな、
そういう言い合いをしてる場面なんかを見ると家族会議っていうもの
の位置づけとして結構みんなでルールを決めてくとか、生活の方法を
決めるとかっていうところでは子どもたちの中でだいぶ位置が高く
なってきた〉ことが認識された。

　職員の変化としては〈子どもたちのほうが適応能力がすごいので、
…家族会議の中でポンと良い発言があったと、いい関りがあったとい
うのを見て、職員のほうも「ああ、これか」っていうふうになってっ
て徐々にまとまってったっていう経過〉をたどった。

　インタビューからは、家族会議が子どもの生きていく力（自分の不利益
を発言できることや「安全基地」の対象となる職員との信頼関係を築くこと、
自己肯定感を身につけていくなど）を身につける場になっていることがわか
る。また、子どもの変化を目の当たりにして職員集団の意識も変化してい
る。

　以上、3つの児童養護問題に焦点を当てて実践を紹介してきた。いつの
時代も職員は目の前の子どもの成長を願い、生活をともにし、最善を尽く
すことに努めてきた。大人の責任として、子どもにとっての施設での暮ら
しを否定するのではなく施設で暮らしたことを意義づけし自己の人生の一
部として受け止めて成長できるよう支えることが大切になろう。

注

1) 児童福祉法の他に、身体障害者福祉法（1949年）、生活保護法（1950年）、知的障害
　者福祉法（1960年）、老人福祉法（1963年）、母子及び寡婦福祉法（1964年）を総称
　して社会福祉六法という。

2) 社会福祉法人全国社会福祉協議会全国児童養護施設協議会「『新しい社会的養育ビ
　ジョン』に関する意見」（2017年9月6日）。

3) 朝日新聞（1969.11.19東京朝刊）。

4) Dタイプとされる子どもは、「本来ならば両立しない行動を同時に（例えば顔を背け
　ながら養育者に近づこうとする）あるいは経時的に（例えば養育者にしがみついたか

と思うとすぐに床に倒れこんだりする）見せる。また、不自然でぎこちない動きを示したり、タイミングのずれた場違いな行動や表情を見せたりする。さらに、突然すくんでしまったり、うつろな表情を浮かべつつじっと固まって動かなくなってしまったりするようなこともある。総じてどこへ行きたいのか、何をしたいのかが読み取りづらい。時折、養育者の存在におびえているような素振りを見せることがあり、むしろ初めて出会う実験者等により自然で親しげな態度をとるようなことは少なくはないという」とされる（遠藤 2007）。

引用文献

遠藤利彦（2007）「アタッチメント理論とその実証研究を俯瞰する」数井みゆき・遠藤利彦編著『アタッチメントと臨床領域』ミネルヴァ書房，1-44

小川利夫・村岡末広・長谷川真人他編（1983）『ぼくたちの 15 歳——養護施設児童の高校進学問題』ミネルヴァ書房

片岡志保（2013）「高度経済成長期の養護施設における中学卒業児童の進路に対する実践と政策の変遷」『社会福祉学』54(2)，19-31

潮谷総一郎（1973）「急げ！児童福祉施設の最低基準改訂」『季刊児童養護』4(1)，2-3

仙台基督教育児院八十八年史編纂委員会編（1994）『仙台基督教育児院八十八年史』仙台基督教育児院

仙台キリスト教育児院 100 年史編纂実行委員会編（2006）『仙台キリスト教育児院一〇〇年史』仙台キリスト教育児院

高橋佳代（2016）「児童養護施設中高生の時間的展望と生活充実感」『子どもの虐待とネグレクト』18(1)，72-80

西澤哲（2010）『子ども虐待』講談社

全養協「養護施設三十年」編集委員会編（1976a）『養護施設 30 年』

全養協「養護施設三十年」編集委員会編（1976b）『養護施設 30 年　資料編』

全養協編（1977）『作文集　泣くものか』亜紀書房

全養協編（1986）『養護施設の 40 年　原点と方向をさぐる』

6 戦後日本における里親制度のはじまり
その発展と挫折

下村 功

はじめに

　2017年8月2日、厚生労働省は「新しい社会的養育ビジョン」を発表し、おおむね5年以内に3歳未満の子どもの里親委託率を75%以上に、7年以内に就学前の子どもの里親委託率を75%以上に、10年以内に学童期以降の子どもの里親委託率を50%以上にするという大きな目標を打ち出した。これは、戦後長らく続いてきた日本の施設養護を中心とする社会的養護施策の大転換を意味する。

　しかしながら、日本において里親制度が強力に推進されようとしたのは、今回が初めてではない。実は、敗戦直後の日本においても里親制度が推進されようとした時期があった。しかし、それは実現せず長らく施設養護中

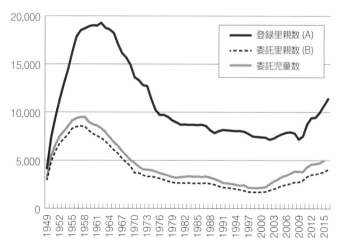

図6-1　登録里親数、委託里親数、委託児童数の推移
出典）鈴木力（2011）、福祉行政報告例各年より筆者作成

心の施策が続いた。実際、日本における里親に対する委託児童数のピーク
は1958年であり登録里親数はその後1960年代より減少がはじまり、以降
低調な状態が長く続くことになった（図6-1）。

そして21世紀のいま、20世紀の間に施設養護から里親制度への転換を
すすめた諸外国から遅れること1世紀、日本において里親制度の促進が真
剣に議論されはじめた。

戦後間もない日本において、なぜ里親制度が推進され、なぜ挫折したの
か、日本の社会的養護の歴史の転換点であった当時の議論を日本の「里
親」の歴史に簡単にふれつつ振り返ることで、この度の転換点における議
論に少しでもお役に立てれば幸いである。

1 日本の「里親」の歴史

日本において「里親」という言葉の発祥は平安時代といわれている。都
で暮らす貴族が自分たちの子どもを村里で暮らすものに預け育てさせる風
習が広がり、「村里に預けた子ども」という意味で「里子」といわれるよ
うになり、その里子を育てるものを「里親」と呼ぶようになったという。

他には戦後まで続いていた風習として全国各地の農村・漁村に存在して
いた里子・里親がある。農業、漁業を営むものの家に子どもが生まれな
かったり、また、病気や事故で子どもが亡くなるようなことがあったりし
た場合に、家業を手伝う労働力としての子どもが必要とされたことから長
く続いてきた風習である。この慣習は戦後の里親制度に関する論文でも当
時まだ全国各地で存在していることが指摘されており、里親制度に関わる
問題として議論されている[1]。

このように「里親」と呼ばれる、他人の子どもを育てる風習が日本には
古くからあったことが確認できる。ただし、これらの風習は主として大人
の都合で行われるものであり、児童福祉的な視点から行われるものではな
かった。

しかしながら、この里親という風習を児童福祉的視点から行う施設が現
れた。東京の養育院である。高齢者、子ども、路上生活者、病者などの救

済を目的とした当時の養育院は現在でいえば、児童養護施設と高齢者施設と病院を合わせたような施設であり、日本の社会福祉事業の歴史において重要な意味を持つ施設である。この養育院において 1894（明治 27）年から里親委託が行われており、1912（明治 45、大正元）年には 378 人、1916（大正 5）年には 516 人もの子どもが一般の家庭へ里親委託されており、他にも福田会などの施設からも同様の里親委託が行われている[2]。

こうしたいくつかの事例から、日本の里親は古い風習だけではなく、児童福祉的観点を内包した委託も行われていたと考えられる。

2　終戦直後の児童福祉

終戦後、最初の児童福祉問題は、戦災孤児・引揚孤児の子どもたちが住む場所を失うか、家庭環境の悪化から家を飛び出し「浮浪児」と呼ばれる状態になったことであった。実際には戦争による孤児問題は終戦前から存在しており、『社会事業』の復刊第 1 号である第 29 巻 1 号（1946 年 6 月）に掲載された「終戦後の児童保護問題」によれば、1945 年 3 月の大空襲の後から、孤児や迷子が目立って増加したという。当時、戦災孤児らの保護の問題は相当な社会問題になっていた。

当時、一体どれ程の人数の戦災孤児や引揚孤児がいたのかは当時の混乱のため正確な人数を把握することは簡単ではない。1948 年 2 月に厚生省児童局が行った「全国孤児一斉調査結果」によれば、全国で 12 万 3511 人の孤児が確認され、そのうち施設に収容保護されているものが 1 万 2202 人、祖父母、兄姉、親戚、知人その他により保護されているものが 10 万 7108 人、保護者なくして独立して生活を営むものが 4201 人となっている。孤児の種別としては、戦災孤児 2 万 8248 人、引揚孤児 1 万 1351 人、一般孤児 8 万 1266 人、棄迷児 2647 人とされており、戦争によって直接的に両親を亡くした子どもだけでなく、敗戦による社会的混乱の中で孤児となった子どもが多数いたことがうかがえる。終戦から 2 年半後に行われたこの調査で把握できただけでもこの数であるから、終戦のまさにその日にはより多くの子どもが保護者を失っていたことは想像に難くない。

このような大混乱の終戦直後、最初に発表された施策が「戦災孤児等集団合宿教育ニ関スル件」である[3]。これは厚生省ではなく文部省より発表されたもので、農場が併設された定員250名の大型施設を設置するという構想であった。農場が併設されるのは物資が不足していた当時、子どもたちの食料を自給自足するためと考えられる。

次になされた対策が、1945年9月20日に厚生省が発表した「戦災孤児等保護対策要綱」である。この要綱では、地方長官が市町村長を必要な事務の補助にあたらせ、各市町村に「児童保護委員会（仮称）」を設置し、戦災孤児らの保護を行うとされた。また、具体的に児童保護の方法として（イ）個人委託、（ロ）養子縁組、（ハ）集団保護という3つをあげたが、十分に実施されることはなかったと見られている[4]。

日本を占領していたGHQのPHW（公衆衛生福祉局）が1946年3月ごろから戦災孤児や浮浪児の問題に関わりはじめた。当時の孤児・浮浪児対策は「狩り込み」と呼ばれ、子どもたちを強制的に施設に収容していた。その上、終戦後の物資不足の中、施設環境は劣悪で多くの子どもが栄養失調で命を落とすような状況であった。

1946年3月28日、GHQは神奈川県軍政チームから、孤児らが保護を受けずにいること、児童保護施設が物資不足から十分に機能していないこと、その原因が「官僚制の非能率」や「県福祉担当者を含む一部国民の無関心」にあり、中央政府の指令が必要であるとの報告を受けた。PHWは4月8日に厚生省の関係者の間で会議を開き、その中で①児童保護に利用可能な施設の調査、②施設のニーズはすぐに満たすこと、③関係機関の職員による委員会を各県に設置し、委員会は児童福祉の全般的問題を扱うことが提案された[5]。

この会議の1週間後の4月15日「浮浪児其の他児童保護等の応急措置実施に関する件」が通知された。その主な内容は、「①児童保護相談所の設置、②非行少年の拘留状況の改善、③児童保護施設の改善、④児童保護委員会の設置、⑤浮浪児保護状況の月例報告」の5つであり、戦後児童福祉施策の1つの出発点となった[6]。

このようにして日本の戦後の児童福祉は孤児・浮浪児と呼ばれた子ども

たちを保護することからはじまった。

3 児童福祉法制定と里親制度のはじまり

　1946 年末、日本の子ども全体の社会保障を対象とする法が必要とされる状況の中、政府は中央社会事業委員会に対して、孤児や浮浪児問題の根本的解決のため、児童保護事業の強化徹底の具体策を諮問、参考資料として「児童保護法要綱案」を出した。

　同委員会は児童対策小委員会と常設委員会を設置して検討を行い、1947 年 1 月「児童保護法要綱案を中心とする児童保護に関する意見書」を作成し、児童保護の国家保障の明記、対象の全児童への拡大、「児童福祉法」への改称を求め、孤児・浮浪児のみならず子ども全体の社会保障に関する法律が生まれることになった。作成された法案は幾度かの変更が加えられたのち、1947 年 12 月 12 日に公布された。

　このとき、里親制度も児童福祉法の中に規定された。ただし、里親制度に関する規定は、児童相談所は里親に児童を委託できること、里親は都道府県知事に認められた者であることくらいのもので、より具体的な規定が必要であった。そこでその詳細な規定として 1948 年 10 月「家庭養育運営要綱」が出された。

　この要綱の規定は、相当程度細部にわたっている。たとえば、乳児は最低週 3 回入浴させることや、衣服は与えるだけでなく清潔に保ち補修することに努めるなど、きわめて具体的に記されている。里親制度の詳細を初めて定めたこの要綱がここまで細部にわたり規定されている背景には、要綱案作成にあたり GHQ 等からの資料提供を受けていた可能性も高いと考えられる。

4 里親制度推進とホスピタリズムの指摘

　「家庭養育運営要綱」が出された 2 か月後の 1948 年 12 月、厚生省児童局養護課員であった網野智は「里親制度の運営について―我が国における

里親制度—（その一）その歴史的変遷」と「その二」を『社会事業』誌に
書いた。

　この中で、網野は戦前から養護施設等によって里親委託が行われていた
ことにふれるとともに、社会的養護全体の方針を述べ「…乳児は施設より
もむしろ里親によって保護されるべきであるということは、乳児院におけ
る『ホスピタリズム』の問題に関連して各国において強調されているとこ
ろである」[7] と、施設におけるホスピタリズムの問題を指摘し、さらに
「…施設は大なり小なり相当の設備を要するものであって、それが設立に
は多くの費用を支出しなければならない。今日の経済情勢ではその設立に
数多くの困難と障碍が横たわっており、したがって又それを各地区に網羅
的に設立せんとする希望も殆んど実現不可能であるといわざるをえない現
状である」[8] と施設を設立または運営するにあたってのコストが高いこ
とを指摘した。

　また、里親制度について「…里親においては、適当なものを見出すため
に相当の労苦を必要とするであろうが、かかる財政的配慮なしに凡ゆる範
囲にわたってこれを急速に拡げかつ収縮することができ」[9] るとし、子
どもの精神面においても運用のコスト面においても里親制度が優れている
として「このように比較考究してくると、里親による保護は、一般に扶養
を要するあるいは等閑に附せられている児童にして、彼等自身異常な性
格と欠陥を持たないもの（その代表的なものをあげれば孤児、棄児、貧困児
等であろう）に対して最も適当であると思われる」[10] と述べている。

　このように網野は、保護者のない子どもにとって、とくに乳幼児にとっ
ては施設養護よりも里親委託のほうが望ましいことを明確にしており、そ
の後の児童福祉行政の方向性を示している。

　こうした厚生労働省の方針の背景にGHQからの影響があったことは明
らかである。1949年5月、GHQ/PHW所属のI. H. Markusonは『児童養
育上考察さるべき諸問題』という小冊子を書き、これを厚生省が翻訳し発
表した。この中でMarkusonはニューヨーク、ベルビュー病院で6000名
の子どもを診た医師L. Benderが出した子どもの発達と養育の方法に関す
る結論を引用した。その内容としては、施設に収容されている子どもの発

達が遅れていること、子どもの発達にとっては生後数週間から数か月の間に同じ母親から世話を受けることが必要不可欠であることなど、いわゆるホスピタリズムに関する指摘であった。

その上で、「三、上述の知識を如何にしたら、最もよく日本に適用し得るか」と題し、子どもの発達における母親の役割の重要さを前提とした上で、①子どもを持つ母親が家庭で子どものケアをすることを可能にするため、稼ぎ手が不在または病気などで働くことができない場合には生活保護を利用すべきこと、②未婚の母にも同様の支援が考慮されるべきこと、③子どもにとって自分の家庭の次に里親の家庭が理想に近い環境を提供でき、子どもに発育の機会を与えられること、④乳児院や他の施設は家庭的雰囲気を最小限にしか提供できないため、子どもにとってはあまり望ましくないこと、⑤施設のプログラムでは子どもの一人一人に対して「母親」となれる人物が必要であること、⑥年長の子どもに対して家庭的条件を取り入れるときは「家（カテジ）」、寮などの寮母にあたる人に前項にあるような人物を配置することが重要であり、同時に父性を持った職員もまた必要であること、の6点の理念を述べた[11]。

ここでMarkusonが述べている、「新しい社会的養育ビジョン」とも共通する部分が多いこの方針は約70年前、すでにGHQから提示されていたのである。

この点の最も重要なことは、①戦後間もない時期にGHQによりホスピタリズムの指摘がなされたこと、②これを受けた厚生省は里親制度中心の社会的養護施策を積極的に展開しようとしたこと、の2点である。

5 里親制度の展開

前述のようにして戦後の日本では里親制度の推進が強く打ち出された。児童相談所も全国でつくられるようになり、児童福祉全体の推進のためにも、里親制度の推進のためにも児童福祉を専門とするソーシャルワーカーの育成が急務となった。そこで、全国の児童相談所の指導者として国連よりA. K. Carrollが招聘された。このCarroll招聘の裏にはMarkusonの尽

力があったといわれている[12]。

Carrollは1949年11月から1950年8月までの間日本に派遣され、その間の活動を1つの報告書にまとめた。この活動報告書の中では当時の児童相談所の機能強化を阻害している要因として組織構造や責任の所在、専門職のトレーニングの不足等々相当多くの指摘がなされている。

里親委託に関しては、里親委託どころか元の家庭に帰ることができる見込みのある子どもまでも、長期間にわたって保護を受けたままにされている現状が報告されている[13]。養護施設長と児童相談所長との連携に関しても「多くの施設長は、入所時に子どもの社会的経歴や情報が足りないこと（the lack of social history information）について不満を漏らしていた」[14]、さらに家庭復帰や里親委託に関して「多くの児童相談所長たちは、私立施設が子どもの監護権（guardianship）を手放さないことに不満を持っていた。家族に、子どもが帰ることのできる準備が整っているにもかかわらず、である。これが理由で、監護権を都道府県レベルで持つことについて、好ましいという意見が多い。多くの施設長は、環境の良い里親を児童相談所が提案しても、監護権を手放すことを拒否する」[15]と、当時、施設長が子どもの監護権を持っていたことが家庭復帰や里親委託の妨げになっていたことを述べている。Carrollの指摘した施設長の親権の取り扱いに関しては1951年の第五次児童福祉法改正案にも反映されることになった。

Carrollが残したもう1つの重要なものが、1951年、厚生省が刊行した『児童福祉マニアル』である。

この中では里親制度についてその具体的運用法も含め詳しく書かれている。内容としては、里親の登録・選定の仕方、里親の調査手引、委託後の支援等々であり、ソーシャルワーカーは里親や里子とどのような関係を築くべきかなどについてもふれられている。

また、その次の項目で保護をした子どもの施設養護について述べられている。ここでは、日本の状況について「里親の利用は相当の支持を受けているとは云へ、未だ発展の初歩にある」[16]とした上で、「施設保護は乳児期をすぎた児童に適し、又大体七歳から十二歳迄の児童の短期間収容に限るものと一般に考えられている」[17]とさらにこの後に続く部分で施設養

護の意義を一部認めながらも、その利用を「短期間収容に限るもの」としている[18]。

施設での実践は「児童の身体的感情的成長の原理をよく理解し、愛情や、大人や他の子供達との良い幸福な持続的支持的関係がいかに子供になくてはならない必要かを理解した上で運営されなくてはならない」[19] と、施設においても子どもが持続的な人間関係を保てるよう注意を喚起した。

このマニュアルの出た半年後には児童福祉法の改正が行われたため、改正後の法律に合わせた「児童福祉必携」がつくられた。そのはしがきには「……而してこの活動要領は、現行法の枠の中でキャロール女史の指導の結果を最もよく活かす趣旨の下に作られたものであるといえる」[20] とあり、「児童福祉マニアル」が後の活動要領に大きな影響を与えたことは間違いない。

Carrollの指導後、全国的に里親委託がすすめられ、前掲の図6-1のとおり1940年代の終わりから1950年代の初めにかけたこの時期に日本の里親委託数、登録里親数ともに急速な増加を見せ、里親制度の存在感が急速に高まった。

6 ホスピタリズム論争と里親制度

1950年代、GHQや厚生省からのホスピタリズムの指摘を受け、堀文次（石神井学園長）、瓜単憲三（神奈川県中里学園長）、大谷嘉朗（東京育成園主事）、高島巌（双葉園長）、潮谷総一郎（熊本慈愛園長）らの養護施設関係者を中心に、いわゆる「ホスピタリズム論争」が巻き起こった。ここでは、紙幅の関係上、その詳細にはふれることはできない。しかしながら里親制度推進は施設養護のマイナス面を指摘するホスピタリズム論と切っても切れないまさに表裏一体の議論として各論文の端々に登場し議論された。

ここに、当時の養護施設関係者の代表的存在といえる松島正儀（東京育成園長、全国養護施設協議会初代会長）が1950年3月と4月に発表した論文を紹介したい。この中で松島は、「日本の里親制度は前掲の数字を参考として大体成功の道を歩んでいると思われる」「里親制度の構想は日本の

現段階において適当であり、実施の状況は概して順調である。都市、就中大都市では里親開拓が困難であろうといわれておったが、実施後の経過は、この点心配がいらないことが実証された」[21] と、里親制度の成果を認め、里親制度推進の構想を適当だと評価した。さらに「日本の従来の伝統ある施設が、自らの責任において、継続的に行う里子委託の良さが併用されることが研究実施されていいのではないか」[22] と、養護施設による里親委託の実施を提案した。

しかしながら、同時に「ただここに里親利用の直前における1つの問題として、その考え方を是正しておかなければならないと思うのは、施設収容全面拒否―不要論の思想で里親制度一本槍、万能主義があることである」[23] と当時、里親制度推進の動きとともに施設不要論が出てきていたことに対して懸念を示している。

松島の論文には当時の養護施設関係者の中にあった葛藤が現れている。保護される子どもの中には、里親委託のほうが望ましい子どもがいる。しかし、ホスピタリズムが指摘されていた当時、里親委託推進の流れに完全にそってしまっては一挙に施設不要論へ流されてしまいかねない。この時期、きわめてデリケートな緊張関係が里親制度推進とホスピタリズム論、施設不要論の間に生まれていた。

一方、児童相談所の関係者は当時の里親制度に対する養護施設側の協力姿勢に不満を募らせていた。当時の児童相談所職員が発表した論文にはしばしば、施設側が施設で暮らす子どもを里親委託することに同意しないために里親委託がすすめられない事例があることが報告されている[24][25][26]。当時の里親委託を推進しようとする厚生省・児童相談所と施設不要論を警戒する養護施設の間で、それぞれの思い描く理想的な社会的養護のビジョンがずれはじめていたといえよう。

7 里親制度への逆風

1951年、里親制度の更なる推進をめざした厚生省児童局はCarrollの報告書にあった、施設長が子どもの親権を持っていることが里親制度推進の

障害となっている、という指摘を受け、第五次児童福祉法改正の中で施設長の親権を定めた第 47 条を削除し、その権限を自治体に帰属させることを試みた。

しかし、この改正案は中央児童福祉審議会における松島と高島の反対によって厚生省が自ら撤回するという結果となった[27]。里親制度そのものには賛同していた松島も、里親委託を推進するための施設長の親権削除および親権の自治体による管理には真っ向から反対し、撤回に至らしめた。この成果について東京育成園の 3 代目園長となった長谷川重夫（1986）は「…全養協初期時代の金字塔の一つといってもよいであろう」[28]と評している。養護施設の全国組織である全国養護施設協議会がその影響力を大いに示した出来事といえよう。全国養護施設協議会は、その後も、里親制度に対し表面的には協力姿勢を示すものの、実際には施設からの里親委託の推進には具体的な協力策を示さず、むしろ里親制度の問題を指摘した。

こうして戦後日本における里親制度推進は最初の挫折を経験した。その後も 1950 年代にあっては、厚生省の里親制度に対する積極姿勢を見て取ることはできるものの、社会的養護施策が里親制度中心へと転換されることはなく、図 6-1 のように里親に委託される子どもの数は低調な時代が続いた。

まとめ

まず、この日本の戦後里親制度の振り返りが戦後直後の時期に限定されてしまっていることをお詫びしたい。これはひとえに筆者が浅学であるためである。

しかしながら、当時の状況は約 70 年の月日が流れたとは思えない程、現在と似通った部分がある。Markuson の述べた、まずは子どものいる家庭を支援し家庭生活の維持を支え、それが成らないときには里親委託を検討し、それも適さない場合には施設委託を検討するが、その施設も小規模化されたものである、という方針は「新しい社会的養育ビジョン」の方針と大きく変わらない。

126   Ⅰ部　社会的養護の事実・現実から出発を

　そして、その方針が施設養護中心の社会的養護施策への批判、反省を内包していることも変わらないであろう。70年前、そのことが発端となって養護施設関係者らの反対運動が巻き起こり里親制度推進は挫折した。当時の養護施設は、戦時中においてはまさにその身を削って子どもたちを守り、戦後は社会福祉法人として認められた。その矢先、ホスピタリズム論や施設不要論にさらされ、かといって施設の環境を整備するための予算も与えられなかった。その結果が当時の反対運動だったのではないだろうか。

　この度の「新しい社会的養育ビジョン」では施設の更なる小規模化や人員配置の改善も提案されている。この点は、里親制度推進と施設養護の発展を対立させないためにきわめて重要である。

　施設での養育が完全ではないように里親による養育も完全にはならない。里親による里子の殺害事件など痛ましい事件も実際に起こっている。だからこそ、双方を発展させる努力が必要なのであり、そもそも子どもの幸福を考えれば里親制度の推進と施設の改善は対立しようのない事柄である。今後、子どもを中心に施設、里親、児童相談所の間で互いに協力しあう前向きな支援ネットワークが全国で築かれることを願いたい。

注
1）網野智（1948）「里親制度の運営について（その二）」『社会事業』31（11），30-36
2）金城芳子（1948）「里子制の変遷と現状」『社会事業』31（8），19-26
3）坂田澄（1995）『わが国の児童福祉の歩み―社会福祉の歴史―』高文堂出版社，144-146
4）古川孝順（1982）『子どもの権利』有斐閣，275
5）岩永公成（2002）「占領初期のPHWの児童福祉政策構想―厚生省児童局の設置過程を通して―」『社会福祉学』第42巻2号，日本社会福祉学会，1-10
6）同上
7）網野智（1948）「里親制度の運営について（その二）」『社会事業』31（11），30-36
8）同上
9）同上
10）同上
11）Markuson. I，厚生省訳（1949）『児童養育上考察さるべき諸問題――連合軍最高司令部公衆衛生福祉部技術資料』厚生省，5-7

12) 藤井常文（2010）『キャロル活動報告書と児童相談所改革——児童福祉司はなぜソーシャルワークから取り残されたか』明石書店

13) 藤井常文（2010）『キャロル活動報告書と児童相談所改革——児童福祉司はなぜソーシャルワークから取り残されたか』明石書店，99

14) 藤井常文（2010）『キャロル活動報告書と児童相談所改革——児童福祉司はなぜソーシャルワークから取り残されたか』明石書店，75

15) 同上

16) 厚生省児童局編（1951）『児童福祉マニアル』（網野武博・柏女霊峰・新保幸男編（2006）『児童福祉基本法制　第9巻　児童福祉マニアル　児童福祉必携—児童相談所、児童福祉司、社会福祉主事及び児童委員の活動要領—』日本図書センター），93

17) 同上

18) 同上

19) 同上

20) 厚生省児童局編（1951）『児童福祉マニアル』（網野武博・柏女霊峰・新保幸男編（2006）『児童福祉基本法制　第9巻　児童福祉マニアル　児童福祉必携—児童相談所、児童福祉司、社会福祉主事及び児童委員の活動要領—』日本図書センター），1

21) 松島正儀（1950）「里親制度の現状分析（その一）」『社会事業』33(3)，9-15

22) 松島正儀（1950）「里親制度の現状分析（その二）」『社会事業』33(4)，4-9

23) 同上

24) 池末茂樹（1950）「里親問題に対する一考察」『社会事業』33(1)，53-58

25) 大久保満彦（1953）「里親里子の諸問題」『社会事業』36(9)，40-48

26) 高野栄次郎（1954）「これからの施設と里親の在り方」『社会事業』37(4)，13-16

27) 長谷川重夫（1986）「全養協活動の足跡　戦後の復興期から昭和六〇年へ」全国社会福祉協議会・養護施設協議会編『養護施設の40年　原点と方向をさぐる』40-58

28) 同上

Column	「新しい社会的養育ビジョン」を受けて

児童養護施設を卒園した卒園生の声から

横尾知花

　国から出された「新しい社会的養育ビジョン」について、当事者である子どもたち自身の意見を聞きたいと思い、都内の施設を卒園した子どもにアンケートを取ってみました。卒園生には「理由があって施設に入所する子どもたちの大半が里親委託になる可能性があり、そのことについてどう感じるか」という質問をしました。以下、子どもたちから実際に寄せられた声をいくつか紹介します。

・親元を離れて暮らす子どもたちは多少なりとも不安があって、施設はそんななか同年代の子たちや年上の人たちと関わって仲良く一緒に楽しく生活できる場所だと思います。施設ではたくさんの人たちで話し合ったりできるし、色々な解決策が出てくると思います。たくさんの人と一緒に協力して自分も成長していけるような環境が必要だと思います。

・実際、施設に行く前に里親さん宅という選択肢があると知っていたら、正直、施設より自由がきくのかなって喜んでいたかもしれない。施設、里親互いのメリットデメリットはあるだろうけど、施設に課題の大きい子だけ入所するようになるのは少年院みたいになってしまうし、職員のメンタルがもたなくなるんじゃないの。多分施設の良さって、出てからじゃないと分からないよ（笑）。

・施設に来る子は何らかの理由で心に傷があったり、性格がちょっと変わっている子が多いから、里親さんの所で幸せになれる子は少ないんじゃないかな。その中で施設という選択肢をなくしてしまうことは、その子どもたちにさらに心の負担をかけてしまうかもしれない。たしかに施設は職員の異動があったり、限られた人数でたくさんの子どもを見ているから、全員の子の気持ちを一人ひとり聞いたり、ずっと見ていくことはできないからそこが課題かな。

・子どもの数に見合った里親さんがそんなにいるのかが心配。あと、兄

弟が多いとバラバラになるからそれは困る。

・里親さん宅にいたことがないから比べられないけど、自分は施設でよかった。会えてよかったって人にたくさん出会えた。普通の家庭でもできない貴重な体験（ユニットでの旅行とか、夏の行事とか）もできます。集団の中で辛い思いをしたこともあったけど、それで成長できました。また小さい子が里親さん宅に行けば、実の親よりも里親さんのほうになつくかもしれません。やむを得ず子どもと暮らせなくなった実の親は寂しい想いをすると思います。そういった意味で施設の子どもと大人の距離感がいいと思います。施設では看護師さんや食堂さんなど、ふだん傍にいない方々がいてすごく安心して暮らせました。今年20歳になりますが、20歳になれるのも施設という心強いもの、頼れるものがあったからだと思います。

・施設の良さもあるし、実際、自分は里親宅さん宅で塾とか部活とか行かせてもらって、時間にも柔軟さがあって、そこで色々と経験ができた。里親さんと子どもとの相性もあるからマッチングが大事。施設も大切だけど、里親さんを進めていくのもいいと思う。ただ、施設を完全になくすのは反対。

・自分としては里親を進めるのはいいと思う。だけど全員の子がいいと思うかは別だし、里親さんとの相性もあるから、できるならお試し期間を作るか、遠くに離れるより施設のすぐ近くで何かあったら職員に話ができる距離がいいと思う。やっぱり子どもは親がいたほうが安心できるし、実家をつくるのも大事だと思う。なおかつ子どもには親が必要だと思う。ただ問題点はいっぱいあるから、そこは改善していかないとね。

　今回卒園生の声を集めることで、こんなにも子どもたちが施設養護・里親について真剣に考え、率直な意見を持っていることを知りました。施設を卒園した子どもたちの声のため、かなり施設寄りの意見ではありますが、多くの子どもたちが施設のよさを語りつつ、施設の課題、里親制度のよさ、課題も的確に指摘しています。

施設養護、里親養護と二者択一ではなく、その子に見合った生活環境を選択できるよう制度を整えていくことが必要だと感じます。そのためにも、まずは社会的養護に携わる大人同士が垣根を越えてつながること、積極的に情報交換を行い、施設職員と里親さんが子どもたちのために手を取り合うことが大切だと感じます。

　今回の新しい社会的養育ビジョンに掲げられた数値目標に囚われることなく、「子どもの最善の利益」を追求するためにも、子どもたちの声に耳を傾け、制度の充実を施設職員としても訴えていきたいと思います。

II これからの社会的養護の発展のために

7 いま発展させるべき 子どもの権利とは何か

「ビジョン」はいかなる権利保障をめざすのか

村井美紀

1 子どもの権利条約に見る「子どもの権利」と 日本の子どもの権利

　1989年に国連総会で採択された「子どもの権利条約」は、これまでの
ジュネーブ宣言や子どもの権利宣言と異なり、子どもは「最善の利益」を
保障され、そのためには子ども自身を「権利行使の主体者」とし、彼らの
「意見表明権」を尊重するということが謳われた画期的な条約であった。

　また、条約の締約国は、この条約の広報義務を負い、また定期的に条約
の実施状況を国連「子どもの権利委員会」に提出、委員会はこのレポート
に関する「勧告」を出すしくみを持っている。これは、子どもの権利条約
を単なる理念として終わらせることなく、確実に実現させるためにとられ
た措置である。

　日本は、1994年に158番目にこの条約を批准し24年が経過した。その
際の日本政府の立場は、「日本には憲法があり、国際人権規約も批准して
いるので、条約が規定している権利はすでに認められている」というもの
であった。そうした国の認識に基づいて子どもの権利条約と関連する国内
法の整合性を図ることはなかったので、子どもの権利条約の内容と国内法
には、数々の矛盾が発生していた。

　国内法との矛盾の例としては、子どもの権利条約では「子ども」の年齢
を18歳までとしているのに対し、日本の民法では「成人」年齢は20歳以
上とし、18歳以上20歳未満は、子どもではないが成人でもないという中
途半端な存在に置かれてきた。ただし、ようやくだが成年年齢を20歳か
ら18歳に引き下げ、それに伴って結婚年齢が男女ともに18歳となる民法
改正が予定されている。

第7章 いま発展させるべき子どもの権利とは何か 133

　また、日本では、親が離婚した場合、子どもが自分の親権者を選べるようになる年齢は15歳以上である。これは、子どもの権利条約第12条の「意見表明権」が尊重されていないことになる。日本が子どもの権利条約を批准したならば、離婚後にどちらの親とどこで暮らしたいかという意見表明を15歳以上に限定するべきではないし、15歳以下の子どもの年齢にあった意見表明を理解し、それが尊重されなければならない。

　これまで日本は、第44条の「締約国の報告義務」によって、4回の政府レポートを提出している。これと同時に、日本のNGOなどの民間団体もレポートを委員会に提出して、日本の子どもの権利の実態を訴えてきた。第1回目の報告に際しては、日本の子どもの代表として高校生が直接「子どもの権利委員会」に出席し、子どもの立場から日本の実情を訴えた。この代表の中には児童養護施設で暮らす子どもも含まれ、国内の児童養護施設間の格差による差別を訴えた。

　政府レポートやNGOレポートを審査した「子どもの権利委員会」の勧告は、過酷な受験競争やいじめ・不登校問題、そして、余暇の少なさや外国籍の子どもたちへの差別などの解消が不十分である等、数々の指摘がなされた。その中で最も重要な指摘は、子どもの権利条約の広報が不十分で、権利行使の主体者とされる子ども自身に条約の内容が周知されていないことである（第3回勧告）。

　このように、日本では子どもの権利条約を批准した際に国内法をこの内容と整合性を持たせるように改正するという手続きをとらなかったつけが、条約批准後24年経った現在も続いているのである。

　その根本にあるものは、子どもの意見表明権について十分な理解が得られていないことや、これを認められないという意見が根強くあることにある。いわく、「子どもには十分な判断力はないのだから、大人が責任をもって選択してあげなければならない」という意見や、「子どもの意見を尊重するというが、子どもの言い分を全部認めていたら、子どもは自分の欲望だけを主張し、わがままになってしまう」などである。この根本には、子どもは未熟な存在であり、大人が子どものことについては主導権を持つべきだという考えがあるのではないだろうか。

2 社会的養護における「子どもの権利」の現状

　子どもの権利条約で定められている権利を、社会的養護の下にある子どもはどのように保障されているだろうか。ここでは、以下の6点に絞って検証してみたい。

(1) 情報を知る権利、意見を表明する権利

　子どもの権利条約では、子どもの「知る権利」が定められている（条約第13条）。社会的養護の下に来るとき、そして来てから、子どもたちは、なぜ自分がここに来なければならなかったかについて「知らされていない」ということを訴える。手続き的には、児童相談所職員や施設職員が説明し、納得の上で入所していることになっているが、子どもの側から見れば、そのときにはよく理解または納得できていない。さらに、入所しなければならない事情は理解したとしても、入所する期間や入所中は何をすればよいのか、どうしたら退所できるのかといった説明を十分に受けていない。

　施設に入所している、あるいはしたことがある子どもたちの声を紹介しよう。これは、「育ち・育てをサポートするピアメッセージ集——子どもから子どもへ」に寄せられたさまざまな子どもたちの質問に、同じ当事者である子どもや、かつて子どもであった大人が「ピア」としてメッセージを寄せたものである。そこでは、情報を知る権利とともに、意見を表明する権利も保障されているとはいい難い現実が見えるものである。たとえば、子どもたちは施設で暮らすにあたって「どうしてここ（施設）で暮らさないといけないの？」「施設に入ることについて正直納得していません。どうしたらいいですか？」「どうやったら自分は施設を出られるの？」という質問をしている。

　それに対して寄せられた「メッセージ」では自分の体験に基づいて「職員に率直に聞けばいいよ」「児童相談所の人が教えてくれるよ」等さまざまな助言を寄せているが、その中には「どうしてなのか、私も職員さんに聞けませんでした」というものや、「施設に納得して入ってくる人は少な

いと思います」「正直私もわかりませんでした」というメッセージを寄せているものもいた。さらに、「自分も施設に居るときはそのことで悩んでいました。どうして施設に入るときにそのことを伝えてくれないんだろう」というもの、そして「納得できなくても受け入れるしかない」というメッセージが寄せられている。ある人からは「子どもがこういう質問をしなければならないことに腹が立つ！　誰かにちゃんと説明してほしいよね」というメッセージも寄せられている。

　児童相談所や施設側は、説明しているし、子どもは納得していたはずだという想いを抱くだろう。しかし当事者の経験からは「（子どもが）納得するには時間が必要だと思います」というメッセージが寄せられている。子どもは、入所するときだけではなく、発達段階に合わせて、その時々に情報を知る権利、意見を表明する権利を保障する必要がある。子どもには、その時々で知りたい情報や表明したい意見は変わってくるものなのだ。私たち大人は、子どもがそれを欲するときに、何度でも本人が納得できるように対応する必要がある。

（2）入所に対する意見表明権は保障されているか

　ここでは、社会的養護サービスを受ける際に、彼らに選択肢が与えられているか、彼らの選択力を発揮できるような環境が整っているのかという視点から検討してみたい。

　子どもが家庭で生活できなくなったとき、関係する大人たちは、子どもがどこで生活することが最善か、さまざまな検討をするだろう。しかし、その検討の過程に本人を当事者として参加させているだろうか。

　また、仮に児童養護施設がよいとなったとき、どの施設がよいか、具体的な場所を選ぶ環境が保障されているだろうか。制度的には、候補となる施設は一定の基準を満たしているので、どの施設でも子どもの生活の質は担保されていることになるのだろう。しかし、子どもが説明を受け、自分の目で環境を確かめ、複数の施設から選ぶという状況にはなっていない。このような状況では、子どもにとっては「施設に入れられた」感しかないのではないだろうか。

あるいは、里親と暮らすことになったとき、里親にはどのような子どもを希望しているか詳しく説明し、了解をとるだろうが、子どもにも同様に説明し、希望を聞いているだろうか。里子には、候補の里親を選ぶ権利、意に添わなければ断る権利が保障されているだろうか。里親と里子のマッチングをする際には、両者の希望を平等に扱い、希望に添った選択ができることを大前提にしなければならないだろう。しかし、現状では里親の意向を優先し、子どもは「選ばれる側」に置かれているのが現状ではないだろうか。

この根底には、施設側や里親側の受け入れ容量が十分になく、受け入れ側の買い手市場になっていることにある。本来ならば、子どもには誰とどこで暮らしたいかを選ぶ権利があり、それを保障するためには、受け入れ側に子どもの希望を受け入れることができる余裕がなければならない。それがない中で、子どもの選択権は保障されないだろう。

(3)「安全と安心を保障される権利」

児童福祉法は、その対象を「18歳までの児童」と規定している。また、必要性が認められれば20歳まで入所できる。しかし、その場合は教育機関に在籍していることが条件になっている。これは、法律で規定されているわけではないが、実際にはそのようになっている場合が多い。

現在、高校進学率は90%後半であり、進学しない子どもは数パーセントである。この数パーセントに社会的養護の子どもたちが含まれている。進学しない子どもたちの多くは、公立高校しか受験できない選択肢の狭さや、あるいは学力的に課題があるなど、さまざまな事情を抱えており、実際は「進学しない」ではなく、「進学できない」状況に置かれている。

さらに、高校に進学した場合にも、その進学先はいわゆる「底辺校」といわれる学校も多く、勉学意欲を持てない、あるいはそこでさえ学力的についていけないなど、学業生活を継続し難い環境に置かれる。つまり高校に進学してもたやすく「高校中退」に結び付く状況に置かれているのである。その結果、高校中退になってしまう割合は、全体の割合に比して10倍程度になっている。

しかし、本稿ではこのような「学習権の保障」について論じることが目的ではない。ここで論じたいのは、教育機関に所属しない子どもが、教育の場を失うだけではなく自分の「居場所」も失ってしまうという現状の問題である。

15歳で高校等に進学しなかったとき、高校を中退してしまったとき、彼らはそのまま施設で暮らすことができず「自立」させられてしまう。それは、学校に所属していない子どもは、アルバイトや就職など「働く」ことを求められる。そうすると、収入を得ることになり、それはすなわち「経済的に自立する」ことを意味すると解釈される。そこで、経済的に自立したものは「保護」の対象にならず、したがって施設から出ていくことになるという三段論法的な説明がされる。

かつて、高校進学率がさほど高くなく多くの子どもが中卒で働く時代には、15歳で親元から離れて暮らす若者がたくさんいた。その代表例は、1950年代から60年代にかけての集団就職者たちであろう。当時は、そのような彼らを受け入れ、仕事の面倒だけではなく、生活の場も提供し、また社会生活のこまごまとしたことも面倒を見てくれる環境があったが、現在は期待できる状況ではない。いまは、安価な使い捨ての労働力としてのニーズはあるが、初心者を一人前の労働者として育てるような環境は整っていない。また、住み込みをさせてくれる職場も激減している。

一般社会では「青年期」と呼ばれる期間は長くなり、子どもが親離れする年齢は年々遅くなっている。しかし社会的養護の子どもたちは全体の子どもに比べると、社会の変化にかかわらず、若年労働者としての「自立」を強いられている。これは、子どもたちにとって「生きる権利」と「守られる権利」、つまり「安全と安心を保障される権利」の侵害になる。

(4)「最善の利益」を保障される権利──「自立援助ホーム」の貧困問題

自立援助ホームとは、何らかの事情で家庭にいることができず働かざるをえない、原則15歳から20歳までの青少年たちが暮らす場所である。彼らは、たとえ働く能力が備わっていなくとも、安心できる居場所がなくとも、「自立」を強いられてしまうことは前述した。しかし、15歳で「自

立」できるわけがない。そこで、自立援助ホームは「生き生きと生活できる、安心して生活できる場」を提供し、大人との信頼関係を通して、社会で生き抜く力を身につけ、経済的にも精神的にも自立できるように援助していく場所としてある。2018年2月現在、全国に143か所ある。

　自立援助ホームは、50年あまりの歴史があるが、長い間ボランティア組織として活動してきており、ようやく1997年に法内事業として認められた。ただし、その位置づけは「児童自立生活援助事業」というもので、第二種社会福祉事業である。

　法的に位置づけられるまでは、各自治体の補助金のみが公的資金であり、講演会や支える会などの会費や寄付金、バザーや講演会などの収入が主な収入源であった。それに比べれば、法的施設になったことにより、入所定員に合わせて「措置費」が支払われるようになった。これで、自立援助ホームの運営はかなり安定したといえるだろう。これが、全国に自立援助ホームが広がり設立される原動力になったのである。

　しかし、自立援助ホームに支払われる国からの措置費は6人定員で約1800万円であり、同じような規模のグループホームの措置費約2400万円に比して600万円も少ない。この差額は、スタッフの人件費や食費などの低廉化によって補われている。

　この差が生じるのは、自立援助ホームは第二種事業という位置づけで、第一種事業と同等の措置費を支出できないという理屈からかもしれない。だがそれは制度・政策上の問題であり、自立援助ホームに来た青年たちにとっては関係のないことである。自立援助ホームを利用している青年たちは多くのリスクを負っている。そのような彼らが、貧困なサービス水準しか保障されていない場所で暮さなければならないという現実がある。

　本来ならば、子どもが教育機関に在籍しているか否かにかかわらず、18歳までは児童福祉法の下、第一種社会事業である児童養護施設等が、彼らを養護するべきである。もしそれがかなわないならば、その代替をする自立援助ホームには、少なくとも児童養護施設と同等かあるいはそれ以上の措置費の支給とケアするスタッフ、そして時間が保障されるべきであろう。

第7章　いま発展させるべき子どもの権利とは何か　139

表 7-1　児童福祉法 28 条による申し立て件数等

年　度	2009	2010	2011	2012	2013
請求件数	230	255	267	294	318
認定件数	214	239	218	244	277

出典）各年度の厚生労働省発表をもとに筆者作成

(5)「親権」と「子どもの権利」──児童福祉法 28 条が意味するもの

　児童虐待の通告数が年々右肩上がりで上昇していることは、周知の事実である。そして、通告された中の約1割が、親子分離のために社会的養護の場で暮らす。ただし、施設入所には親権者の同意が必要である。民法で規定されている「親権」では、親権者に「居所指定権」があるからである。

　近年、親権者からのさまざまな虐待から子どもを保護しようとするとき、親権者がそれに同意しない事態が数々ある。その場合、児童相談所は児童福祉法第28条によって家庭裁判所の承認を得ることによって、初めて子どもを施設や里親に委託することができる。

　厚生労働省は、通知で親権者の同意を得られない場合には積極的に児童福祉法28条を活用するようにと指導している。その結果、28条の申し立て件数は年々上昇している。また、最高裁判所事務総局家庭局報告によると、2000年11月から2001年11月までに28条の承認を求めた子どもの年齢層は、小学生、中学生、高校生など学齢期にある年齢の子どもが全体の7割弱を占めている。子どもたちは、この家庭裁判所の承認が得られるまで、一時保護所や児童福祉施設に一時委託というかたちで、長期間自分の暮らす場所が定まらないまま暮らすことになる。

　子どもの権利条約では、あらゆる年齢の子どもに意見表明権を保障しており、低年齢であっても、その子どもの意見はていねいに聞き取り、尊重すべきとされている。もし、親権者が入所に同意しない場合でも、子どもの意見表明権を優先し、子どもの意向を最大限尊重できるようになっていれば、家庭裁判所で親権者と争うことなく、速やかに施設等に入所できる。それを阻んでいるのは、「親権」に対して「子どもの権利」を優先させるということに踏み切らないことによる。

(6) 施設や養育家庭は「安全」で「安心」な場になっているか

　平成 21 年に改正された児童福祉法で、施設職員等による児童への虐待があった場合に、子ども本人からの届出や周囲の人からの通告、また施設からの事故報告を受けて、調査等の対応を行う「被措置児童等虐待届出制度」が法定化された。

　「被措置児童等虐待」とは、2000 年に制定された児童虐待防止法の定義と同様の行為を、施設職員や里親などから受けることをさす。児童虐待防止法では、加害者は保護者に限定されている。社会的養護の下にある子どもは、施設長が親権代行者になるので加害者となるが、職員は対象外であった。そのため、この制度を法定化する必要があったのである。制度発足からの届出件数等は、表 7-2 のとおりである。

　施設内虐待の届出制度ができたとき、施設側には反発感情があった。職員からは「私たちが子どもを虐待するわけがない」「職員同士で虐待していないか監視しあうのか」という、怒りや嘆きが聞かれた。実際に制度がはじまってからは、訴えられたが非該当であったり、未認定であったりした場合、「疑われて気分が悪い」「犯人扱いされて納得できない」という反発があった。たしかに、職員側の思いもわかる。しかし、本制度発足以来の数字を見れば、職員や里親による施設内虐待があることは事実である。さらに、まだ通告されていないケースが潜んでいることも容易に想像できる。

　そして、実際に虐待と認定されたケースを見ると、多くの事例では職員や里親側が養育に悩み、どう子どもと接したらいいか相談する相手もなく、孤立した状況に置かれていた。これは、児童虐待をしてしまう加害者の状況と同様である。

　被害を受けた子どもは、社会的養護の場に来る前の不安な環境から「救われ」、安全と安心を「保障」されると約束された場所で、虐待という人権侵害をまた受けることになる。自分が直接虐待されなくとも、目の前で虐待を受けている場面を見せられる。救われ、安全を保障されるはずだった場で、再び大人に裏切られた子どもの体験は、彼らに大人全員に対する不信感と絶望を与えるに十分であろう。

　せめて、もしそのようなことが起こったならば、施設内虐待（＝子ども

第7章　いま発展させるべき子どもの権利とは何か　141

表7-2　被措置児童等虐待の届出件数の推移

年　度	2009	2010	2011	2012	2013	2014
受理件数	214	176	203	214	288	220
認定件数	59	39	46	71	87	62
未認定件数※	18	13	24	24	21	25

※未認定件数＝虐待の事実の判断に至らなかったもの〈グレーケース〉
出典）各年度の厚生労働省発表をもとに筆者作成

への不適切な関わり）の事実を認め、謝罪し、大人への信頼を回復する努力をすることが必要であり、そして予防するためには、もし自分が施設や里親宅で「いやな体験や思い」を抱いたら、意見表明ができることとその相手、そしてその意見を表明しても、さらなる被害やそこを追い出されることはないことを子どもにわかるように伝えておかなければならない。

以上のとおり、社会的養護の現場では、まだまだ子どもの権利保障は十分ではない。このことを施設や里親側が認識し、権利保障に向けた積極的な取り組みが必要である。

これに対して、「このような施設ばかりではない」「自分たちはこのようにならないよう頑張っている」「だからこの頑張りを認めてほしい」という意見が出るかもしれない。筆者も、すべての施設がこうであるとは思わない。必死でがんばっている施設があることも認識しており、そのような施設や職員の方々には敬意を表している。ただし、がんばっている施設と、残念ながら施設内虐待を起こしている施設があるということ自体が、入所先を選べない子どもにとっては不平等を生んでいることを、私たちは認識しなければならない。

以上、本節で述べてきた結論をまとめれば、社会的養護の下にある子どもたちの「権利保障」にはさまざまな課題があり、現状では十分といえない状況だといわざるをえない。

3　改正児童福祉法と「ビジョン」における課題

(1) 改正児童福祉法の評価

2016年に改正された児童福祉法では、第1条で「すべての児童は、児

童の権利に関する条約の精神にのっとり…（中略）…福祉を等しく保障される権利を有する」とし、子どもの権利は子ども自身が有することを明確に打ち出した。「児童の権利に関する条約の精神」とは、「子どもの最善の利益を保障し、その際には子どもは権利行使の主体者である」というものである。ここで示した「子どもの権利」に関しては、「新たな子ども家庭福祉のあり方に関する専門委員会報告」で、「生きる権利、守られる権利、育つ権利、参加する権利」と定義している。

さらに同法第2条の第1項で子どもの「意見表明権」の尊重と「最善の利益」の優先的考慮を示し、第2項では、児童の保護者が児童の心身の育成に第一義的な責任を負うこと、第3条2項で国及び地方公共団体は保護者の支援をしなければならないとした。ただし、保護者の置かれている環境が子どもの養育には困難があるとされた場合には、「できる限り良好な家庭的環境において養育されるよう」必要な措置を講じなければならないとしている。

このように、改正児童福祉法は、子どもの権利を明確に示し、これを誰が責任をもって保障するか、さらにそれを支援する体制はどこかを示したことで、以前よりも子どもの権利保障を明確にしたといえるだろう。また、以前は「保護者と国・地方公共団体」が子どもの健全育成に責任を持つと謳っているが、それは実際には「保護者か国・地方公共団体か」というものだった。今回の改正で国・地方公共団体の義務として「親支援」が明確になったことは評価できる。

ただし、改正された児童福祉法でも「すべての子どもの権利保障」を謳いながら、前述したように18歳までのすべての子どもをさまざまな条件によって区別してサービスを提供しているという不平等さが改善されていない。

また、児童福祉法だけでは子どもの権利を保障できず、関連する他法も子どもの権利を保障するために整合性が図られなければならないのだが、前述した民法による「親権」と「子どもの権利」の齟齬についてはふれられていない。さらに、児童福祉法の子ども虐待の定義は児童労働と人身売買の防止のために成立させた1933年の「児童虐待防止法」を未だに引き

継いでおり、2000年に制定された「児童虐待の防止等に関する法律」との整合性が図られていない。さらに、同法では子どもへの虐待の加害者を「親権者」に限定していたが、実際には祖父母やおじ・おば、きょうだいなどの親族、あるいは同居人などが加害者となる実態があり、順次改善されている。

(2) ビジョン委員会の構成について──当事者を外したのはなぜか

「ビジョン」が「子どもの権利、ニーズを優先」するならば、検討委員会のメンバーに「当事者」が参加していないのはなぜなのか。

「当事者」とは、社会的養護の場にいる、あるいはいた者であるとともに、そのことを自覚し、仲間たちとその経験を分かち合い、自分たちの経験を通して社会的養護の意味や課題を学び、それを社会に発信していく者と理解する[1]。

これまでに筆者は、社会的養護の当事者活動に取り組んでいる何人かと一緒にさまざまな委員会に参加し、また個別に交流の機会を持った。その経験から、彼らは、最初はよちよち歩きをしながらだったが、仲間や支援者に鍛えられ、成長し、いまでは立派に「当事者」になっていると理解している。もし、子どもを権利行使の主体者とするビジョンを作成するならば、彼らのような「当事者」を委員会メンバーに含むべきであろう。それなのに、なぜ今回彼らが委員会メンバーに含まれなかったか、その理由がわからない。

子どもに携わる私たち大人は、彼らのよきパートナーとして、彼らの意見に耳を傾け、彼らの主張を最大限活かす努力をしなければならない。今回の「ビジョン」作成過程でそれが阻害されていることは、子どもの意見表明権を保障していないことにならないだろうか。

(3)「ビジョン」の「子どもの権利」と課題
①「ビジョン」に示された「子どもの権利」

「ビジョン」では「子どもの権利」について、さまざまな箇所で記している。それを例示すれば、以下のようである。

「はじめに」では児童福祉法改正で「子どもが権利の主体であることが明確になり」と記している。そして、「子どもの権利を基盤とした社会的養育の全体像」でも「社会的養育は、子どもの権利、子どものニーズを最優先し」と記している。「特別養子縁組の推進」においても、子どもの権利保障を行うために、法制度改革をすすめると記している。

「新しい社会的養育ビジョンの詳細」の「9）子どもを含めた意思決定」では、参加する権利保障が重要として、「子どもの参加は権利保障として不可欠なことである」「子どもによってはアドボケイトが必要」であり、「アドボケイトを利用できる制度の創設が必要」と記している。

子どもの権利という表現はないが、子どもの権利に関わる内容として、家庭養育を原則としながら、ケアニーズが高い子どもに対して施設における養育が必要な場合にも、「子どもの意向が尊重される必要がある」と明記している。さらに「一時保護の在り方」の「3）一時保護時の養育及びケア」では、「一時保護や代替養育への移行などのソーシャルワークの提供においては、常に子どもの意見を尊重することが求められる」と記している。

「3．新しい社会的養育ビジョンの実現に向けた工程（4）の「特別養子縁組の推進」においては、「一刻も早く子どもの権利保障を行うために」この制度を推進する必要があると記している。

このように、「ビジョン」の各所で「子どもの権利」にふれ、それを保障するための「ビジョン」であることを強調していることがわかる。

②「ビジョン」から読み取る「子どもの権利保障」の課題

前述のように、「ビジョン」では「子どもの権利」を保障する立場からさまざまな改革がなされようとしている面があり、筆者はそれを一定の評価をしながらも、以下のような違和感や疑問を持った。

1）「ケアニーズの高い子」への「年限を決めた取り組み目標」への違和感

「ビジョン」に示されたケアの方法で、「ケアニーズが非常に高く、施設等における十分なケアが不可欠な場合」には施設ケアをするとしているが、

筆者がこれを読んだとき、「ケアニーズが非常に高い子」とは具体的にどのような子どもをさすのかがわからなかった。また、それは誰が判断するのかもわからなかった。ただし、子ども自身が判断するのではないのだろうということは理解できた。

さらに疑問に思うのは、ケアニーズは初期のアセスメントだけでわかるのかということである。実際には、一緒に生活する中で、周囲の人間が理解したり、安心で安全な環境で初めて本人が自覚し、自己開示したりできるようになるのではないだろうか。

また、施設ケアの滞在期間を「乳幼児は数か月以内、学童期以降は1年以内」と規定している。さらに特別なケアが必要な学童期以降の子どもであっても3年以内を原則とすると記している。もし「ケアニーズが高い」という意味を、子ども自身が抱えているリスクが大きいという意味に捉えるならば、リスクを抱えた子どもに対し一律に「期限を区切って」その施設に滞在させるという意味もわからない。子どもたちの抱えているリスクは個別的であり、またリスクを抱え続けて生きてきた時間も個別である。その個別性を無視して、年齢別に一律の期限を設定してケアをするという発想がわからない。

「ビジョン」では、上記のような措置を子どもにも説明し合意をとると明記しているが、子どもはこれを理解し、納得するであろうか。

筆者には、今回示された「ケアニーズの高い子」は「一定期間施設でケアし、その後養育家庭へ」という発想は、大人側の都合による発想であり、しかも「医学モデル」的な発想に思えてならない[2]。そして、そうなった場合の施設生活は「家庭的な環境」にはなじまないだろう。そこで過ごさなければならない子どもには、それが1年であろうと、3年であろうと、大人の都合で期限を切って次の場所に移行させるということ自体が不利益になる可能性がある。

まず子どもに必要な環境は、子どものケアニーズが「高い子」と「高くない子」に区別してケアすることではなく、どの子にも「安全と安心できる場」とそれを「保障できる大人」を用意することだろう。

146 II部　これからの社会的養護の発展のために

2）子どもが望む「家庭的環境」とは

　「新しい社会的養育ビジョンの全体像」で、「ビジョン」がめざすものは、社会的養護の下で暮らす子どもたちにも「できるだけ家庭的環境」を用意することだと明記されている。

　筆者はこの「家庭的」という意味について長年違和感を抱いてきた。「家庭的」とは、実は多様であり、決して標準化されるものではないと考えているからである。今回「ビジョン」で多用されている「家庭的」という意味を子どもの立場にたって考えてみると、子どもが望む「家庭的環境」とは、建物や子どもの人数を小規模にすることではない、スタッフが父親・母親代わりになることではないという理解に至った。子どもにとって「家庭的環境」とは、子どもがどんな「問題行動」をしても、周囲の期待に応えられなくても、彼の居場所がしっかりそこにあり、彼を受け止めてくれる大人がいる環境をいうのではないだろうか。さらに「家庭的環境」とは、彼がそこを出てからも、何かあったら帰ってこられる場所があることではないだろうか。そのような場所を得られて初めて、子どもは自分と向き合い、将来を見つめ、巣立っていけるのだろう。

　しかし、現在の社会的養護の場に、退所した子どもたちを受け入れる余地はあるのだろうか。「ビジョン」では、近い将来里親への委託比率を75％にするとしている。この里親たちに、前記のような「家庭的環境」を整え、委託時から退所後にかけて引き受ける覚悟と、それを支え続ける保障ができるのだろうか。これが、筆者が抱いた疑問である。

3）子どもの出自を知る権利の保障

　「ビジョン」では「特別養子縁組」を子どもの権利を保障するものとして推奨し、その対象年齢も引き上げるべきとしている。子どもにとって、この制度は法律的にも親子関係が永続的に続くことがふさわしいという理解からであろう。しかし、この場合、子どもの出自を知る権利は保障されるのだろうか。

　「ビジョン」では、「子どもの出自を知る権利」について、子どもの年齢に応じた方法で伝える必要があると記している。これが、子どものアイデ

ンティティや自尊感情など、生きていく上での土台となるとも指摘している。至極もっともな指摘であるが、一方で「ビジョン」は、その同じ項で「子どもが自らの出自を知ることの利益」と「実親の知らされないことによる利益」をどのように調整すべきかさらに検討が必要としている。

　この点について、子どもには「知る権利」があり、大人にはそれを知った際に子どもを支える責任があるのだから、子どもが望んだ場合には、「知らされないことの利益」よりも子どもの「知る権利」を優先させ、その際どのような配慮が必要かという立場から検討すべきなのではないか。筆者は、これが保障されるのかどうかを危惧する。

4）誰が子どもの権利主張を支えるのか

　「ビジョン」では、子どもの意見表明を支援する機能としてアドボケイト制度を導入するとしている。それでは、誰がアドボケイトするのか。「ビジョン」からそれを読み取ろうとすると、数々の疑問が出てくる。

　まず、子どもの意見表明権はどのように保障されるのかという点が疑問である。子どもの中には、これまでの育ちの中で意見を求められ、それが尊重されるという経験が少ないものが多い。「意見を表明せよ」と言われて、すぐさまそれに応えられる状況ではないとき、誰がそれを支え、アドボケイトできるのかが疑問である。

　子どもの意見表明は、必ずしも論理的で、大人が納得できるようなものだけではない。子どもはしばしば、自分の置かれてきた状況や現在の状況に対して、そして真実が明らかになったときに、それに対する怒りや失望、整理できない気持ちを「抵抗」というかたちで表す。自分はこれまでの、そしていまの状況を「納得できない」「このような人生を引き受けられない」という「叫び」を言語ではなく、万引きなどの犯罪行為や規則破り、性化行動などによって表す。私たち大人は、それらを「問題行動」と捉えがちだが、その行動の根底にある「心の叫び」に耳を傾け、その行為を受け止めていかなければならない。

　彼らは、それを受け止めてもらいながら、相手との信頼関係を構築する中で、初めて自分と向き合い、そこから得られた感情・意見を他者に伝え

ることができるのだ。そのためには、子どもとの信頼関係を築き、子ども
の発達段階に寄り添える関係を、長期にわたり維持していくことが必要だ
ろう。

　そうであれば、誰がアドボケイターの役割を果たせるのだろうか。「ビ
ジョン」では、その役割を「児童相談所」や「支援者」らに振っている。
しかし、具体的には児童相談所の誰がその役割を担えるのか。ここで記さ
れている「支援者」とは具体的には誰をさすのか、そしてそれは、社会的
養護の下にある子ども全員に、必ず保障されるのか。筆者には、この点が
甚だ心もとないと思われる。

おわりに――子どもが求める権利保障とは

　「子どもの権利条約」では、子どもには最善の利益を保障しなければな
らないとし、子ども自身の意見表明によって最善の利益は決められるとし
ている。

　しかし、関連する他法との整合性を図らなければ、児童福祉法だけでは
子どもの最善の利益は保障されない。「ビジョン」は子どもの権利を保障
するといいながら、「子どもの意見に基づく改革」という視点が弱い。ま
た総論では権利保障を謳いながら、各論では大人側（政策作成側）の論理
を優先している。これでは、子どもの権利保障はできない。

　私たち大人は、まずは、子どもの意見に耳を傾けること、子どもの意見
表明を尊重すること、そして、子どもがわかるような説明責任を果たすこ
とが、優先されるべきであろう。

注

1) セルフヘルプ活動については岡知史（1999）『セルフヘルプグループ――わかちあ
　い・ひとりだち・ときはなち』星和書店 がわかりやすいので参照いただきたい。
2) 「医学モデル」とはその人の持っている病気や障がいに注目し、それを改善すること
　により問題を解決しようとする考え方をいう。一方、「生活モデル」とは病気や障が
　いを持ちながら社会生活を送る本人の「力」に注目し、そこに働きかける考え方をす
　るものである。

8 児童相談所・一時保護改革で問われていることは何か

子どもの現実と権利保障の視点から問う

茂木健司

　本章では、決して十分な体制とはいえない児童相談所（以下児相と略す）や一時保護所の現状を分析し、子どもの権利条約を児童福祉法の理念に据えた法改正を踏まえて、児相、一時保護所の改革の方向性を提起していきたい。

1 一時保護制度の意義

　児相運営指針では、一時保護の目的を①緊急保護、②行動観察、③短期入所指導としている。

　緊急保護は、棄児、迷子、家出した子どもなど現に適当な保護者や宿所がないために緊急に保護する必要がある場合や、虐待や放任等の理由によりその子どもを家庭から一時的に引き離す必要がある場合、子どもの行動が自分や他人に危害を及ぼす、あるいはそのおそれがある場合、さらに少年法に基づいて警察から送致のあった場合に行われる。行動観察は援助指針（援助方針）を定めるために、一時保護による十分な行動観察、生活指導を行う必要がある場合に行われる。短期入所指導は短期間の心理療法、カウンセリング、生活指導が有効であると判断される場合に他の方法による援助が困難または不適当とされる場合に行われる。

　実際には、緊急保護として一時保護した場合でも、十分な行動観察や生活指導により援助指針を導き、さらに、短期間であっても心理療法やカウンセリング、生活指導により子どもの「問題とされる行動」の改善や虐待・いじめ・社会的排除等によるさまざまな傷つきからの回復に有効となっている。

　虐待等で家庭から一時的に引き離された子どもは、一時保護直後は多く

が過剰適応だったり、精神的に不安定だったりするが、まずは衣食住の基本的生理的欲求を満たした生活、安全で安心できる生活を保障し、子ども一人ひとりを大切にした対応をすることによって、本来の自分自身を表現し、精神的な安定に向かっていく。もちろん、一律に安定した方向に向かうわけではなく、職員への反抗、無断外出、他の子どもや職員への暴力・暴言、イライラに対して適切に処理できずに爆発し行動化してしまう場合も少なくない。それでも、一時保護の目的ともなっている行動観察や短期入所指導の機能を最大限生かした支援を行い、援助指針は単に措置先の施設種別の意見に留まらず、措置先で具体的にどんな支援が求められるか、また在宅となった場合に保護者や学校などから具体的にどんな支援が望まれるかなどを導き出している。

こうした援助指針は社会診断を行った児童福祉司、心理診断を行った児童心理司とともに共有されるだけでなく、子どもが示すいくつかの行動は一時保護前の生活体験や家族関係を示唆することが少なくないため、3つの診断は3部門の緊密な連携により、より確かなものとなる。生活支援の具体的支援方法に関しても一時保護所の実践を通して検証されていくことによってさらに緻密化されていく。

数日以内で退所する子どもを除いて、保護の目的にかかわらず一時保護した子どものすべてに対して上記の対応をすることによって、適切な子ども支援が可能になる。

一時保護先は児相運営指針では一時保護所とすることが原則とされるが、委託一時保護も可能とされ、それは、移送が困難、乳児など、自傷・他害など行動上監護がきわめて困難、一時保護後に専門的対応が見込まれる、生活の連続性の補償が必要、他の種類の児童福祉施設や里親での一時的な援助が短期間で治療効果が上げられる、その他必要な場合の7つの場合が示されている。

一時保護所が満床であることの規定はない。あくまでも子どもの支援に有効であることや行動上の監護がきわめて困難な事例は医療機関での対応や一時保護でなく司法審査を受けた上での強制的措置が想定されていると考えられる。

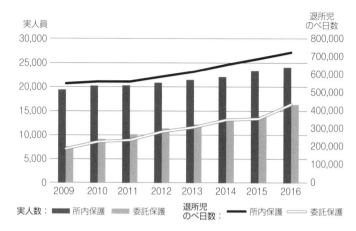

図 8-1　所内保護と委託保護の年度推移
出典）福祉行政報告例 2016 年度版から筆者作成

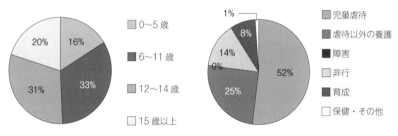

図 8-2　年齢区分別保護児童数
出典）福祉行政報告例 2016 年度版から筆者作成

図 8-3　相談種類別保護児童
出典）福祉行政報告例 2016 年度版から筆者作成

2　一時保護の実情

(1) 最近の特徴

　最近の特徴的なこととしては、15 歳以上の保護児童が 20％にまで至った点であろう。10 年前の 2006 年度においては、所内保護児童数 1 万 8720 人中、15 歳以上が 2110 人と 10％強であった。虐待の増加とともに、15 歳以上児童の増加は見逃せない特色である。15 歳以上児童内訳は、中 3、高校生、非高校生の有職・無職少年である。この義務教育終了児童の一時保護にどんな支援をすべきかが課題となっている。

相談種類別に見ると、虐待が約 52％を占めており、この数字は年々増加している。厚労相は被虐待児童に関しては、躊躇することなく一時保護を行うよう自治体に求めており、今後、一時保護所において被虐待児童あるいは虐待体験を持つ子どもの比率はさらに高まっていくことが予想される。

(2) 地域差・自治体間格差

一時保護所の地域間格差、自治体間格差が大きいことは、「ビジョン」においても指摘がされている。自治体間格差の主なものとして、定員規模（小さいところは 10 人未満、最大が 70 名）、年間入所率（30％程度から年間通して 100％超）、職員体制（とくに当直体制と夜勤体制、非正規職員に依存した施設とほぼ正規職員だけで対応している施設）、個室の比率（男女各 1～原則個室）、生活用品の支給と貸与等需用費の多寡、教育予算の多寡、私物品の自己管理、学習時間、支援で大切にしている点など、これで同じ種類の施設だろうとかと感じずにはいられないほどの違いである。

手狭な建物と旧態依然としたレイアウト、増改築の結果、ますます生活しにくくなった間取りやレイアウトなど、すでに増改築で解決するには限界が来ている一時保護所も少なくないと思われる。

予算が不十分なために、保護児童の衣類は自治体の庁内寄付を呼びかけて確保したり、肌着さえも貸与で使い回しする、また、節約のために歯磨き剤を共同使用し保健所から指導を受ける、さらに不適切を承知でワークブックをコピーして使うなどが行われている。

(3) 都市部で定員オーバー　その問題は

一時保護所の入所定員に関しては、公開された統計資料がないが、定員に対する入所率は確実に上昇している。年間を通して全国平均では 50％程度だが、大都市やその周辺では、年間平均で定員をオーバーしている。

大都市周辺の問題は、超過定員や高い入所率だけではない。平均入所期間が長く、最長保護に関しても、1 年を超えるなどきわめて深刻な実態がわかってきている。

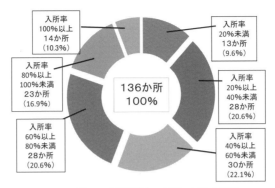

※H28.1～12の間の一時保護所(136カ所)の平均入所率
【厚生労働省子ども家庭局家庭福祉課調べ】

図 8-4 年間平均入所率
出典）2017 年　厚生労働省　児相長会議配布資料

　都市部で一時保護所の過密化は顕著だ。2015年度、年間平均で定員を超えたのは東京都八王子児相131％（定員24人）、千葉県市川児相130％（同20人）、名古屋市中央児相114％（同25人）など9か所。東京は6施設すべてが100％超だった。「定員を超えたことがない」と回答したのは4施設のみ。寝る場所がなく、多くの施設で学習室や面接室に子どもを寝かせていた。

　入所は児童福祉法で2か月までと決まっており、延長は例外的措置にもかかわらず超過例も目立つ。極端に長期化する例もあり、過去3年間の最長日数は572日（横浜市）、552日（神奈川県横須賀市）、550日（札幌市）と1年半を超えていた。理由は「受け入れ先がない」との答えが半数を占め、養護が必要な子の受け皿不足が浮き彫りになった。

　この毎日新聞の記事から、都市部の一時保護所の抜本的整備は待ったなしの状態であることが読み取れる。
　一時保護所の定員超過は、多くが大規模一時保護所で起きていることがわかる。2012年の施設の最低基準の改正により、居室1人あたりの面積

154　Ⅱ部　これからの社会的養護の発展のために

表 8-2　自治体別の一時保護所の滞在日数

		2015 年度一時保護対応件数	2 か月超割合	最長日数	平均入所率
東京都		1,989	25%	334 日	101 〜 131%
神奈川県		678	9%	346 日	51 〜 89%
千葉県		1,043	21%	487 日	75 〜 130%
埼玉県		754	31%	501 日	81 〜 90%
大阪府		1,048	8%	155 日	70 〜 86%
政令市	札幌市	305	13%	550 日	75%
	仙台市	135	20%	163 日	72%
	さいたま市	169	23%	311 日	77%
	千葉市	214	23%	473 日	92%
	横浜市	1,034	24%	572 日	80%
	川崎市	363	22%	463 日	71 〜 82%
	相模原市	147	28%	280 日	80%
	新潟市	155	10%	217 日	41%
	静岡市	99	15%	193 日	43%
	浜松市	113	18%	361 日	67%
	名古屋市	735	8%	251 日	181 〜 114%
	京都市	289	9%	254 日	62%
	大阪市	820	18%	356 日	約 8 割
	堺市	243	5%	148 日	76%
	神戸市	314	11%	157 日	55%
	岡山市	205	5%	83 日	32%
	広島市	130	6%	211 日	50%
	北九州市	340	8%	209 日	51%
	福岡市	421	13%	329 日	96%
	熊本市	100	5%	95 日	42%
中核市	横須賀市	140	28%	552 日	75%
	金沢市	103	3%	109 日	38%

※毎日新聞調べ。東京都 6、神奈川県 3、千葉県 6、埼玉県 4、大阪府 2、横浜市 4、川崎市 2、名古屋市 2、大阪市 2、他市は各 1 の一時保護所を調査。最長日数は過去 3 年間
出典）毎日新聞　2016 年 1 月 16 日

は 3.3 ㎡から 4.95 ㎡に、居室 1 室あたりの定員は 4 人までとされたが、既存の施設は旧基準のままでよいとされている。過密な一時保護所はほぼ例外なく旧基準で運用されており、施設の最低基準は空文化しているとしかいいようがない。

　一時保護所の超過定員は、一時保護を決定するものと、受け入れを決定するものが同一の児相長であることによる。所長は、施設の定員超過という不適切性よりも保護することを優先させる決定をせざるをえない。こうした定員超過の不適切性の改善を機関の長が徹底できない制度的構造である。

　施設定員を考えるときに、効率性と安全性の両立から「定員まで入れる」か、「定員を超えては入れない」と考えられがちだが、多様性のきわめて高い一時保護所ではそれは「好条件がすべて整ったときに入所できる児童数の限度」である。2 歳児など身辺処理が自立していない子どもや、特別に手厚い支援が必要な子どもが増えれば、その分、入所可能数は減っていく。一時保護所では、2 歳程度の幼児から 17 歳までの男女で、しかも子どもの多様性がきわめて高いので、年齢・性別・相談種別といった定員の細分は欠かせない。

　「年間平均入所率が（中略）～以上になるのは、一時保護の機能を果たしていないので、60％や 70％というのが理想的で、いつでも一時保護できるようにしておく必要」との主張は、当然のものである。定員超過の常態化や満床近い状態は、「施設崩壊」の危険がきわめて高くなり、一時保護が必要な子どもを放置する事態を招く。

（4）一時保護所のセンター化と 1 児相・1 一時保護所

　210 か所の児相に対して、一時保護所が 136 か所。児相設置の基本的自治体である都道府県と政令指定都市はその規模において大きく異なり、1 児相あたりの平均管轄人口は最も小さい自治体で約 17 万人、対して最も大きい自治体で約 260 万人である。自治体人口を一時保護所数で除した数を見ると、最小が約 27 万人、最大が 390 万人である。概して、小規模の自治体が 1 児相・1 一時保護所体制とし、逆に規模の大きな自治体にセン

ター化された一時保護所が多い傾向が見られる。自治体の方針によって、センター化と地域化に二分しているように思われる。

　一時保護所のセンター化と地域化の二分により、地域間格差、自治体間格差は拡大していったと考えられる。センター化された一時保護所は、施設設備等は充実し、集団主義的養護の考え方とあいまっていわゆるスケールメリットによって効率的財政が実現した。こうした自治体は、予算的に苦しむことは少なかったと思われる。一方、地域化された小規模一時保護所は、設備の貧弱さに加え、人手として非正規職員に依存する体制となったと思われる。

(5) 都合よく使われる一時保護所

　一時保護の目的は、緊急保護、行動診断、短期治療の3つとされているが、子育て支援や教育界からのニーズにより、都合よくその制度を使われてきた反面、児相自ら制度の谷間に挟まってしまった事例に対して、その親子の支援のために積極的に児相長が「必要」と一時保護を判断し行ってきたように思われる。

　たとえば、市町村が行うショートステイは、制度が導入された以降も実施する市町村は一部に限られたため、一時保護所が養育支援としてのショートステイを担ってきた。また、里親支援において、里親のレスパイトが必要なときの委託児童の生活場所として、家庭裁判所が児童自立支援施設（教護院）送致の決定をしても、送致先の施設の受け入れ日程に日付の差異が出たときに、犯罪少年として警察が身柄確保した際に、その犯罪が軽微であるとの理由で身柄付き送致を受けて、中学校で非行拡大を防ぐために排除先として、学校や児童福祉施設から「反省させるため」に、など実にさまざまな理由で「便利屋」のごとく一時保護機能が利用されてきた。

(6) 実際の子ども支援では

　こうして多様性の高い子どもが大きな集団の中で生活を強いられることになるが、全国規模で見ていくと不適切な例に遭遇する。

一時保護所のあらゆる箇所が施錠され、職員がたくさんの鍵をぶら下げていることから、逃走のためにその鍵を奪い取る目的で職員が殺傷された事件、小児性愛者と思われる非正規職員による一時保護児童虐待事件、日本弁護士連合会による児相設置首長に対する勧告書提出、一時保護児童に対する不適切な所持品検査、など多くの事例を見つけることができる。

一方で、どんな子どもでも一時保護児童と適切な関係を結び、子どもから大きな信頼を得ているだけでなく、児童福祉司や児童心理司からも大きな信頼を得ている一時保護所も存在している。その多くは、子どもとしっかり向き合い、いいところ探しをして、その行動を十分に承認していくという地道な努力を続けているところである。その基本は、「衣食住の保障とリズムある生活」「楽しい張りのある生活」「職員から大切にされる」ことに類型化・集約化される。

(7) 一時保護所と教育

一時保護所が広域的に子どもを保護することから、ほとんどの場合、登校させていない。子どもの教育を受ける権利の保障として問題になる点である。さらに、教育方法にスキルのない児童指導員、保育士などの無資格の職員による教科教育であること、日常の学習がプリント学習ばかりの教育方法であること、学ぶ教科がきわめて限定的であることなどが教育をめぐる問題点である。

一方、一時保護所に入所後、きわめて短い期間に学力が上がっているとの調査結果があり、これは、一時保護所という生活環境や生活の方法が子どもの学力向上にきわめて良好であることを示している。

実践者からは、とくに学力不振の子どもに対して、学習において躓いたところを明らかにし、学年にかかわらずそこから学習をしていくことが、一時保護所の学習指導のスタンダードであるといわれている。保護される子どもが、在宅では安心した生活が送れていなかったこと、小学校低学年においては、ほとんど家庭学習等について世話をされてこなかったこと、親自身が学習に対してその価値を考えず、低い学力に対して何の手当てもしてこなかったこと、学校においても、こうした家庭の力が不十分である

ために生じる学力不振に対して手当てされてこなかったこと、結果、子ども自身も学習への意欲を低下させ、意欲低下と学力不振が悪循環になっている。

したがって、学習支援は、わかる楽しさ、学ぶ楽しさを目的に、わかることからはじめて、わかる実体験を積むことであろう。一時保護所で学習支援に当たっている教育委員会からの出向職員による調査を見ても、このことに重点を置いている職員が多い。一時保護の短期間で大きく学力が向上した事実は、一時保護所の学習支援方法が適切に機能した結果である。学習支援がわかるところからはじめ、わかる楽しさ、学ぶ楽しさの体験だけでなく、生活支援者と学習支援者が一体となって支援している体制もよい影響を与えているのだろう。寝食をともにし、衣食住を支え、施設内の子ども同士の人間関係を支援することが、職員と子どものラポールの形成に有効で、そうした寝食をともにする職員が学習支援に当たっているからこそ生じるよい影響と考えられる。学校ではどうしても、1：30、つまり30人の中の1人となってしまう。

一方、平均的あるいはそれ以上の学力を有する子どもに数か月間の学習ブランクが生じることは、やはり大きなハンディとなる。このことへの対応としては、原籍校との綿密な連携、定期的な学校職員による面接や教材や課題提供の他に、施設内での十分な学習時間の確保や学習環境の提供、専門的強化学習を支援できる外部人材の活用などが求められる。

一時保護所職員の多くを教育委員会からの出向者や非常勤等の教員OBとするだけでなく、院内学級をモデルとしたような教育支援体制に移行すべきで、学習塾と契約して学習塾による学習支援なども検討に値すると思われる。

(8) 委託一時保護の実情　統計的数字から

筆者が2015年度の福祉行政報告例の統計値から委託一時保護の実情について分析を試みたところ、一時保護全体のうちの委託一時保護の率は、自治体による差が大きく9倍近くの開きがある。そして委託率の高い自治体の傾向としては、委託先の多くが児童養護施設となっており、また、一

時保護所から帰宅する子どもの率が低い。このことから、①本来、一時保護所で対応すべき児童を児童養護施設に委託している数が相当数あること、②単純養護など一時保護機能のうちの行動診断等を必要としないケースなどを児童養護施設に委託していることが予想されること、③委託一時保護の率が低い自治体では、一時保護所が在宅支援の手段として活用できており、措置となる前に予防的対応をしていることが予想されること、の3点が示唆された。

(9) 児童養護施設における一時保護専用施設の整備について

2016年9月の厚生労働省の通知により、児童養護施設において一時保護専用の施設整備や専任職員を配置する際の国庫補助と一時保護費特別加算が示された。専用棟整備の条件として一時保護所の年間入所率が高い地域であることが条件とされている。これにより2017年12月までに16か所ほど児童養護施設が対象になっているという。

ある児童養護施設では、児相や自治体との協議の中で、当面受け入れる子どもとして、小学生以下の女児のみで「無断外出を起こす予想のない」「他児童に著しく危害を加えることのない」「著しい性的問題のない」「保護者の連れ去りが危惧されない」児童とし、必要があれば、在籍校に送迎で登校させたいとしているが、まずは地元の教員OBにより学習支援を行っている。

この施設が専用施設を整備し専任職員が配置された結果、こうした学習支援等が可能になったが、専用施設がない児童養護施設で一時保護を受託した場合、こうした手厚い支援は受けられていない現状があるように思われる。

3 新しい養育ビジョンにおける児童相談所と一時保護所の記載とその検討

(1) 児童相談所

新しい社会的養育ビジョンは児相について、10項目にわたり広く記載

している。また「実現に向けた工程」6項目について記載している。

　すなわち、これからの児相は法律家と協働してその業務にあたるべきであり、調査・保護・アセスメント機能と支援マネージメント機能を分化させ、虐待通告窓口を児相や市町村以外の機関を含めて一元化させ、児相は支援の必要な子どもの情報を適切に管理する体制を整え、中核市や特別区の児相設置を積極的にすすめる。新しい児相では代替養育から永続的解決を見据えた支援のために代替養育を受ける人数に応じた児童福祉司を配置し、親子関係再構築支援のため市区町村の養育支援体制を充実させそこと連携していく。高い専門性を備えた児童福祉司や児童心理司については資格化も検討するが、専門職採用を促す。児童指導員等の他の専門職は配置後に速やかに研修を実施する。児相の決定に保護者や子どもの参画ができるようにし、児童福祉審議会は本人や関係機関からの申請で児相の決定を検討する機能を加える。子ども自身の過去を知る権利保障のために、代替養育が行われた子どもに関しては、記録を永久保存するというものである。

　いままで、現場が求めても実現しなかった事柄に関して、突っ込んだ提言がなされ実現に期待する反面、素朴な疑問や懸念をいくつか持つ。

　1つは、児相以外の市区町村や民間を含めて相談機関の充実が前提である児相改革案である点である。2004年の児童福祉法改正で、児童相談は第一義的には市町村が担い、児相は施設措置が必要なケース等を担当することとし、児相が市町村支援を行うことが明確化された。法改正から10年以上経過する中、法が求める児童相談対応機能を持てた市町村は決して多いとはいえないのが実態ではないだろうか。市町村の児童相談対応力が向上しない要因としては、財政難、そして大規模な市は別として多くの市町村は専門職採用の人事制度が導入しにくい点の2点に集約できると思われる。2016年の児童福祉法改正にあたっても、中核市における児相の設置義務化や要保護児童対策調整機関の専門職化に対して、中核市や市などの自治体からは慎重に行う、あるいは明確な反対の意見が出るなど、国と地方の温度差が顕になっている。

　一方、特別区は多くが児相設置に向けて具体的に準備をはじめている。子育てサービスや養育支援だけでなく施設措置や強制介入権限まで持つこ

とにより総合的に、より適切に子どもの福祉を図れると捉えているように感じられる。こうした自治体では、児童相談対応の社会福祉主事や児童福祉司などの専門職化は円滑に進んでいくと思われるし、代替養育から永続的解決を見据えた支援のために代替養育を受ける人数に応じた児童福祉司を配置し、親子関係再構築支援のため市区町村の養育支援体制を充実させ、そこと連携していくことは十分に可能と思われる。

　以上のように、現状でも児童相談対応や虐待対応における自治体による違いが大きい中で、新しい養育ビジョンにそって政策がすすめられれば、さらに自治体間の開きが大きくなると思われる。

　2つ目は、児相の機能分化である。現在でも、とくに大規模な児相では相談機能を分割化しているところが少なくない。児相の多くは、職種ごとに課・係・グループ等を構成しているところが多く、児童福祉司の部署である相談部門から分離独立していった形が多い。分離独立したものとしては、インテーク部門、保護者の相談意欲が高いケースの通所部門、虐待の緊急介入部門、親子関係再構築の支援部門、里親支援、市町村支援、中央機能として企画・調整部門などがあげられる。

　こうした組織体制は、相談（ソーシャルワーク）全般から特殊なものを専門分化させた方式である。結果、分離独立した部署は地域の関係機関との関係が弱まり、また、地区担当の児童福祉司は、守備範囲が広がる。そのため、相談（ソーシャルワーク）を適切に行っていく上で欠かせない地域の関係機関との関係が総じて弱まっていくことになる。

　支援マネージメントが適切に行えるためには、日ごろの相談事例を通した連携・協働が欠かせないと思われ、機械的な組織の役割分担では形式的なケースマネージメントは行えても、効力ある実質的ケースマネージメントにはなりえないと思われる。支援を受ける支援者が支援を行うマネージャーを信頼しないとケースマネージメントは成立しない。仮に支援マネージメントの担当者を設けるにしても、その担当者は最低限、児童福祉司のスーパーバイザー級である必要がある。ここ数年で急速に児童福祉司を増加させた児相は、スーパーバイザーが育っていない。児相強化プランの実施により、児童福祉司の増加は今後も続いていくだろう。各自治体は

162　Ⅱ部　これからの社会的養護の発展のために

児童福祉司の増員分のほとんどを新規採用職員で充てており、児相のスーパーバイザー級の児童福祉司は慢性的に不足することが予想される。

　児相は、まず何よりも児童福祉司等の専門性を確立し、向上させていくことが求められる。人材育成は、任用前研修や任用後研修だけではまったく不十分で、日常的な不断のOJTとスーパービジョンが欠かせない。ジェネリックな児童福祉司の養成と児相内の確実なスーパーバイザーを育成していくには、最低10年程度は必要だろう。

(2) 一時保護・一時保護所

　一時保護に関しては、Ⅲの「3　一時保護の在り方」として、1）一時保護の機能による構造と期間、2）一時保護を行う場、3）一時保護時の養育及びケア、4）一時保護の質の確保、外部の評価機構、5）乳幼児のアセスメント、の5項目について記載されている。

　また、「Ⅳ.　新しい社会的養育ビジョンの実現に向けた工程」では「1　代替養育」として、「5）一時保護改革」について記載されている。

　新しい社会的養育ビジョンが示すのは、一時保護は積極的に地域の里親や児童養護施設を活用し、地域に分散化する。里親に一時保護を委託する場合、養育里親とは異なる専門性が求められるため、一時保護里親を創設する。一時保護所で行う一時保護は、緊急保護は数日間とし、アセスメント保護は開放的空間で処遇支援すること。子どもの支援は開放的空間で行うことが原則だから、閉鎖的空間での支援は例外である。同意のない職権保護は司法関与が必要である。緊急保護からアセスメント保護に移行する場合もあるので、その際は、家庭養育環境か施設養育環境を選択する。その際、原籍校に通学できる学区内か学区外であれば通学の手立てを導入する。一時保護時の養育ケアは手厚い必要があるので、十分に大人がいるようにし、自分の持ち物を持てるようにし、また日用品は支給する。外部評価は、一時保護施設を熟知した他職種専門家集団が行う。将来は一時保護施設の最低基準を設け、スーパーバイザーも法定化する。といったものである。この提言が仮に実現すれば、従来の一時保護所は、緊急一時保護のみを扱うことになる。

新しい社会的養育ビジョンでは、アセスメントは児童養護施設や里親が担当することになる。それは可能だろうか。一時保護所のセンター化によるアセスメントの問題点は前節で指摘したが、それと同様のこととなる危険性が高い。アセスメントは、社会診断、心理診断、行動診断を合体させればよいというものではなく、各診断の相互関係や診断内容、導かれた支援方針を検証していって初めて意味ある総合診断、アセスメントとなる。アセスメントスタッフが子どもの生活からは遠いところにおり、情報交換は不十分な中で綿密なアセスメントとなりうるだろうか。

　もう1つ現実的な問題として、通学が保障できるような地理的条件で一時保護里親を開拓できるかという問題である。1980年代、普及できなかった短期里親制度の二の舞になるのではないだろうか。

　また、アセスメントは開放空間で行われるべきとしているが、子どもが一時保護されたという精神的な危機的状況のときに必要なのは、一定の「枠」である。守られ体験のなかった子どもにとっては、開放的な自発性や自主性を期待され自己決定を促されることは、逆に適切な支援にならないと指摘する専門家もいる。開放空間で一時保護を行うことは重要であるが、開放空間が枠の消失にならない工夫が求められる。枠内に収まった安定的生活は、その後に訪れるであろう重大なソーシャルワーク局面に対峙し乗り越える力になるし、それが本来の参加する権利になるのではないか。

　必要以上のルールや閉鎖性が指摘される一時保護所が一部あるのは事実だろう。しかしながら小規模の多くの一時保護所では敷地外に自由に単独で外出することはできないものの、少なくとも敷地内・建物内は制限だらけではなく、一定の開放空間は確保されている事実にも目を向ける必要がある。

4 子どもの権利保障機関としての児童相談所と方法としての一時保護（所）のあり方

　児童相談所と一時保護所の現状について、その要因なども踏まえて論述してきたが、ここでは子どもの権利保障機関としての児童相談所および一

164　Ⅱ部　これからの社会的養護の発展のために

時保護所のあり方について、いくつか具体的提言をしていきたい。

(1) 児相の地域密着化

　児相の基本は、的確なアセスメントにより子どもとその親を支援し、命と健康といった生存権および子どもの発達権を保障することを第1とした子どものウェルビーイングをめざす子ども家庭福祉機関という点だろう。したがって、総合的アセスメントとして子どもの医学的診断、心理診断、行動診断、社会診断が確実に行え、目的実現の方法として的確な措置が行使でき、包括的な支援マネージメントできることが児相の求められる姿であろう。

　いまの児童福祉制度のように、支援の内容によって基礎自治体と広域自治体とに分断する方法は問題が生じやすい。施設措置等の社会的養護と地域における包括的支援とそのマネージャーは、基礎自治体が担うのが適切だろう。施設措置等の社会的養護と地域包括支援は相互に行き来する支援であるべきだ。中核市や設置が予定される特別区は、同じ自治体内で包括的地域支援と社会的養護への措置や一時保護を行えることによって、支援の分断が最小限で抑えられ、子ども家庭福祉の体制の1つのモデルとなりうるだろう。

　大規模児相では、児童福祉司の業務の細分化・機能分化・独立化がすでに行われている。緊急虐待対応、インテーク・通所支援部門、措置後の家族再統合などである。機能分化されたインテーク部門や家族再統合の児童福祉司をスペシフィックソーシャルワーカーとすれば、本来の児相の相談支援を担う中核となる児童福祉司は、地区を担当する子ども家庭福祉分野のジェネリックソーシャルワーカーである。児相は、さまざまな分野の多職種による支援を適切に対応できるジェネリックソーシャルワークを基本とした組織体制をとるべきである。

(2) 児童心理司の充実を

　児相における虐待通告受理の急増に伴い、児童福祉司の増員が声高に叫ばれてきた。結果、児童虐待防止法制定時と比較して、全国では2.5倍ほ

どに増加した。一方、児童心理司はほとんど増加していない。『今後の児童家庭相談体制のあり方に関する研究会報告書』（厚生労働省2006）で「児童心理司：児童福祉司＝2：3以上を目安に」とされたが、児相運営指針の改定で1：2以上が標準とされた。

通告された被虐待児童等を的確にアセスメントしていくために、ていねいな心理的なアセスメントは欠かせない。しかし、どれだけの子どもたちが心理的なアセスメントがなされているかきわめて疑問である。また、一時保護となった子どもであってもアセスメントだけで終了せざるをえず、心理治療・心理教育にまで手が回らない実態もある。

知的障がいの療育手帳交付や再判定のための心理判定業務を大幅に縮小できる方法をとらない限り、必要な心理的アセスメント、心理的な支援を行うためには、少なくとも児童福祉司と児童心理司の比率を3：2とする必要がある。

（3）これからの一時保護のあり方と一時保護所での権利擁護をどのように捉えるか

一時保護所のあり方を考える前に、まず確保しなければならないのは、一時保護所で保護できる児童数を拡大し、量的確保を図ることである。大都市周辺で常時定員超過状態が続いている状況は、早急に改善されなければならない。必要とする子どもすべてが一時保護可能になる社会的養護体制が大前提であろう。

一時保護所に入所する多くの子どもは、不適切な養育環境での生活を余儀なくされてきており、こうした中で大人への信頼を失っている、あるいは大人から適切な支援を受けられるはずはないと半ばあきらめている状況にある。このような子どもたちは年齢相応の依存体験もないため、大人の助けを得ることに不慣れなばかりか助けてもらう快適さをも感じることができなくなっている。したがって、小規模で濃密な大人との関係の下で「助けられる」生活体験が重要である。

マズローの唱える欲求階層説（図8-5）にしたがって、まずは生理的欲求を満たす必要がある。このことは、単に基本的欲求であるばかりでなく、

図8-5　マズローの欲求階層説

生存権保障という権利擁護からも重要である。重症のネグレクトなど、まさに生理的欲求が満たされず、生存権が脅かされた状況に置かれてきた子どもである。

　次の段階として安全・安心の欲求を満たすことである。失敗をしても暴力を受けない、怪我や病気になれば適切な医療が受けられる、必ず食事と寝る場所が確保され、見通しを持った生活が送れることなどである。3段階目として、他者からの尊重や自己尊重感である所属欲求、そして自己有用感、社会的や役割感である承認欲求、能力や可能性を最大限発揮したいとする自己実現欲求の充足をめざすべきである。

　このことは「一時的な生活の場」であっても生理的欲求と安全欲求の保障にとどまらず、よりよく存在し生きることに目標を置くウェルビーイングの支援を行うべき一時保護所への転換を意味する。

　ところで、子どもの権利条約は前文と54条の本文で構成され、生きる権利、守られる権利、育つ権利、参加する権利の4つを柱に子どもたちを守ろうとするものである。これらの諸権利に当然優先順位はつけられていないが、児相が出会う現実の子どもたちの権利侵害状況を考えれば、欲求階層説の順序で権利保障を図っていくことが理にかなうだろう。

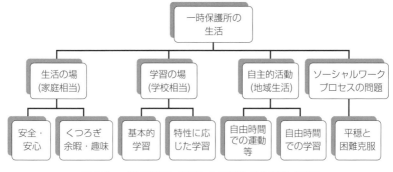

図 8-6　一時保護所に入所した子どもの生活構成要素
出典）筆者作成

(4)「一時保護」の生活は？

　一般的に学童期の子どもたちの生活は、ア）家庭生活、イ）学校生活、ウ）地域生活、の3つの場面で構成されているとされている。一時保護所で生活する子どもたちも、当然これに準じた生活が構成されるべきであるが、一時保護所で生活する子どもたちは、これに加えて生活を行いながらソーシャルワークの重大な局面に対峙していくという大きな課題が待ち受けている。

　図8-6は、一時保護所で構成されるべき場面と、その場面における鍵となる行動や概念を示したものである。

　ソーシャルワークプロセスで、意にそわない方針が示されたり、自分の希望をかなえるために、たとえば強い恐怖感を抱く虐待者との面談、あるいは法的対応のために被虐待体験の開示などきわめて強い心理的負荷のかかる局面が出てきたりする。こうした局面に向かい合っていくためには、平穏な生活を送り、生活をともにする身近な大人の支援が欠かせない。

(5) 倫理綱領を原則に倫理的ジレンマにも対応できること

　一時保護所で子どもに生活支援を行うにあたっては、「子どもの利益を最優先する」ことが第1である。子どもと家庭に対して支援を展開するにあたり、依拠する価値体系としては社会福祉士の「倫理綱領」があげられ、現場はこれに従って実践が行われるべきである。「倫理綱領」は多くの大

切にすべき価値をあげているが、実践現場では児童福祉司や児童指導員・保育士はそれらの価値観の衝突である倫理的ジレンマに遭遇する。人間行動に必要な生命、健康、保健、住居、精神安定といった前提条件を最優先するとしたリーマーが作成した6つの指針からなるガイドラインをじっくりと読み込んで、その事態に対して冷静に根拠を持って対応していくことが求められる。

　権利擁護の問題として話題に上がるのは、子どもの意見をくみ上げるしくみとしての意見箱の設置や、「権利ノート」の配布、苦情解決責任者・受付担当者の設置と周知、第三者委員、被措置児童等虐待対応ガイドラインの周知などであるが、大切なのは、職員一人ひとりの倫理観の醸成や定着、また一人ひとりが遭遇する倫理的ジレンマにどんな根拠を持って対応していくかの高い社会福祉実践家としての知識とそれをバックアップしていく民主的組織やスーパービジョンのあり方ではないだろうか。意見箱を設置しただけでは子どもの意見表明権を保障したことにはならない。大切なことは、日々の支援において、子どもが意見表明できる職員との関係構築と表明された意見をどのように児相が扱っていくかであろう。

(6) 権利を擁護する一時保護所の具体像

1　1つの児相に対して、少なくとも1つ以上の一時保護所を設置する。

　自治体によっては、地理的に広範囲で複数の児相を持つにもかかわらず、センター化され1か所しか一時保護所を設置していないところもあれば、1つ1つの児相の規模は小さいにもかかわらず、各々の児相に必ず一時保護所を設置しているところもある。

　センター化された一時保護所に対しては、次の2点の問題をあらためて指摘しておきたい。

　1つは、児童福祉司や児童心理司による子どもとの面会が確実に少ない点である。児童福祉司の面会がないことは、子どもが将来不安を強めていくことにつながるが、児童福祉司・児童心理司側も面会するために、最低片道1時間、子どもとの面接で1時間、計3時間確保せねばならず、これは非常に困難である。

2つ目は、一時保護所のケアワーカーを含めた情報共有や協議を含めたアセスメントを迅速、的確に行うのに大きな障害となる点である。児童福祉司と児童心理司は情報交換や協議は適宜行えるが、一時保護所のケアワーカーを含めた検討はほとんどできないまま方針が決まってしまうこともありうる。アセスメントは、児童福祉司の行う社会診断、児童心理司の行う心理診断、一時保護所のケアワーカーが行動観察に基づいて行う行動診断をただ突き合わせればよいというものではない。子どもの置かれた社会的状況、現在の発達状態や心理状況の心理診断、一時保護所での生活での行動診断の相互関係や診断内容や導かれた支援方針を検証していって初めて意味ある総合診断、アセスメントとなる。専門スタッフが揃っている児相内の一時保護所に子どもが生活しているからこそそれが可能である。こうしたきめ細かい対応は、日常的に専門スタッフが顔を合わせ、必要により各スタッフが直接子どもと接触が図れて初めてできることである。A級児相などはその規模から2か所以上の一時保護所の整備を図るか、児相を分割した上であらためて一時保護所を設置していくなどすべきである。

2　1つの一時保護所の定員は、多くても18人とする。

　グループホーム方式とするにしてもユニット制にするにしても、生活単位を6名とし、3グループホームないし3ユニットで合計18名が限度である。一時保護所は1～2歳から18歳未満を保護するが、30％前後が就学前の幼児である。個別的ニーズに対応していかなければならないが、反面、子ども同士の育ちあいやグループワークの手法を用いた心理教育やピアグループとして効果的に支援するには、平均的に2～3年の幅の年齢層に複数の子どもがいることが望まれる。現実的には、各々の児相に一時保護所を設置したとしても原籍校に通学させることは単に送迎の問題だけでない要因から実現は困難であると予想されるので、一時保護所は学校機能を持たざるをえない。教育場面においても、子ども集団の持つ力はきわめて大きなものがあることも認識しておきたい。

　生活単位を6名とするのは、グループホームの定員が6名であること、また、子ども集団が6名を超えると急速に対応困難場面が生じるという先

170　Ⅱ部　これからの社会的養護の発展のために

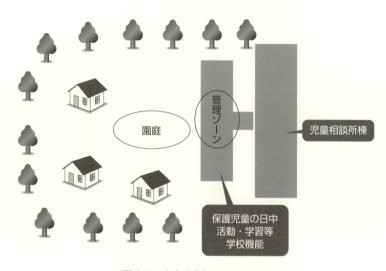

図8-7　完全小舎制・GH型の例

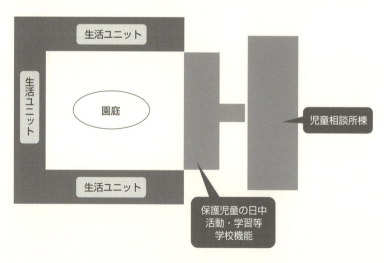

図8-8　小舎制・ユニット型の例

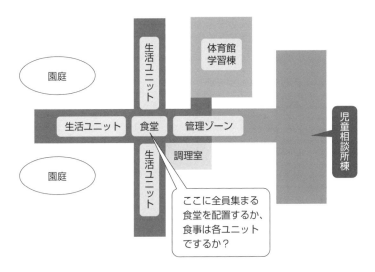

図 8-9　部分ユニット型の例

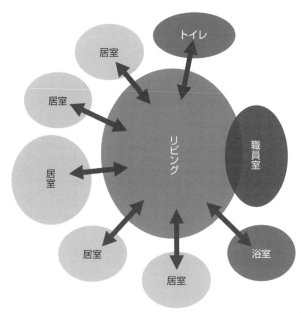

図 8-10　生活空間におけるパブリックとプライベートの位置関係

172 　Ⅱ部　これからの社会的養護の発展のために

行研究による。生活単位が大きいことによる硬直的支援体制は、多くの課題を抱えた子どもとの共同生活に伴う不必要な制限や規則など、権利侵害につながることが起きやすくなるからである。

3　寮舎形態はグループホーム制を基本として、実情に応じてユニット制も認める。（図8-7～8-10）

　完全小舎制・GH型は、独立した生活の場を確保。食事、睡眠、余暇、入浴等生活の基本は、各小舎あるいはグループホーム（GH）で完結される。一時保護所は学校機能を持たなければならないから、子どもたちは各小舎・GHから学習室等を配置した管理ゾーンに「通学」する（図8-7）。

　小舎制・ユニット型は、建物を3つの生活ユニットに区分し、ここで食事、睡眠、余暇、入浴等生活の基本が完結される。必要によりまた状況によりユニット相互の行き来も可能とする。建物が一体化しているので、職員同士の相互支援が容易になるメリットがある（図8-8）。

　部分ユニット型は、一部、大舎性の要素を組み込んだ形態である（図8-9）。

　いずれのタイプも生活ゾーンの配置は、図8-10を基本とする。

　中央にリビングを配置し、ここがパブリックなスペースである。必ずここを通過しないと生活は成り立たない。また、子どもは集団からいつでも自分の居室に「逃げ込める」が、職員は居室を訪問するなどして容易に子どもの状況を把握することが可能な配置である。

5　一時保護所の専門スタッフ

　一時保護所の子どものケアを行う専門スタッフとしては、ケアワーカー、心理士、看護師・保健師・養護教諭のいずれか、スーパーバイザーが必要である。加えて、必要により栄養指導や調理への助言者として管理栄養士の助言が得られる体制も求められる。医療面に関しては、児相や地域の小児科医、児童精神科医、歯科医の診察や助言が得られる体制が求められる。

　ケアワーカーは、従来では保育士と児童指導員がその中心であった。保

育士資格は大学・短大等で必要な単位を取得することでその資格を得ることができるが、大学等での学びだけでは、授業時間数等、一時保護現場で専門職に就くにはあまりにも少ない。

一時保護の重要性を考えれば、職員に求められる専門的知識としては、社会福祉士相当プラス児童心理学知識、あるいは公認心理師プラス児童福祉関連知識が求められる。

人員としては、労働基準法が遵守されることを当然として、「ビジョン」が示す「常時子ども2人に対して1人の大人」「子どもがいる時間帯は少なくとも複数の勤務体制とし子ども3人に大人1人」を配置する。学生アルバイト等非正規職員に依存する体制からは脱却させなければならない。反面、学生アルバイトの存在は、子どもにとって年齢の近いお兄さん、お姉さん的存在でその存在価値は高く、プラスアルファの準専門スタッフとして配置が可能なようにしておくことも必要である。

心理士は一時保護所付きを原則として、子どもと生活をともにしながら、適宜、生活場面面接ができる体制が必要である。一時保護所付きとした場合、児童心理司によるスーパービジョンが受けられる方策がとられる必要がある。

スーパーバイザーとしては、一時保護所経験に加え、児童福祉司または児童心理司経験が必要である。可能ならば、児童福祉司または児童心理司のスーパーバイザー経験者が望ましい。

6 施設内学校（学級）の設置

旧教護院が児童福祉法改正により「児童自立支援施設」と名称を変え、入所させるべき子どもを広げた際に、公教育の導入が義務づけられた。これにより、多くの児童自立支援施設には、地域の小中学校の分校・分教室が設置された。運用上は、自治体ごとに工夫がなされ、特別支援学級としたり卒業時には原籍校に学籍を戻すなどのことが行われており、この方式はその後に整備が進んだ児童心理治療施設（情緒障害児短期治療施設）にも波及している。

一時保護所においても同様の方法を導入する。

平成6年12月、「病気療養児の教育について」と題する文部科学省初等中等教育局長通知（文初特294号）が都道府県教育委員会教育長宛に出された。「病気療養児の教育の改善充実に一層努められるようお願い」する通知として、11項目が求められているが、「二　適切な教育措置の確保」として「（三）転学手続が完了していない児童生徒についても、病弱養護学校等において、実際上教育を受けられるような配慮が望まれること」との文言がある。さらに、「三　病気療養児の教育機関等の設置　（一）病気療養児に対する教育の機会を確保する観点から、（中略）教育委員会は、当該病院等の理解と協力を得て、その人数、病状等に応じ、隣接・併設等の形態により、養護学校の本校、分校、分教室等の設置や訪問教育の実施又は特殊学級の設置など病弱教育の特殊性を踏まえた適切な形態により教育を提供すること」との文言も見られる。

病気療養中の子どもも一時保護される子どもも、子ども自身ではどうにもできない状況である。こうした子どもたちの権利をきっちりと守ることは、福祉行政だけでの責任ではない。教育を受ける権利の保障の第一義的な責任は教育行政、すなわち教育委員会にあるのではないだろうか。教員免許を持つ非常勤の学習指導員の配置といった小手先の対策でなく、施設内学校・学級を設置することが必要だろう。

7　ケアワーカーの専門性とスーパービジョン体制の確立

最後に、最も重要な人材育成体制とSV体制を指摘しておきたい。「児相強化プラン」も「ビジョン」も一時保護所職員の人材育成について十分な記述がなされていない。最終的に子どもの権利が保障され、ウェルビーイングの支援が行われ、さまざまなダメージから回復していけるかどうかはケアワーカーの力量にかかっているといっても過言ではなかろう。人材育成に関しては、具体的に施設管理者やSVが職員一人ひとりの達成課題を明らかにし、当該職員とそのことを共有し、主体的に学習していけるようにする必要がある。こうした取り組みが「業務」として認められ、必要

な学習活動・研修参加が可能な人員配置が必要なのはいうまでもない。

参考文献・資料

安部計彦編著（2009）『一時保護所の子どもと支援』明石書店

大澤朋子、和秀俊、岡桃子他（2011）「一時保護所の子どもの暴力予防のためのアプローチモデルの構築」『子どもの虐待とネグレクト』第13巻第1号

厚生労働省（2006）『今後の児童家庭相談体制のあり方に関する研究会報告書』

厚生労働省雇用均等・児童家庭局（2015）「児童養護施設入所児童等調査結果（平成25年2月1日現在）」

厚生労働省「全国児相長会議資料　2017年8月」他、厚生労働省が公開している各種の資料・議事録

児童養護施設運営ハンドブック編集委員会編（2013）『児童養護施設運営ハンドブック』厚生労働省雇用均等・家庭局家庭福祉課

慎泰俊（2017）『ルポ　児相　一時保護所から考える子ども支援』筑摩書房

全国市長会（2016）「児童福祉法等の改正に対する意見」

福祉行政報告例

毎日新聞　2017年1月16日付

茂木健司（2015）「児相一時保護所の生活支援の標準化のための基礎研究―児相一時保護所運営指針作成に向けて―」『明治安田こころの健康財団研究助成論文集』通巻第51号

茂木健司「児相委託一時保護をめぐる諸問題の検討」『新島学園短期大学紀要』第46号

文部科学省「病気療養児の教育について　平成6年12月21日　文初特294号　文部省初等中等教育局長通知」

フレデリック・G・リーマー（秋山智久監訳）（2001）『ソーシャルワークの価値と倫理』中央法規出版

和田一郎編著（2017）『児童相談所一時保護所の子どもと支援』明石書店

和田一郎他（2014）「一時保護所の支援の充実〜一時保護所の概要把握と入所児童の実態調査〜」社会福祉法人恩賜財団母子愛育会『日本子ども家庭総合研究所紀要』

和田一郎他（2015）『一時保護所における支援のあり方に関する研究』社会福祉法人恩賜財団母子愛育会

9 要支援家庭のための政策と実践を求めて

地域を基盤にした支援策とは何か

望月 彰

1 子育てをめぐる関係性

(1) 関係性の中で育つ子ども

マルクスは、「フォイエルバッハに関するテーゼ」（1845年および1888年）において、「人間性は一個の個人に内在するいかなる抽象物でもない。その現実性においてはそれは社会的諸関係の総体である」[1]と述べている。「人間は社会的諸関係の総体である」と要約されることもある。1人の子どもが生まれ育つ過程は、その子どもが置かれるさまざまな社会的諸関係とともに、その子ども自身の外界への働きかけによって織りなされることを示唆している。またこのテーゼには、「教育者自身が教育されねばならない」という言葉もある。ここでいう教育者は、学校の教師だけでなく、家庭における親や保護者、施設職員など子どもの養育や発達、人格形成に関わる者すべてに当てはまる。子育ては、子どもを育てる大人の行為というだけでなく、子育てを通して大人自身も自らの知識、能力を高め、人間観や世界観を形成するなど、その人格形成につながる行為であり、さらに、社会的諸関係そのものを変革する行為でもある。

子どもは、そのような社会的諸関係に影響されながら、また同時に、社会的諸関係を形成する重要な行為者として、関係性の中で育つことになる。その関係性を築く最も身近な場は、生まれ育ち、生活する場としての家庭であり、地域である。また、子育てに関わる当事者は、子どもを中心に、直接養育に携わる親などの保護者、地域を基盤に出産や母子保健、保育や医療、療育等に携わる助産師、保健師、看護師、保育士、理学療法士（PT）、作業療法士（OT）、言語聴覚士（ST）、心理職、ソーシャルワーカー、医師などの専門家、さらに、子どもや親が日常生活で関わる親戚等

血縁者や近隣住民等である。

　このような社会的諸関係とりわけ家庭環境については、いずれの国においても、「家族が、社会の基礎的な集団として、並びに家族のすべての構成員、とくに、児童の成長及び福祉のための自然な環境として、社会においてその責任を十分に引き受けることができるよう必要な保護及び援助を与えられるべきである」[2]。しかし、さまざまな社会的要因——たとえ自然災害が契機であるにせよ——によって、その子育てが困難に陥ることがありうる。そこに、家族を基礎とする「自然な環境」に替わり、法制度に基づく社会的子育てのしくみとしての社会的養護の意義がある。社会的養護のもとで育つ子どもたちは、家族分離等の経験を通して、いったんは「自然な環境」としての社会的諸関係を断ち切られる経験を強いられながらも、地域においてあらためて築かれる社会的諸関係と切り結びながら生活し、彼／彼女らを支える当事者たちとともに育ちあっていくことになる。社会的養護は、単なる家庭代替環境ではなく、本質的に、地域において子どもの社会的諸関係を再構築していくいとなみであるといえる。

(2) 子育ての権利と責任

　子育ては、したがって本質的に社会的ないとなみである。とりわけ、社会的養護および保育や学校教育、小児保健などを含めた法制度に基づく社会的子育てのしくみ——社会的子育てシステム[3]——においては、法的な権限の所在や費用負担、それらの執行のあり方などをめぐる権利義務関係が法令等に基づいて定められる。一般に子育てに関しては、親の責任論、あるいは、子育ては社会全体で、という議論が繰り返されている。しかし、社会的子育てに関しては、問題はどちらが重要かではなく、子どもを中心とする親・保護者や家族と国・自治体およびそれらの公的機関との権利義務関係が問題である。また、法制度の枠組の中に地域のさまざまな団体・組織・機関がどのように位置づくかが問題である。さらに、そこに国・自治体の政策・行政施策、実践のあり方、自然環境や歴史的文化的環境に対する国・自治体の施策や姿勢、さらに現代では、おそらく情報的環境への対応施策も関わってくる。当事者が、その関係性の中で、およびその関係

性を築きながら、誰がどのように子育てを行い、それを支援するのかが問われることになる。子どもを最大の当事者として中心に位置づければ、「子育て」ではなく「子育ち」の概念がより適切であるとする問題提起もある[4]。

　一方、子どもを産み育てることは親の自然な行為であり、家庭というプライベートな場で行われるものであって、親の権利であり義務でもあるという伝統的な考え方に基づいて法制度の枠組がつくられてきた面もある。民法第820条の「親権を行う者は、子の利益のために子の監護及び教育をする権利を有し、義務を負う」[5]という規定も、この考え方に基づいている。そのため、親による子育てが困難な状況に対しては、親の責任として可能な限り親自身で対応し問題解決すべきであるということが児童福祉の伝統的な政策観としてあった。行政の介入は、家庭における、または親による子育てが危機的状態に陥った場合に限られるべきであり、法的もしくは司法的な根拠に基づくものでなければならないということになる。

　子どもの権利条約では、第5条で、父母[6]などの保護者は、「その児童の発達しつつある能力に適合する方法で適当な指示及び指導を与える責任、権利及び義務」を有すること、および、このことを前提に、国は父母の「責任、権利及び義務」を尊重すべきであることを明記している。その際、「その児童の発達しつつある能力に適合する方法で」という条件を課しており、その限りで「親の子育ての自由」を承認し、同時にそれに対する国の介入を抑制している。また第18条は、第1項で、子どもの最善の利益を前提に、「児童の養育及び発達について父母が共同の責任を有するという原則」、父母などの保護者は、「児童の養育及び発達についての第一義的な責任を有する」ことを規定し、第2項で、父母などの保護者が「児童の養育についての責任を遂行するに当たり」、国は、子育てのための施設、設備、サービスを整備して、保護者に対する「適当な援助を与える」べきであると規定している。これらの規定は、先に引用した条約前文の主旨を条文として具体的に定めているといえる。

　日本の子育て関連法令においても、条約の基本理念との関連が不明確なものを含めて、とくに「親の第一義的養育責任」の言葉が用いられている

法律がある[7]。2016年に改正された児童福祉法でも、第2条第2項で「児童の保護者は、児童を心身ともに健やかに育成することについて第一義的責任を負う」と規定した。また、合わせて第3条の2として「国及び地方公共団体は、児童が家庭において心身ともに健やかに養育されるよう、児童の保護者を支援しなければならない」との条文を挿入した。これらの主旨や内容については、第1条で「全て児童は、児童の権利に関する条約の精神にのつとり、適切に養育されること、（中略）その他の福祉を等しく保障される権利を有する」と規定されたことを踏まえて、基本的には子どもの権利条約の理念に基づいて解釈されなければならない[8]。

(3) 法的な責任関係

　このような関係性は、最も単純に捉えれば、親・保護者と社会が一体となって子どもの健全育成（子育て）を行うという関係である。また、社会には、行政機関としての国や地方公共団体（自治体）が子どもや子育てに関わる法に基づく責任主体として位置づく。その際児童福祉法や少年法等の子どもに関わる法律が「国及び地方公共団体」の役割としている理念は、子どもの「健全育成」である。さらに、親・保護者と「国及び地方公共団体」との関係は、子ども・子育て支援法などに象徴されるように、直接子育てに携わる（第一義的養育責任を有する）親・保護者がその養育責任を果たすことができるように、その子育てを「国及び地方公共団体」が支援するという関係となっている。

　実際に親・保護者と「国及び地方公共団体」とがそれぞれどのような責任を有し、どのように果たすのかということは、子育てに関する政策・行政と主権者である保護者の政治的・社会的行為や活動との相互関係によって決定され、同時に、社会的諸関係の総体である子どもを取り巻く歴史的社会的状況（たとえば子どもの権利思想の成熟度）およびそこから生ずる子ども自身の要求や活動との三者の相互関係によっても決定される（図9-1）。

　許斐有は、この関係に関する法的な枠組すなわちそれぞれの当事者が子育てにどのような責任を有しているのかについて表9-1のような概念図を示し、法的な枠組から子育てに関する責任主体を表す試みを行っている[9]。

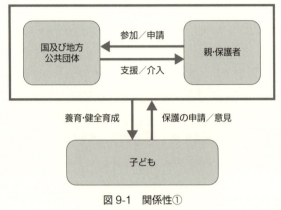

図 9-1 関係性①
出典）筆者作成

表 9-1 児童福祉の法の責任主体

責任主体（法律上の用語と法的根拠）		責任の種類		規定する法の分野
主として親 （ときとして親族 その他の者）	親権を行う者（民820） 後見人	私的責任	親・家族の責任 （市民法的責任）	市民法 （民法）
	保護者（児2） 〈児2②，③〉	社会的責任	社会の責任 （社会法的責任）	社会法 （児童福祉法）
国民一般 （教師，ソーシャ ルワーカー， 近隣者等）	国民（児1）　〈児2①〉	(努力義務)		
地方自治体	地方公共団体（児2） 〈児2③，児3の2， 　　　　児3の3〉	公的責任		
国　家	国（児2） 〈児2③，児3の2〉			

注）民は民法、児は児童福祉法、数字はそれぞれ条文を示す。
出典）許斐1986をもとに筆者作成。〈　〉は、2016年の児童福祉法改正による現行法の条と項を望月が挿入したもの

　許斐は、実際に子どもを養育している立場にある親・保護者の責任について、次の2つの内容を含むとしている。

　①子どもの権利、とくに生存権保障や児童福祉サービスを受ける権利などの社会法上の権利を、子どもに代わって要求する代理人となる。
　②子どもの権利の擁護者として、子どもの人権が侵害されてないかど

うかを監視するチェック機能としての役割を果たす（第三者による人権侵害のみならず、国や地方自治体などによる人権侵害も当然含む）。

許斐論は、親・保護者を「子どもの代理人」もしくは「子どもの権利の擁護者」として位置づけていることころに特徴がある。したがって、親・保護者の子育ての権利の出発点や根拠は、子どもの権利に由来する。また、権利の行使先や相手は、子どもではなく、国や自治体であり、学校や児童福祉機関、施設をはじめ子どもの権利保障に責任を持つ関係当事者（場合によっては、親・保護者自身）である。子育てに関する親・保護者の責任は、国や自治体に対して、きちんと子どもの権利を守らせることにある、という主張である。子どもの権利条約第 5 条や第 18 条に規定される親の責任、権利および義務を、徹底して子どもの権利を基盤に捉えるとともに、そのいとなみに対する国や自治体および関係当事者による不当な介入もしくは怠慢や無作為との緊張関係の中で捉えているといえる。

2　地域を基盤にした支援策

(1) 子育ての場としての地域

社会学などでは、子どもを中心とした子育ての関係性がしばしば同心円によって説明されることがある（図 9-2）。家族が最も直接的な子育ての場であり、次いで自治体が身近な社会的子育て環境の整備を行い、国が子育てに関する法制度の整備や財政措置等を行うという関係である。

この同心円の図からは、それぞれの相互関係は不明確であり、労働（収入確保）や消費（生活物資の購入）、医療（通院等）や文化的

図 9-2　関係性②
出典）筆者作成

182　Ⅱ部　これからの社会的養護の発展のために

活動等の生身の人間の生活の基盤である〈地域〉の概念や範囲は見えてこ
ない。また、社会的養護の位置を考えたとき、家庭に替わる場であるとす
れば〈家族〉に位置づき、都道府県等の所管という側面では〈自治体〉に
位置づき、児童福祉法に基づく制度としての側面では〈国〉のしくみの一
部ということになる。さらにこの場合、里親と施設では位置づき方が変
わってくるといえる。

　そもそもここで前提とされている家族すなわち子どもとその親によって
形成される関係は、必ずしも普遍的なものではない[10]。現代社会および
未来の社会においては、多様な家族の形態がありうることを想定し、子ど
もの健全育成の基礎的環境としての機能を果たしうるよう、国の援助が必
要となる。また同時に、親・保護者は、単なる援助の受け手ではなく、援
助する側である「国及び地方公共団体」の子育てに関する政策・行政に参
加し、それを決定できるはずの、もしくは選択できる主権者でもある。
「国及び地方公共団体」は、援助の名により保護者の子育てに介入し、強
制力を働かせて自らが期待する「人材育成」に利用・誘導する危険性が常
にある。親・保護者は、そのことも想定し、その危険性を排除するしくみ、
および、その危険性を察知する力を形成していく必要がある。

(2) 地域における子育て支援体制

　このように考えると、地域における子育て支援は、親が「国及び地方公
共団体」に対して社会的子育て環境とりわけ制度としての子育て支援体制
を整備させる力をつけること、それを利用する力をつけること、また同時
に、不当な介入を察知して「子育ての自由」を守る力をつけることである
といえる。

　制度としての子育て支援体制は、1989 年の合計特殊出生率に関する
「1.57 ショック」を契機に、主に少子化対策として展開されてきたが、そ
こには基本的に 3 つの側面がある。

　第 1 は、少子化によって懸念される労働力の確保のための対策としての
側面である。少子化は、国家の経済・財政を支える労働力・納税者の減少
を意味しており、高齢社会化の進行とあいまって国にとっての基本的な政

策課題とされ、保育制度改革や地域子育て支援事業の展開が図られてきた。

第２は、少子化と同時に、1990年代以降急激に拡大・深刻化した子育て不安とりわけ児童虐待の防止と対応のための対策としての側面である。1997年の児童福祉法改正、2000年の児童虐待防止法制定をはじめ、この側面が社会的養護のあり方に大きな影響を与えてきた。もちろん、そこには社会防衛的な伝統的福祉観があることも否定できない。

第３は、やはり1990年代以降急激に展開した経済活動のグローバル化のもとで、日本企業の経済活動を優位に展開しうる人的資源（人材）としての労働力育成策の側面である。厚生労働省や文部科学省を差し置いて、内閣府や首相直属の会議（たとえば安倍内閣のもとでの教育再生実行会議など）が、財界の要請を受けて教育政策はもちろん子育て支援や家庭教育に関する施策を打ち出してきた。その底流には市場原理や自己責任を強調する新自由主義的な政策理念が貫徹されており、この点は第１、第２の側面にも同様の特徴がある。

(3) 社会的養護から見た地域子育て支援体制

前述のような３つの側面を持ちながら、1990年代以降、法制度・施策レベルで地域における子育て支援体制が築かれてきた。ただし、この体制を担うための予算や専門家の人員確保、関係機関の連携体制づくりなど基盤的な条件が問題の量的・質的展開に対応して整備されてきたとはいえず、また具体的な支援の方法・技術に関する開発や蓄積、研修体制等のソフト面についても多くの課題を抱えている。とはいえ、地域で日々発生している児童虐待への対応やそれを未然に防止するための対策、さらに安心して子育てができるようにするための支援体制づくりは、子どもの権利擁護に関わる現実的・実践的課題となっている。社会的養護には、その中でもとりわけハイリスクのケースへの対応を担う専門機関としての役割を期待されているといえる。

地域における子育て支援体制は、社会的養護の立場から見れば、子どもの生命・生存に関わる前述の第２の側面が最重要であるが、いかに問題が拡大・深化しているとはいえ、国民全体から見ればマイノリティの問題で

ある。国家政策としては、マジョリティの問題として将来の労働者＝納税者育成の危機に関わる第1、第3の側面が、より基本的・基盤的な支援体制として、その整備に取り組むことになる。その際国にとっては、この体制づくりを国が期待する労働力育成の一環とすること、しかもそれを最小限の財政負担ですすめること、場合によっては、規制緩和等により営利的事業に委譲・転換もしくは民間企業の参入促進をすすめることなどが基本的な方向性となる。政策の本質は、日本の「経済再生」[11)]に応える「人づくり」とその危機に対応する体制づくりをいかに効率的に実施するか、あるいは、子育ての危機に乗じた金儲けのチャンスをいかに提供するかということにあるといってもよい。その意味では、この体制をいかに子どもの権利を基盤とした支援体制として構築するのかが、支援・被支援を通じた関係当事者の実践的課題となる。

3　地域子育て支援体制における社会的養護の役割

(1) 社会的養護と社会的養育

　厚生労働省の「新たな社会的養育の在り方に関する検討会」（座長：奥山眞紀子）が2017年8月2日に提出した「新しい社会的養育ビジョン」（以下、「ビジョン」）は、従来の施設、里親およびその中間形態のグループホームやファミリーホームの範囲で検討されてきた社会的養護のあり方について、「社会的養育」という概念により、これを地域子育て支援体制の中に位置づけてその将来像を提起している。そこには2つの意義があると思われる。1つは、いわゆる閉鎖的な施設がまだ残存している中で、子どもの権利を基盤とした地域に開かれた施設づくりが進み、さらに社会的養護に対する社会的理解の拡大につながる。ただし、施設は基本的に子どもの生活の場であり、そのプライバシーへの十分な配慮が必要である。2つ目には、施設を地域子育て支援体制に位置づけることにより、その本来の、もしくは、潜在的な専門的機能を発揮することができ、職員の専門性の向上、施設の機能や運営の改善につながる可能性がある。ただし、そのための前提条件として施設の設備運営基準の抜本的な改善が必要である。

第 9 章　要支援家庭のための政策と実践を求めて　185

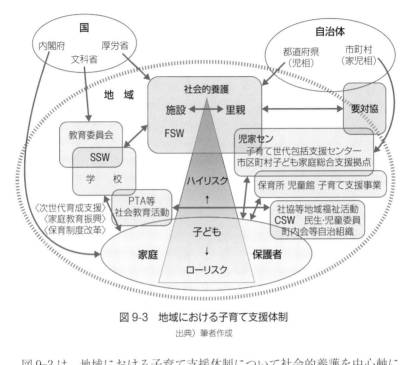

図 9-3　地域における子育て支援体制
出典）筆者作成

　図 9-3 は、地域における子育て支援体制について社会的養護を中心軸に見たものである。社会的養護は、児童福祉法、児童虐待防止法等に基づき、子どもの最善の利益の観点から家庭に権力的に介入して子どもを保護しその自立を支援するとともに、子どもの家庭復帰あるいは家庭の再建をめざした家庭支援を行ういとなみである。そのいとなみにおいては少なくとも図に示された地域の諸機関との日常的な関係を築く必要がある。

　地域における子育て支援体制において、社会的養護とりわけ施設は、とくにハイリスクケースに対応する支援拠点となる。また、妊娠期から子育て期にわたる切れ目のない支援の拠点とされる子育て世代包括支援センター[12]、里親や養子縁組を含む管内のすべての子どもと家庭を対象とする市区町村子ども家庭総合支援拠点[13] などが、今後の地域子育て支援体制の主要拠点として位置づいてくる。

　「ビジョン」でも、市区町村子ども家庭総合支援拠点について、「家庭（代替養育家庭も含む）で生活している子どもへの支援」を行う重要な拠点

として位置づけている。この場合、市区町村子ども家庭総合支援拠点は、「ビジョン」が施設や里親等の社会的養護とは別に定義する「社会的養育」の拠点となるものと読むことができる。ただし、「ビジョン」は、「在宅のままで支援していくことが適切と判断される虐待やネグレクトのリスクを抱えた家庭など、集中的な在宅支援が必要な家庭への支援は『在宅措置』として、『社会的養護』の一部と位置づけ、児童相談所が児童福祉法第27条第1項第2号に基づく行政処分としての措置に含むものとする」としており、社会的養護の範囲を「在宅での社会的養護」に広げている。すなわち、施設とくに児童心理治療施設などにおける通園支援機能の強化や、施設がその機能として行うファミリーソーシャルワークさらに児童家庭支援センター（児家セン）が行う地域子育て支援活動とは別に、市区町村子ども家庭総合支援拠点において「市区町村が集中的に行う」支援を「在宅での社会的養護」としている。このことは、社会的養護と「社会的養育」との概念関係に混乱をきたすおそれがある。

　保育や地域子育て支援事業と社会的養護とを効果的に連携させて「社会的養育」という概念で統合したことは「ビジョン」の積極的な一面であるが、必ずしも「社会的養育」という概念を使う必要はないと思われる。もともと、児童福祉法における基本的な諸概念については、行政文書においても十分な解説はなされておらず、その整理は理論的な課題ともなっていた。たとえば、かつて小川利夫は、『教育と福祉の理論』（一粒社、1978年）において図9-4のような基本概念の様式化を試みている[14]。

　図9-4のタイトルには、（現行児童福祉法における）「教育福祉」問題の概念様式とあるが、これは『教育と福祉の理論』が刊行された1978年時点での児童福祉法が前提である。その後1997年には「教護」の概念が児童福祉法から消えているが、児童福祉法の基本概念には「養育」を中心として「育成」「保育」「養護」「保護」「教護」「療育」の6つの実践的概念があり、その対象範囲には一般児童から要保護児童までのすべての児童が含まれていた。児童福祉法を構成する諸概念が、「養育」を中心としていることは「ビジョン」における「社会的養育」概念とつながるものと思われる。その意味では、「ビジョン」が提言する「子育て支援事業を中心と

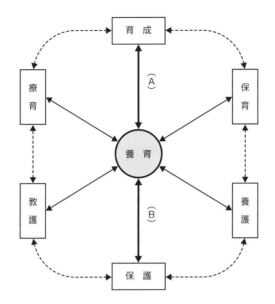

(備考) 1) 実線部分は、伝統的な考え方を示す。
2) 点線部分は、今日とくに問題となる関連を示す。
3) 「保護」と「養育」と「育成」、とくに「養育」を中心として、「保育」と「養護」（主として健常者）および「療育」と「教護」（主として非健常者）を右にわけて表示してみた。

図 9-4 「教育福祉」問題の概念様式（現行児童福祉法における）
出典）小川（1978）

した支援メニューの充実のみならず、基礎自治体である市区町村において子どもと家庭の個別的支援ニーズを把握し、それに応じた適切な支援を構築するソーシャルワークが必要である」ことや、「貧困家庭の子ども、障害のある子どもや医療的ケアを必要としている子ども、その他特別なケアを必要とする子どもに対しては、『児童の権利に関する条約』の精神にのっとり、子どもの状態に合わせた多様なケアがなされる必要がある」ことは、もともと児童福祉法が想定していたものであるといえる。

検討すべき問題は、小川が図 9-4 の解説であえて言及していない「問題構造の具体的な分析」すなわち矢印でつながるそれぞれの関連を、現代日本の「子どもの状態に合わせ」て、また今後整備されるべき児童福祉法制度・施策および地域子育て支援事業や保育実践、児童養護実践等において、

具体的にどう構築するかにある。また同時に、小川のいう児童福祉法における中心概念としての「養育」、さらにあらためて2016年改正児童福祉法第1条で「適切に養育されること」と規定された「養育」の意味と、「ビジョン」のいう「社会的養育」の違いなども明らかにされなければならない。

(2) 要支援家庭の早期発見と相談援助体制

　現代日本において、生まれてくる子どものすべてを網羅する支援体制は、市町村が母子保健法に基づいて行う、妊娠、出産または育児に関する保健指導（第10条）、新生児の訪問指導（第11条）、乳幼児健康診査（第12条および第13条）、母子健康手帳の交付（第16条）を中心とする保健サービスである。また、アウトリーチの取り組みとして、乳幼児健診の結果に基づき必要に応じて行う妊産婦の訪問指導等（第17条）、未熟児の訪問指導（第19条）や育成医療の給付（第20条）等が行われる。これに連動して、児童福祉法第6条の3第4項による乳児家庭全戸訪問事業（こんにちは赤ちゃん事業）が行われ、さらに、同条第5項による養育支援訪問事業（乳児家庭全戸訪問事業等により把握した要支援児童、もしくはとくに支援が必要と認められる妊婦に対し、その居宅において行われる相談、指導、助言等）が行われ、これらがセーフティネットとして機能するしくみになっている。また、これらの支援を包括的に行う機関として、前述の子育て世代包括支援センターの配置がめざされている。

　その他、子ども・子育て支援法でも、第6条の3第6項に規定される地域子ども・子育て支援拠点事業（乳児又は幼児及びその保護者が相互の交流を行う場所を開設し、子育てについての相談、情報の提供、助言その他の援助を行う）など、同法第61条第1項に規定される市町村子ども・子育て支援事業計画に従って、地域子ども・子育て支援事業や「多様な保育サービス」をはじめ、保護者が出向いてくること、あるいは、保護者の申込みを前提とした支援事業が展開されるシステムが、制度的には「整備」されている。

　しかし、現実には、子育て不安が拡大し、児童虐待も増加しつつある。

その結果、とくに都市部における乳児院や児童養護施設はいわば満室状態であり、一時保護所においても保護の長期化が恒常化し近隣自治体への一時保護の委託さえなされている。その状況は一方で、このシステムが機能していない、あるいは、実態やニーズに対応しうるだけ整備されていない状況を示している。また一方で、とくに児童虐待の通告件数の増加は、このシステムの「整備」の結果、深刻な事態に至る前の相談・保護ケースが増加していることを示しているともいえる。いずれにしても、子どもの貧困問題をはじめ子育て不安や児童虐待を引き起こしている社会的背景要因が、この間何ら改善されていないことは明らかである。また今後、子育て世代包括支援センターおよび市区町村子ども家庭総合支援拠点が整備されることにより、児童虐待未然防止のための相談対応さらに早期発見のケースも増加してくることが想定される。それに応じて、子どもの最善の利益のための最終的な受け皿としての社会的養護のニーズはますます高まらざるをえない。

「ビジョン」は、そうした状況を踏まえ、地域子育て支援システムと社会的養護を包括したシステムを提起しているといえる。その中で、「施設養護に期待される新たな機能」として、訪問型の支援や通所による「一般的なカウンセリングやペアレンティング」「高度な技術を必要とする心理治療プログラムや治療的デイケア等」の支援を例示している。また、ひとり親対策や子どもの貧困対策のメニューにある支援を「すべての要保護児童・要支援児童が使えるよう施策を整理する必要がある」とも述べている。施設養護が、「社会的養育」すなわち地域（この場合、市町村自治体）の子育て支援システムにおいて、とくに要支援の家庭および要保護児童・要支援児童に対する専門的相談援助の拠点となることを期待していると捉えることができる。その際、「在宅での社会的養護」を含む社会的養護と「社会的養育」との区分、都道府県と市町村自治体の権限関係（東京都においては新たに児童相談所を設置する特別区と都との関係を含む）および具体的な行政手続きについてあらためて再構成する必要が生ずるであろう。

（3）社会的子育てシステムにおける施設養護の役割

　厚生労働省通知「市区町村子ども家庭総合支援拠点の設置運営等について」（2017年3月31日）によれば、2016年の児童福祉法改正には、児童相談所が「虐待相談を受けて対応したケースのうち多くは、施設入所等の措置を採るに至らず在宅支援となっているが、その後に重篤な虐待事例が生じる場合が少なくない実態がある」ことから、児童虐待の発生を防止するため、「市区町村を中心とした在宅支援の強化を図ることが盛り込まれている」としている。そこで、市区町村が「地域のリソースや必要なサービスと有機的につないでいくソーシャルワークを中心とした機能を担う拠点」として市区町村子ども家庭総合支援拠点の「設置に務める」ことを通知したという。同通知で示された設置運営要綱は、「支援拠点が、福祉、保健・医療、教育等の関係機関と連携しながら、責任を持って必要な支援を行うことを明確化するとともに、子育て世代包括支援センターや要保護児童対策地域協議会・要保護児童対策調整機関との関係整理や児童相談所との連携、協働のあり方など、適切な運営が行われるようにするための基本的考え方を示」している。

　一方この要綱は、市区町村子ども家庭総合支援拠点の実施主体について、「社会福祉法人等にその一部を委託することができる」としている。また、「子育て世代包括支援センター（利用者支援事業（母子保健型））との関係」について、「同一の機関が、支援拠点と子育て世代包括支援センターの2つの機能を担い、一体的に支援を実施することが求められる」として、同センターが支援拠点を兼ねることも認めている。さらに同拠点に関する「FAQ」では、市町村の家庭児童相談室や要保護児童対策調整機関が同拠点の事業を行うことも可能であるとしている。すなわち、同拠点の設置運営は、従来の社会的子育てシステムにおける関係機関の再活用にすぎないともいえる。

　「ビジョン」でも、「ビジョンを実現するためには市区町村の在宅支援を充実強化」する必要があり、市区町村子ども家庭総合支援拠点は重要な拠点となるが「どのように進めるべきか悩みを抱えている市区町村が少なくないという声が聞こえている」と述べている。同拠点の設置運営、および、

その担い手となる子ども家庭支援員と虐待対応専門員の資格要件や配置基準に対する国による財政措置についても決して十分とはいえない。その意味で、従来の子育て支援事業の看板を掛け替えるだけに終始する自治体もありうることが懸念される。

「ビジョン」が示す「社会的養育」の実現のためには、社会的子育てシステムの拠点の整備が不可欠である。また、今後の社会的養護やその一環である新たな施設養護は、「社会的養育」としての社会的子育てシステム全体の中に体系的に位置づき、また、子どもや父母、住民にわかりやすく利用しやすいものでなければならない。「ビジョン」が子どもの権利擁護を基本理念に掲げていることは高く評価できるとしても、施策の将来像を含むその構造は明確とはいえず、その実現性には財政的側面や専門職の育成・配置等の面で多くの課題がある。それらの課題の解決を、社会的養護の里親へのシフトや施設の小規模化などの施策の見通しを打ち立てることと同時に追求しなければ「ビジョン」の実現性はないといわなければならない。

しかし、「ビジョン」の実現性がどうであろうと、社会的養護に従事する者には、保護された子どもの権利擁護はもとより、地域における子どもの権利の実現に向けた取り組みを積極的に展開することが現実に求められる。その点では、開所から継続的に 24 時間電話相談や子育てサロンを展開している大阪市のすみれ乳児院の実践 [15]、スクールソーシャルワーカーと連携しつつ地域の子どもに開かれた子ども食堂を展開している清瀬市の子供の家の実践 [16] など、地域における社会資源の一員としての役割を果たしている実践を今後多くの地域で展開することが期待される。

その際、図 9-3 でも示したように、社会福祉協議会や民生委員等の地域福祉関係機関・団体だけでなく、子どもが通学している学校、地域を基盤に学習活動を通して自己実現の活動を展開している社会教育関係団体との関わりも追求することが有効である。ユネスコ学習権宣言 [17] は、「学習活動はあらゆる教育活動の中心に位置づけられ、人々を、なりゆきまかせの客体から、自らの歴史をつくる主体にかえていくものである」と宣言している。地域に開かれた施設づくりをめざすためには、住民や関係機関と

の学習活動が不可欠であり、その活動を通して、子どもはもとより施設職員、住民など子どもの権利を実現しようとする関係者の成長と自己実現、さらに地域自治体をかえていく展望を築くことができる。具体的には、たとえば自治体職員が主体となって展開している子ども条例ネットワークの「子どもにやさしいまちづくり」[18] をめざす取り組みなどとも関わりながら、自治体レベルでの社会的子育てシステムの実現を実践的に追求することが求められる。

　地域に開かれた施設づくりは、地域の関係者・住民とともに互いに学びあい、高めあいつつ、地域で最も弱い立場にある子どもの自立を支援するいとなみともいえる。社会的養護のもとで育つ子どもは、地域で展開されるそのような取り組みを通して形成される社会的諸関係の総体に他ならない。

注

1) マルクス＝エンゲルス著、真下信一訳『ドイツ・イデオロギー』大月書店（国民文庫）、1965 年所収、24 頁および 150 頁。

2) 国連子どもの権利条約（1989 年 11 月国連総会採択）前文

3) 許斐有・望月彰・野田正人・桐野由美子編『子どもの権利と社会的子育て』信山社、2002 年では、「社会的子育てシステム」の概念を提起している。

4) 小木美代子・立柳聡・深作拓郎編著『子育ち学へのアプローチ——社会教育・福祉・文化実践が織りなすプリズム』エイデル研究所、2000 年、子育ち学ネットワーク編『なぜ、今「子育ち支援」なのか——子どもと大人が育ちあうしくみと空間づくり』学文社、2008 年、諏訪きぬ・東社協保育部会編著『働く母親が求める"子育て・子育ち"支援と課題』フレーベル館、2009 年など。

5) 「子の利益のために」は、2011 年改正で挿入された。

6) 子どもの権利条約では、父母（parents）という言葉を、法律上の保護者（legal guardian）等と区別して使用している。政府訳では、これらを合わせて「親」としており、本稿でもこれに準ずるとともに、親権を持たない親族や施設長など、事実上子どもの養育責任を果たしている者を含めて「保護者」という言葉を使用している。

7) 「親の第一義的養育責任」の用語が法文中に挿入されている法律には次のようなものがある。
　　・少子化社会対策基本法（2003 年）第 2 条第 1 項
　　・次世代育成支援対策推進法（2003 年）第 3 条
　　・改定教育基本法（2006 年）第 10 条（家庭教育）

・改定児童虐待防止法（2007 年）第 4 条第 6 項

　・子ども・子育て支援法（2012 年）第 2 条第 1 項（基本理念）

　・改定児童手当法（2012 年）第 1 条（目的）

　・いじめ防止対策推進法（2013 年）第 9 条第 1 項

　・改定児童福祉法（2016 年）第 2 条第 2 項

8）2016 年の児童福祉法改正では、改正前と同様に、同法第 3 条において、第 1 条と第 2 条の規定を「児童の福祉を保障するための原理」とし、「国及び地方公共団体の責務」を明記した新設の第 3 条の 2、および第 3 条の 3 は、「原理」として規定されていない。むしろ、第 2 条第 2 項で保護者の「第一義的責任」が「原理」として挿入されたことには、子どもの権利条約の本旨から逸脱している側面を見ることもできる。

9）許斐有『子どもの権利と児童福祉法』（増補版）信山社、2001 年、91 頁。

10）家族の発生、家族形態の変遷に関する古典的文献として、エンゲルス『家族・私有財産・国家の起源』（原著の初版は 1884 年、その後の民俗学の急速な発達を踏まえた改訂増補版が 1891 年に出版されている）がある。訳本は、戸原四郎訳、岩波文庫（1965 年）など。

11）2013 年 1 月に安倍晋三首相直属で「日本経済再生本部」が新設され、2001 年に内閣府に設置された経済財政諮問会議と連携して日本企業の成長戦略や社会保障改革などの基本方針を策定している。

12）2015 年の内閣府「少子化社会対策大綱」で提案され、2016 年に改正された母子保健法第 22 条の母子健康包括支援センターを根拠に、その整備が市町村の努力義務とされた。同大綱はその整備について、「妊娠期から子育て期にわたるまでの様々なニーズに対して総合的相談支援を提供するワンストップ拠点（子育て世代包括支援センター）の整備を図るとともに、保健師等の専門職等が全ての妊産婦等の状況を継続的に把握し、必要に応じて支援プランを作成することにより、妊産婦等に対し切れ目のない支援の実施を図る」としている。また、同大綱に基づき、2017 年 8 月に「子育て世代包括支援センター業務ガイドライン」が策定され、諸基準や支援プランの標準化がめざされている。子育て世代包括支援センターは、2016 年 4 月 1 日現在、296 市区町村に 720 か所が設置され、厚生労働省は、2020 年度末までに「全国展開を目指す」としている（厚生労働省資料）。

　　なお、子育て世代包括支援センターは、フィンランドのネウボラをモデルとしている。ネウボラは、アルヴォ・ユルッポら小児科医療の専門家グループが妊娠の初期から分娩・周産期にかけてすべての母子を保健師や助産師による健診につなげることをめざして 1922 年に 8 か所開設したことからはじまり、1944 年には法制度化により市町村自治体（クンタ）が運営する公的な制度となった。2013 年には 320 のクンタに 800 か所あまりのネウボラがあり、プレイパーク（児童館）や小学校との連携のもとに母子・子ども家庭支援サービスの包括的な拠点として機能している（高橋睦子「フィンランドにおける子育て支援（ネウボラ）―リスク予防と他職種間連携―」『社会福祉研究』第 119 号、2014 年 4 月、114 頁）。また、ネウボラには妊産婦ネウボラ

と6歳までの子どもの健康支援を行う子どもネウボラがあり、子どもや親のニーズに応じた追加診察、家庭訪問、コンサルテーション、家族カウンセリング、両親サークル、多職種支援、保育所・学校へのアドバイス、病院での特別なケアなどハイリスクアプローチも行われている（横山美江「フィンランドの母子保健システムとネウボラ」『保健師ジャーナル』Vol.71 No.07、2015年）。

13) 2016年の児童福祉法改正により導入され、子どもとその家庭及び妊産婦等を対象に、実情の把握、子ども等に関する相談全般から通所・在宅支援を中心としたより専門的な相談対応や必要な調査、訪問等による継続的なソーシャルワーク業務までを行う機能を担う拠点とされる。2017年3月31日付で、厚生労働省雇用均等・児童家庭局長通知で「市区町村子ども家庭総合支援拠点」設置運営要綱が示されている。同要綱では、業務内容として、「要支援児童及び要保護児童等並びに特定妊婦等への支援業務」をあげ、そこでの「子ども家庭相談の流れ（全体像）としては、相談・通告を受け、事前の情報収集を基に（緊急）受理会議を行い、受理会議で検討された、当該ケースについての事実関係を整理するための調査等を実施し、当該調査等の結果を踏まえたアセスメント（情報を分析し見解をまとめたもの）を基に、ケース検討会議（支援方針会議）による支援方針の決定、支援計画の作成を行い、支援を実行し、その後のケースの進行管理及び支援終結の判断を行う」として、具体的な対応を示している。

14) 小川利夫「『教育福祉』概念の現代的考察―教育福祉論序説―」小川利夫・土井洋一編著『教育と福祉の理論』一粒社、1978年、27頁。

15) 原田裕貴子「アフターケアや地域支援における他機関連携」（全国児童養護問題研究会第45回全国大会報告）『そだちあう仲間』2016年7月、83頁。

16) 太田潤「学校におけるスクールソーシャルワーカー（SSW）の活用と地域連携」同前、130頁。

17) 1985年3月ユネスコ国際成人教育会議（パリ会議）採択。

18) 喜多明人編著『子どもにやさしいまちづくり―自治体子ども施策の現在とこれから―』日本評論社、2004年、および喜多明人・荒牧重人・森田明美・内田塔子・半田勝久編著『子どもにやさしいまちづくり 第2集』日本評論社、2013年等で提起されている。なお、2017年8月に設立された東海地区「子ども条令」ネットワークについて、名古屋市ホームページの「報道発表資料（平成29年8月22日発表）」で紹介されている。

10 児童養護施設における自立支援

自立支援強化事業をはじめとする
東京都の取り組みを中心に

早川悟司

はじめに

「新しい社会的養育ビジョン」（以下、「ビジョン」）では「代替的養育の目的の一つは、子どもが成人になった際に社会において自立的生活を形成、維持しうる能力を形成し、また、そのための社会的基盤を整備することにある」としている[1]。これについて、まったく異論はない。措置制度に基づいて公費で運営・委託していることに鑑みれば、「目的の一つ」というより「最大の目的」としたほうが妥当と考えている。

しかし、後述するように「ビジョン」は特別養子縁組を「永続的解決」と位置づけた。数値目標を掲げて里親委託をすすめ、施設養育は原則1年以内としている。これらは「家庭」という形態をことさら強調する一方で、その目的を達するための機能を十分に示していない。とくに都市部において、「家庭」の機能が脆弱化した結果として児童虐待を含む養護問題が多発している。その対応・解決を、専ら「家庭」に委ねることのリスクは軽視すべきでない。

「ビジョン」が指向する里親中心の社会的養護を行う国で、「自立的生活を形成、維持しうる能力を形成」することが困難なのは本書第3章で黒川が詳述している。日本の、とりわけ東京の児童養護施設はこの「形成」において、国際的に優れた成果をあげているといえる。筆者を含む現場実践者は、専ら一般との格差や不利益の解消をめざしてきたし、その意味ではまだまだ道半ばである。しかし、これまでの成果を「家庭」という名の下に放棄することが子どもの最善の利益につながるとは考えられない。

施設か、里親か、という乱雑な議論に陥ることなく、それぞれの現状について正確に評価する必要がある。その上で、それぞれの強みを活かしな

196　Ⅱ部　これからの社会的養護の発展のために

がらも、改善課題に対応していくという姿勢を共有したい。

　本章では、社会的養護における自立支援に関して、国および東京の制度や実践の変遷と現状を概括する。東京の制度・実践について、他県の関係者からは「東京はお金があるから」「そんな外国の話をされても」と揶揄されることがある。しかし、社会的養護にかかる経費が各自治体の予算に占める割合は大きいとはいえない。東京以外でも、先駆的な実践は多方面で見られる[2]。これらはいずれも、現場の実践、研究、行政との協働を積み上げてきた結果である。

　制度はいつでも、実践の後から付いてきた感が強い。本稿が、国の社会的養護制度を展望する上で、あるいは里親における養育を強化する上での資料となれば幸いである。

1　義務教育修了後の就学保障

(1) 特別育成費の制定

　多くの児童養護施設が第二次大戦後の戦災孤児の問題への応急対策にはじまり、1947年制定の児童福祉法により制度化された。戦後の復興期には中卒児童が「金の卵」ともてはやされ労働市場を支えるも、高校進学率は上昇を続け、1970年には80%を超えた。これに対して同時期の児童養護施設からの高校進学率は20.8%[3]にすぎず、依然8割近い児童が中卒就労を強いられていた。労働市場の中心が高校卒業以上の学歴者に転換されていく中、中卒児童の行き場は狭まり、施設出身者の多くが不安定な生活を余儀なくされた。

　東京都は1950年より、児童養護施設から高校へ進学する児童に対し奨学金を支給する進学支援制度を開始した。国は1973年にようやく児童養護施設からの高校進学を支える特別育成費を制度化した。すると東京都はこれに上乗せをするかたちで東京都の特別育成費を再構築し、私立高校進学のための保護単価を設定した。1976年からは入学金、授業料、各種納入金、教科書代、通学交通費の実費支弁が開始された（限度額あり）。1987年には入学金、授業料、施設費の上限が撤廃され、実質的に私立高校の進

第 10 章　児童養護施設における自立支援　197

表 10-1　高等教育への進学

2013 年 3 月高校卒業者		大学等進学	専修学校等進学
児童養護施設（東京：	192 人）	38 人（19.8%）	34 人（17.7%）
児童養護施設（全国：	1,626 人）	200 人（12.3%）	167 人（10.3%）
一　　般（東京：	101,970 人）	66,451 人（65.2%）	20,086 人（19.7%）
一　　般（全国：	1,088 千人）	579 千人（53.2%）	258 千人（23.7%）

出典）児童養護施設：社会的養護現況調査（厚生労働省）　一般：学校基本調査（文部科学省）

学を保障するものとなっている。

　一方、国の特別育成費も 1989 年から私立高校の保護単価を設定している。しかしこれは定額で、私立高校の就学費用の実態に見合っていない。したがって、東京都のように独自の補助を設けた自治体以外では、私立高校の進学を保障するのは容易でない。

　国が特別育成費を開始した翌年の 1974 年、一般の高校進学率は 90.8%に達しているが、児童養護施設は 33.2%である。この格差はその後もすぐに埋まることはなかった。その理由は、特別育成費の実施要項に「能力、性向等に照し高等学校に進学されることが適当であると認めたもの」と記されていたことに象徴される。つまり、決してすべての児童に等しく教育機会を保障しようというものではなく、能力があって、やる気のある児童を選別して支援するという考え方である。このような選別主義は国のみならず、施設現場や、これを取り巻く地域社会にも根強かったものと考えられる。

　その後、児童養護施設の高校進学率は徐々にではあるが上昇を続け、現在は 90%を超えている。現在は大学等進学率において一般との格差が顕著であり、自立支援の中心課題の 1 つとなっている。

(2) 大学等進学支援のはじまりと、その格差

　1965 年、東京都八街学園から東京大学に進学した町田光信氏に多額の寄付金が届いた。町田氏はこの一部を、同様の境遇にある児童に役立たせるようにと東京都へ寄託した。東京都はこれを財源として、1965 年度に「町田君の寄託金による措置児童大学進学支度金支給要綱」を策定、実施

198　Ⅱ部　これからの社会的養護の発展のために

表10-2　児童養護施設の自立支援に関する主な制度の変遷

1947 年	児童福祉法　制定
1950 年	東京都で高校進学支援制度が開始
1951 年	児童憲章　制定
1965 年	東京都で「町田君の寄託金による措置児童大学進学支度金」を実施、翌年から大学修学支度金として予算化
1973 年	高校教育を保障する「特別育成費」制度化　東京都は独自制度を再構築、私立高校の保護単価を設定 東京都で養育家庭制度および養育家庭センターが創設
1974 年	東京都で定時制高校入学支度金が制度化（中卒措置解除時）
1977 年	東京都で各種学校支度金を実施（定額・1987 年より実費）
1984 年	東京都で自立援助ホーム制度開始
1987 年	東京都で私立高校の学納金全額実費支弁を開始
1989 年	「特別育成費」の支弁対象に私立高校が加えられた 国連・子どもの権利条約　採択
1990 年	同条約　発効
1994 年	同条約　日本が批准（158 番目）
1997 年	児童福祉法改正　養護施設が児童養護施設へ名称変更　第41条（児童養護施設の目的）に「自立支援」が加えられた 児童自立生活援助事業（自立援助ホーム）法制度化（第6条の3、第33条の6）
1998 年	児童自立支援計画の策定義務づけ 『児童自立支援ハンドブック』（厚生省児童家庭局家庭福祉課）発行 東京都で民間施設に自立支援指導員が配置（非常勤）
1999 年	東京都で都立施設に自立援助スタッフ（後に、自立支援スタッフ）が配置 東京都で『子どもの権利ノート』を作成・配布 東京都社会福祉協議会児童部会リービングケア委員会が発足
2000 年	苦情解決の仕組導入・実施等の義務化 児童虐待の防止等に関する法律　施行
2003 年	東京都で養育家庭センターが廃止
2004 年	児童福祉法第41条（児童養護施設の目的）改正　「退所後の相談・援助」が追加 家庭支援専門相談員の配置
2006 年	大学進学等自立生活支度費が制度化
2009 年	厚生労働省雇用均等・児童家庭局家庭福祉課 同社会・援護局障害保健福祉部障害福祉課「被措置児童等虐待対応ガイドライン ～都道府県・児童相談所設置市向け～」
2011 年	社会保障審議会児童部会社会的養護専門委員会「社会的養護の課題と将来像」 東京都福祉保健局「東京都における児童養護施設等退所者へのアンケート調査報告書」 厚生労働省雇用均等・児童家庭局長通知「児童養護施設等及び里親等の措置延長等について」
2012 年	東京都で児童養護施設に自立支援コーディネーターを配置
2013 年	東京都で自立援助ホームにジョブトレーナーを配置（非常勤）
2015 年	職員配置の改善　児童・職員比 5.5：1 ～ 4：1
2016 年	自立支援貸付事業開始　家庭支援専門相談員の複数配置
2017 年	児童福祉法改正 社会的養護自立支援事業開始（児童養護施設・里親等で22歳年度末までの支援継続　都道府県・政令市での支援拠点） 就学者自立援助促進事業開始（自立援助ホームで大学等就学者に22歳年度末までの支援継続） 日本学生支援機構・給付型奨学金の創設 東京都で児童養護施設に自立支援コーディネーターを支援対象・実績に応じて複数配置 東京都社会福祉協議会児童部会リービングケア委員会が同・自立支援コーディネーター委員会に再編

した。翌1966年度からは、東京都が大学修学支度金として予算計上し、現在の大学進学支度金・各種学校等進学支度金へとつながっている。一施設あるいは個人の取り組みが制度へつながった好例である。

これらの給付額は漸次改訂され、大学進学支度金は1997年から上限59万5800円、各種学校進学支度金は1987年から入学時納入額実費となっていた。とくに二年制専門学校の場合、1年目の学費はこれでほぼ賄え、他の給付型奨学金[4]を併用すれば2年間の学費を借金なしで集められるため、入所児童の高等教育への道を保障する基盤ができたといえる。

しかし、このころから東京の児童養護施設では施設間の支援格差が大きくなる。制度が充実してくると、施設は大括りに3タイプに分かれると筆者は考える。1つは、これらを駆使して全児童の支援向上をめざす施設、次に、一部の能力・性向に優れた児童のみを手厚く支援する施設、そして、制度への理解すらなくまったく向上が見られない施設である。つまり、何らかのしくみを講じない限り、制度や資源の充実が格差を広げ、取り残される児童の不利益を相対的に大きくするという点を看過できない。

筆者が入職した1990年代半ばはすでに施設間格差が顕著で、以来今日に至るまで課題意識の中心となっている。児童は施設入所の如何や、入る施設を実質的に選べていない。それにも拘わらず、たまたま入所した施設によって受けられる支援に大きな隔たりがある。これは制度そのものの瑕疵という側面があるが、社会的養護の従事者としても恥ずべきところである。

こうした格差は、「家庭養護」の推進によって社会的養護に私的扶養の色合いが強まれば、いっそう拡大することも予測される。その予防についても、具体的に対応を講じる必要がある。

2 東京都自立支援強化事業の成り立ち

(1) 支援の「格差」と「標準化」

児童がどのようなかたちで社会的自立を迎えるのかは、その後の長い人生に甚大な影響を及ぼす。これについて、国内では少なくとも4つの「格

差」を課題として捉える必要があると考えてきた。それが「一般との格差」「地域間格差」「施設間格差」「施設内格差」である。

とりわけ、前述したように義務教育修了後の支援において著しい格差が見られる。ある施設では、中学を卒業して公立の高校へ入学できない、あるいは入学しても適応できずに中退すれば、その時点で「社会的自立」が迫られる。一方で、ある施設では私立高校も含めてすべての子どもに高校就学が保障され、たとえ何らかの理由で中退に至ったとしても転校等によって再就学の途が確保される。高校卒業後の上位校進学の機会も、ほぼ0％から100％に近い格差がある。このころに受ける支援の格差は、人生の可能性の格差に他ならない。

こうした格差を、解消・緩和する作業を筆者は「標準化」と呼んできた。「標準化」とは、支援の結果を均一化・同一化するものではない。用いる理念・方法・技術・情報等を支援者間で共有することにより、「アタリ・ハズレ」の「ハズレ」をなくす作業をさしている。

そのために格差が生じる要因を分析し、標準化の手立てを講じることが必要である。特定の施設や個人を称賛したり批判したりすることで、事態は解決しない。国の責務である社会的養護については、国および我々関係者の責任において対応すべきである。そのためには、個々の施設や職員の資質を問う以前に、制度やしくみを考えることが肝要である。

そのための足掛かりとして、かつて筆者は児童養護施設からの大学等進学支援の標準化について調査・研究をした[5]。その結論として、最も有効と考えられた手立てが自立支援を専門に担う職員の配置である。すでに実績をあげている支援者に共通していた要素を検討し、専門職が名ばかりでなく機能を発揮するため以下5つの要件をあげた。

①「独立性」：ケアワーカーのローテーション勤務から離れ、独立した勤務体系のもとで施設内外を俯瞰する。担当者間等による施設内格差を埋めるために不可欠である。
②「資質」：ソーシャルワークやケースワークの価値・原則や児童の権利、関連法制度に精通し、相応の経験値を有している。

③「方針」：専門職間で支援の方針・目的を明確にし、共有している。

④「組織化」：専門職が各施設で孤立・埋没するのを防ぎ、専門性を高め合うために、施設を超えて地域・業界で組織化される。

⑤「指導」：組織化された専門職に対して、共通の研修・スーパーバイズ機能を確立する。

　東京都では 1998 年から自立支援指導員が民間児童養護施設に、1999 年から自立支援スタッフが都立児童養護施設に配置されていた。とはいえ、こと自立支援指導員に関しては、配置は非常勤で業務内容はまったく明示されないなど、まさに名ばかりの配置だった。

　2002 年になると、東京都は都内全民間施設に対して、自立支援指導員の常勤配置を求めた。しかし、その補助は非常勤単価のままで、整合性を欠いていた。同時に自立支援計画書の策定管理が求められるも、施設内の位置づけや他職種との関係、業務内容については相変わらず不明確だった。結果、一部の施設で同職員が独自の取り組みを体系化した他は、形骸化していた。

　一方で、自立支援スタッフは各施設内での位置づけ（職位：当時は係長補佐）が明確だった。特定の寮舎に属さず、施設内を俯瞰する立場にあった。定例的に会合を持って情報や技術を共有するなど、学ぶべき先駆的取り組みが見られた。しかし、相次ぐ都立施設の民間移譲により同職員の配置は減少し、衰退が否めない。

　筆者を含め業界関係者は繰り返し、国や東京都に自立支援を担う専門職の配置制度化と業務確立を求めた。2011 年 7 月にはこれが「社会的養護の課題と将来像」[6] において今後の課題に取り上げられた。また、同年 8 月には東京都が「東京都における児童養護施設等退所者へのアンケート調査報告書」[7] を公表し、施設退所者の不安定な生活状況が明らかにされた。これらを契機に、東京都が 2012 年度予算に単独補助事業として計上したのが「自立強化事業」である。

　予算の確定からわずか 3 か月足らずの間に、急ピッチで事業開始の準備がすすめられた。2012 年 4 月には、都内 59 施設中 37 施設で「自立支援

コーディネーター」の配置がなされ、先にあげた5つの要件も、課題はありつつも形づくられている。現在は56施設で、支援対象の多い施設に関しては複数の配置が可能になっている。

(2) 自立支援コーディネーターの配置と役割

東京都は自立支援強化事業の目的を「児童養護施設において、施設入所中の自立に向けた支援や施設退所後の相談援助などを手厚く行うための体制を整備し、児童の社会的自立の促進を図ること」と示した。同職員の資格要件としては以下を指定し、すべてを満たすことを求めている。

①児童養護施設又は自立援助ホームにおいて、養育・指導に5年以上従事した者であること。
②直接処遇職員（寮の担当職員）とは別に専任の職員を配置すること。
③都が指定する研修を受講すること。
④施設におけるアフターケアの実績が、表10-3の人数及び回数を満たすこと。ただし、支援の実績が常勤職員の条件を満たす場合でも、非常勤職員を配置している場合は非常勤職員の補助基準額を適用する。

アフターケアの実績は、施設を退所した児童（自立児童又は家庭復帰）に対し、訪問、来所、電話などにより支援を実施した場合を対象とし、施設退所後の経過年数は問わない。

同じく業務内容としては以下を示し、取り組み等を通じた組織的な自立支援体制の構築・推進（施設における自立支援のマネージメント）を求めた。

①自立支援計画書及び退所後援助計画書の作成及び計画に基づく支援
②児童の学習・進学支援、就労支援等に関する社会資源との連携、他施設や関係機関との連携
③高校中退者など個別対応が必要な児童に対する生活指導、再進学又は就労支援

第 10 章　児童養護施設における自立支援　203

表 10-3　自立支援コーディネーターの補助基準（年間・上限：2017 年度）

支援の実績	補助基準額
支援対象者 10 人未満又は支援回数 60 回未満	2,209,263 円（非常勤 1 人）
支援対象者 10 人以上かつ支援回数 60 回以上	5,597,071 円（常勤 1 人）
支援対象者 80 人以上かつ支援回数 480 回以上	11,194,142 円（常勤 2 人）※ 2017 年度より追加

　④施設退所者に関する継続的な状況把握及び支援（アフターケア）

　この他、同職員には事業計画書および四半期ごとの実施報告書、過去
10 年の退所者状況・アフターケア実施状況一覧の提出が義務づけられて
いる。また、宿直を含めてケア現場の勤務ローテーションには入らないこ
と、リービングケア委員会[8]へ参加することがあわせて求められた。
　一方、補助基準額については「経験年数 5 年以上」と他の職種よりも高
い基準を設けながらも、額が見合っていない。社会保険料等を合わせると、
配置をしている施設の大半が自己負担を強いられているものと考えられる。
東京都は家庭支援専門相談員と同等額としているが、算定を明らかに誤っ
ており改善が必要である[9]。

3　社会的養護における自立支援の今後

（1）東京都の取り組みの主な成果と課題

　自立支援強化事業を含めた東京の児童養護施設等による自立支援の主な
成果について、筆者なりの見立てになるが以下に提示していきたい。

① 18 歳を最低限度とした支援の継続と進学保障

　家庭を離れた児童（18 歳まですべて）の代替養育は国が確保すべきこと
が、憲法と並ぶ最高法規である国連「児童の権利に関する条約」でも定め
られている（第 20 条）。高校中退や行動上の問題等を理由に 18 歳未満の
児童へ就労・自立を強いるのは明らかな不法行為である。国もこれについ
ては、2011 年 12 月 28 日の通知で戒めている[10]。社会的養護界は、「義
務教育を終えれば自立可能」とする旧態のパラダイムを脱しなくてはなら

ない。

　また、同通知および児童福祉法第31条では、20歳までの措置延長が提示されている。さらに2017年、児童福祉法改正と同時に国で予算化された社会的養護自立支援事業では、22歳年度末までの支援継続が設定された。

　都内の自立援助ホーム関係者から度々聞くのは、近年、児童養護施設からの高校中退を機とする入所依頼が明らかに減ったということである。リービングケア委員会や自立支援コーディネーター委員会等で、高校中退後も再就学を含めて支援を継続するのが当然のこととして共有されてきているのを感じる。

　これについても、東京都がサポート校を含めて私立高校の就学を保障していること、再就学でも高校入学時の準備金を再支弁していることが大きな支えとなっている。一方で、里親家庭で高校中退した児童に対して児童相談所の児童福祉司が再就学を認めなかったという例も耳にしている。児童福祉司に悪意はないとしても、里親が適切に制度を把握できないと、委託児童が思わぬ不当な扱いを受けることがある。

　進学保障に関する近年の数値は第3章で示されているが、大学等進学者は着実に増えている。かつては奨学金等の情報が散在しており、案内が施設長の机に埋もれる等、現場職員や児童に届かないことが多々あった。筆者はこれらを一まとめに整理し、施設内で共有するのと同時に2005年からはリービングケア委員会等で発信してきた。これらの活動とあいまって、新たな奨学金制度や支援団体も急増した。2006年に国で大学進学等自立生活支度費が制度化された後、2015年からは厚生労働省の貸付制度、2017年からは社会的養護自立支援事業、就学者自立援助促進事業、文部科学省（日本学生支援機構）の給付制度がそれぞれはじまった。これらと呼応するように、民間の奨学制度も拡充が進んでいる（巻末資料参照）。

　いまや、東京都に限らず社会的養護児童の大学等進学は現実的に選択可能となっている。新たな制度も多く、今後これらの活用に基づく支援の進展も期待できる。これらは今後、日本の社会的養護の大きな強みとなり、諸外国に例を見ない支援実績を上げることが可能である。里親任せ、養親

任せ、施設任せにせず、組織的に取り組むことが何より肝要である。

②退所後の相談援助（アフターケア）

2004年の児童福祉法改正で、児童養護施設の主要目的に退所後の相談援助（アフターケア）が位置づけられた。その内容や期間等、実践の基準になるものは公的に明示されていない。そのため筆者は所属施設（当時）にて、次ページに示す「退所後援助実施要領」および「退所後援助計画書式」を独自に作成し、2005年より全退所児童に適用している。これらは現任施設でも継続して用いている。

東京都・自立支援強化事業では、社会的自立は過去10年、家庭復帰は過去5年の退所者状況一覧の作成を各施設に義務づけている。これは年度ごとで退所者の名簿をつくり、それぞれの生活状況と相談援助の実施状況を概観できるものである。これに空欄があれば、そこについては把握できていない、あるいは援助が行われていないということである。

日常、目の前にいない退所者への相談援助を行う上で、できていることも、できていないことも併せて可視化することが第一に欠かせない。筆者の勤務している施設でも、自立支援コーディネーター配置前と配置後の5年間では、退所者の把握状況が一変している。援助内容を検討する以前に、退所者を行方不明にしないことが最も重要である。この点においても、自立支援コーディネーター配置の意義は大きい[11]。

③組織的発信による社会啓発（リービングケア委員会から自立支援コーディネーター委員会へ）

東京都が自立支援コーディネーターに参加を求めたリービングケア委員会は、児童養護施設や自立援助ホーム等の自立支援の標準化をめざし、活動を続けていた。その発足は1999年に遡り、東京都社会福祉協議会児童部会内で、当時の「高齢児問題委員会」と「自立援助ホーム制度委員会」が合併するかたちではじまった。

筆者は2002年から加わり、2005年に『Leaving Care ─児童養護施設職員のための自立支援ハンドブック─』[12]を発刊、各施設で共有すべき

施設退所後援助実施要領

1 目的
　児童福祉法においても、施設退所後の相談・援助は児童養護施設の主たる役割として位置づけられている（第41条）。しかし、従来の取り組みは職員個々の意識や裁量に委ねられる度合いが大きく、その標準化が課題である。
　施設退所後援助の標準化に向けては、先ず児童自立支援計画同様、アセスメント、計画、実施、評価というプロセスを踏まえることが欠かせない。したがって、施設を退所する全ての児童に対して、所定の書式を用いて援助計画を策定し、援助実践の進行を管理する。

2 従来の課題
　従来の取組に関しては主に以下の課題が挙げられ、それぞれへの対応が必要である。
　(1) 個別担当職員等、一部の職員で担うと負担が集中しやすい。経費や時間の保障も不充分な場合が多い。
　(2) 職員ごとで認識や取組に差が大きい。
　(3) 職員の異動や退職によって継続的な援助が難しくなる。
　(4) 計画策定が不十分で援助の意図が不明確である。
　(5) 記録整理や援助の評価が適切になされないと、取組の積み上げや一般化が進まない。退所後の状況把握が不充分だと、入所中の自立支援に対する検証が困難になる。

3 援助の内容
　(1) 対象者
　　全ての退所児童（者）を対象として計画を策定する。
　(2) 期間
　　施設退所までに計画を策定し、1年が経過した時点で評価を行う。最低3か年は継続して計画・評価を行う。相談・援助の期間は3年を基本とするが、対象者の年齢や生活状況を問わず、必要が認められる限り継続・再開する。
　(3) 実施者
　　計画策定時に当該ホームで担当職員を定め、自立支援コーディネーター、家庭支援専門相談員等と連携する。担当者が異動や退職をする際は、必ず新たな担当者をホーム内で定めて引継ぎを行う。
　(4) 方法
　　対象者の社会的自立または家庭生活等への円滑な移行を援助するため、対象者自身の意向を反映した計画に沿って実施する。
　　計画策定に当たっては、児童相談所をはじめ関係諸機関と事前に協議し、協力体制を整える。
　　実際の取組は、活用可能な社会資源や制度と対象者を結びつけることを趣旨とする。従って、担当者および施設は両者の調整に努め、職員による私的な援助は原則として行わない。

4 取組の管理
　(1) 記録
　　アフターケア記録およびアフターケア実施状況一覧に随時記録する。担当者以外の職員が受けた連絡等も同様に記録する。
　(2) 報告
　　担当者は状況に応じて、入所児童の場合と同様にホーム職員・自立支援コーディネーター・家庭支援専門相談員・施設長等への報告を行う。特に必要な場合は、職員会議での報告を行う。
　(3) 経費
　　個別の経費に関しては、計画策定時に概算を計上する。臨時に必要な場合は稟議書を作成し、アフターケア基金での対応を検討する。
　(4) 指導
　　施設長、ホーム長、自立支援コーディネーター、家庭支援専門相談員は記録・報告等を通じて常に取組の状況を把握し、担当者等への指導を適宜行う。また、それぞれの指導に齟齬が生じないよう、その都度、内容についてホーム会議等で確認をする。
　(5) 評価
　　全てのケースについて、定めた期間内で担当者を中心に評価を行い、ホーム会議での共有と、必要に応じて職員会議での報告を行う。
　(6) 決裁
　　計画、評価共に施設長、ホーム長、自立支援コーディネーター、家庭支援専門相談員の決裁を受ける。

取り組みを示した。

　毎月、テーマを絞って学習会を開催し、先駆的な実践の共有を続けている。2017年度より自立支援コーディネーター委員会へと再編され、筆者は委員を離れたが、毎月の取り組みは踏襲されている。2018年には、同委員会から『自立支援コーディネーター実践報告集』が発行され、『Leaving Care』についても改訂される予定である。

　当初は10名前後で集まっていた委員会も、ハンドブックを作成したころから参加者が急増した。施設職員のみならず、東京都職員、社会的養護当事者団体、里親、各種支援団体、企業のCSR担当者、学生、大学等職員、マスコミ等に門戸を開き、広報はしていないが毎回100名前後の参加がある。立場が違っても社会的養護児童の支援に関心を持つ者がつながり、情報を共有し、さらに発信するのに有用な場となっている。官民ともに、新しい制度や取り組みを検討する方の多くがここを訪れる。

　委員会運営でも「支援の標準化」を第一義としてきた。あるとき、筆者が大学等進学のための奨学金情報を所嫌わず発信するのに対して、「使う人が増えて、基金がなくなっちゃったらどうするんですか？」と問われたことがある。「使ってなおかつ、なくならない努力をすることが必要」と答えた。

　目の前の子どもを第一に考えたいのは、自然な感情かもしれない。しかし、そこに留まっていては社会的養護全体の発展は望めない。情報の共有・発信は、むしろ制度や社会資源の醸成に不可欠である。

(2) 今後の社会的養護の課題

①地域生活の連続性の確保と最低22歳までの支援継続

　現在の社会的養護の最大の課題は、児童の地域生活の連続性の欠如である。児童の成育は、主に「家庭」「学校」「地域」という3つの柱が支えている。そのうち「家庭」が機能しなければ、これを十分に支援することもなく「学校」や「地域」からも引き離されてしまう。児童は身ひとつで知らない家族、学校、地域での生活をはじめなければならない。このことが児童に与えるダメージは計り知れない。このドリフト（たらい回し）が里

親委託で繰り返され、児童の社会適応を困難にしていることは欧米諸国でも問題となっている。そこへの反省からパーマネンシー・プランニング[13]という考え方が生まれ、里親への長期委託の防止がめざされてきた。しかしこの点について、日本の社会的養護関係者間で大きな捉え違いをしている向きは多々見られる。

パーマネンシーとは、第一義的には実親家族による養育をさす。国連「児童の代替的養護に関する指針」[14]は、国が家族の養護機能の維持あるいは回復の支援を保障すべきとしている（パラグラフ3）。また、代替的養護については家族との接触や復帰の可能性を促進し、児童の生活の断絶を防ぐために通常の居住地のできるだけ近くで行うべきともしている（パラグラフ11）。

家族との生活の継続や復帰のあらゆる努力が失敗に終わったとき、これに代わる方法の1つとして養子縁組が想定されている（パラグラフ2a）。しかし、「ビジョン」は特別養子縁組を「永続的解決」の「有効な選択肢」、つまりゴールとして位置づけた。さらに、これらの地続き、あるいはあたかも同類であるように里親委託を強調し、数値目標を示した。これらは国際的潮流との間で甚だ整合性を欠いている。

筆者は施設職員であるがゆえに、里親委託の推進に反対をしていると見られることがある。まったくもって的外れである。繰り返し述べているように、施設養護も里親養護も課題がある。これらに真摯に向き合うこともなく、「施設か、里親か」の二元論を持ち込む時点で、もはや児童の最善の利益は大人の利己的主張に覆われたものといわざるをえない。

地域生活の連続性のなさ、つまりパーマネンシーの不足こそが現在の施設と里親に共通の主要課題である。里親がこの点において、施設に勝っているという論拠はない。施設と里親は地域の中で、ともに実親家庭を支え、パーマネンシーの実現を追求すべきである。

社会的養護間でのドリフト（措置変更）は、極力避ける必要がある。また、家庭に復帰することなく18歳あるいはそれ未満で支援が打ち切られるのも、パーマネンシーに反する。児童福祉法では20歳までの措置延長が認められている（第31条）が、とくに都市部では十分に活用されてい

ない。養護需要に対して、施設等の受け皿が不足しているのが主な要因である。しかし、養育の仕上げを怠れば、養護問題や貧困の再生産・世代間連鎖は防げない。18歳前後の支援はきわめて重要である。

2017年より、児童養護施設や里親には社会的養護自立支援事業、自立援助ホームには就学者自立援助促進事業がはじまり、22歳年度末までの支援継続が設定された。これらは現時点で法制化には至らず、予算事業として都道府県に下ろされている。各自治体や施設等の取り組みが注目される。

社会的養護自立支援事業に関しては、その対象が18歳あるいは20歳への到達によって措置解除となる者とされており、実質的には20歳までの措置延長が前提となる。児童相談所や各施設はこの点を十分に留意すべきである。いまや、20歳までの措置延長は基底として据えなくてはならない。

②里親や近接分野との協働

東京都は独自の里親制度である養育家庭制度を1973年に開始している。同時に、4か所の既存児童養護施設に養育家庭センターを併設し、施設と里親が連携するしくみを備えた。その後、9か所の養育家庭センターが運営されるも、児童相談所との協働や連携に課題を残す中、2003年に廃止となっている。

廃止の背景には養育家庭制度発足からのさまざまな経緯があるといわれるが、里親と施設が協働するという点においては決して前進とはいえない。現在もこれに代わる里親支援のしくみは確立されず、迷走の観さえある。

実親、児童相談所、施設、里親、そして学校、地域社会といった児童の養育を支える者同士が十分な理解と協働でつながれないことは、児童にとって不利益でしかない。結果、最も弱い立場の要保護児童がたらい回しになる。「ビジョン」における論調は、社会的養護関係者の分断を生み、たらい回しを悪化させる懸念がある。

2017年の児童福祉法改正では、東京都の特別区における児童相談所設置が可能になった。地方分権の進展は地域間格差の懸念を生む一方で、よ

り地域の実情に見合った柔軟な福祉実現への期待を併せ持たせる。社会的養護の運営主体が都道府県から区市町村に下りることで、小中学校との連携が大きく進む可能性がある。地域間格差を抑える手立てを講じながらも、学校との協働をはじめとした地域の養育基盤を再構築することが重要である。

　一方、児童相談所の児童福祉司も大幅な人員増が望まれており、人材育成が最重要課題である。これについても、社会的養護や関連の機関の協働体制を構築することが、いっそう不可欠となっている。

③社会的養護経験者との協働による情報発信と政策提言

　2000年代に入ると社会的養護経験者による当事者活動は大阪のCVV[15]に端を発し、東京の日向ぼっこ[16]が弾みをつけ各地に広がった。これらは居場所や相談事業といったピアサポート活動から、情報発信、社会啓発、政策提言へと発展した。前述のリービングケア委員会も、これらの活動の土壌であった。

　「ビジョン」の策定にあたった「新たな社会的養育の在り方に関する検討会」の構成員に関する偏りは、本書で浅井が述べている（第1章）。筆者としても重ねて指摘したいのは、社会的養護経験者による参画の著しい不足である。これについて、ごく一部の団体が一度のヒアリングを受けた[17]他は、継続的参画が見て取れない。この点からも、同検討会の基本姿勢に対して疑問を持たざるをえない。

　筆者の周囲でも、「ビジョン」に対する賛同の声は聞かれる。しかし、社会的養護を受けていないし携わっていない人々による「子どもに家庭を」という合言葉を、社会的養護経験者はどのように受け止めているであろうか。個々人の価値観を超えて、注意を払うべきだと考えている。

おわりに

　社会的養護関係者間で「ビジョン」についての評価はさまざまである。筆者はそれ自体、それでよいと考えている。筆者がこの仕事に就いた

第 10 章　児童養護施設における自立支援　211

1990 年代、筆者を含む大半の市民がこの問題に無知で無関心だった。児童養護施設は、かつて戦災孤児を集めた孤児院として忘れ去られたかのような印象も受けた。

　帆船は、順風はもちろん、逆風でも進むことができる。しかし凪を打ったような、つまりまったく無風の中では進むことも戻ることもできない。近年ようやく、社会的養護にも風が吹きはじめたのをたしかに感じている。

　議論ははじまったばかりである。筆者も学ばなくてはならないし、実践を続け、発信を続けなくてはならない。執筆の機会を与えてくださった関係諸氏に、心より感謝の意を表したい。

注

1)「新しい社会的養育ビジョン」新たな社会的養育の在り方に関する検討会 2017 年 8 月　要約編 3 - (7)、本文編Ⅲ - 6。
2) 自立支援に関しては山形県、栃木県、横浜市、名古屋市等で独自の取り組みが見られる。また、川崎市は東京を上回る職員配置を行っている。
3) 一般の進学率は旧・文部省学校基本調査、児童養護施設は旧・厚生省現況調査
4) 本書巻末資料「児童養護施設等の大学等進学のための奨学金」参照。
5) 早川悟司「児童養護施設における高校卒業後の進学支援―支援標準化の視点から―」日本福祉大学大学院修士論文 2007 年度。
6)「社会的養護の課題と将来像」厚生労働省・児童養護施設等の社会的養護の課題に関する検討委員会・社会保障審議会児童部会社会的養護専門委員会　2011 年 7 月。
7)「東京都における児童養護施設等退所者へのアンケート調査報告書」東京都福祉保健局 2011 年 8 月。
8) 東京都社会福祉協議会児童部会リービングケア委員会。都内の児童養護施設・自立援助ホームで自立支援を主に担っている職員による学習や情報共有・発信の場として 1999 年に発足した。2017 年に自立支援コーディネーター委員会として再編。
9) 家庭支援専門相談員の単価は施設の級地・定員・民間施設給与等改善費加算率によって変動するが、都内の施設の場合は 600 万円を大きく上回る。
10) 厚生労働省通知「児童養護施設等及び里親等の措置延長等について」2011 年 12 月 28 日。
11) 東京都福祉保健局の調査では、都内各施設の退所者の連絡先把握人数（2016 年 7 月時点）は 2719 人で把握率は 77.4%だった。自立支援強化事業導入前年の 2011 年 8 月調査では 1306 人、55.6%で、21.8 ポイントの増とされる。
12)『Leaving Care ―児童養護施設職員のための自立支援ハンドブック―』東京都社会

福祉協議会児童部会リービングケア委員会 初版 2005 年 1 月 改訂 2008 年 5 月。

13）『子ども家庭福祉・保健用語事典 第 3 版』ミネルヴァ書房 2002 年「要養護児童の処遇において、元の家庭での生活の維持・復帰、それができない場合は養子縁組・法的後見人を短期間で措置し、永続的な家庭環境の保障を目標とする処遇計画。（中略）頻繁に里親が変わる環境での生育と非行の関連性が指摘され、里親措置は一時的な解決にすぎず、実親の家庭の維持または恒久的な養親の家庭に速やかに措置されることが児童の最善の利益を保障するという考えに基づいている」。

14）「児童の代替的養護に関する指針」国連総会採択決議 2009 年 12 月。

15）社会的養護で育つ子ども・退所した若者たちの居場所活動を行う市民団体。団体名は Children・Views・Voices の頭文字。2001 年 6 月設立。

16）社会的養護の当事者参加推進団体。2006 年 3 月設立。現在は対象を社会的養護の当事者に限定していない。

17）CVV や特定非営利活動法人 IFCA（International Foster Care Alliance）が短時間のヒアリングを受けた。

参考文献

新たな社会的養育の在り方に関する検討会（2017）「新しい社会的養育ビジョン」

伊部恭子（1995）「養護施設における『進路指導』の史的展開―高校進学を中心に―」東洋大学大学院修士論文

『子ども家庭福祉・保健用語事典 第 3 版』ミネルヴァ書房，2002 年

櫻井奈津子（2007）「養育家庭制度の発足と養育家庭センターの果たした役割―里親養育への支援のために―」『児童福祉研究』

「児童の代替的養護に関する指針」国連総会採択決議，2009 年 12 月（厚生労働省雇用均等・児童家庭局家庭福祉課仮訳）

『東京の養護』第 50 回全国養護施設長研究協議会東京都実行委員会，1996 年 11 月

早川悟司（2007）「児童養護施設における高校卒業後の進学支援―支援標準化の視点から―」日本福祉大学大学院修士論文

11 日本の児童養護が培ってきたものを土台とした方向性を提起する

社会的養護のあり方検討の前提は妥当なのか

黒田邦夫

はじめに

「新しい社会的養育ビジョン」を評価するときに重要なことは、この「ビジョン」が描く社会的養護システムがどのようなものなのか、それがどのような結果をもたらすものなのかを検証することである。

里親中心の国のドリフト問題を防ぐ手立てについて「新しい社会的養育ビジョン」ではふれられていない。わが国は施設で止まるのでドリフトがほとんど起きないしくみになっているが、里親中心の国ではで里親間をドリフトさせ重篤化してからの施設入所となっている。ドリフトが起きている社会的養護制度の国とわが国の社会的養護の委託解除後状況を比較すると、わが国のほうがはるかに状況がよい（218頁の表11-2参照）。

里親委託中心が世界標準とされるが、結果のよいほうが結果の悪い制度に合わせる制度改革は疑問である。わが国は、これまでの成果を踏まえて発展させる方向で、制度の再構築をするべきではないかと考える。

1　社会的養護のあり方検討の前提は妥当なのか

(1) 里親養育は継続した生活を保障しているのか

国の福祉行政報告例の「里親及び小規模住居型児童養育事業（ファミ

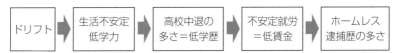

図11-1　ドリフトの影響

出典）筆者作成

214　Ⅱ部　これからの社会的養護の発展のために

表 11-1　養育里親の委託解除理由（2013 年度〜 2015 年度の合計）

家庭復帰	養子縁組	18 歳満年齢解除	17 歳以下解除	措置変更	合計
817（29.1%）	268（9.5%）	268（9.5%）	472（16.8%）	979（34.9%）	2,804
	536（19.1%）		1,451（51.7%）		

出典）厚生労働省福祉行政報告例を基に筆者作成

リーホーム）に委託された児童数、里親の種類×解除の理由──変更別」
を基にして、3 年間の養育里親の委託解除理由の平均値を出してみた（表
11-1）。

　（家庭復帰）対（養子縁組＋ 18 歳満年齢）対（途中解除＋措置変更）は、
おおむね 3：2：5 となっている。18 歳満年齢での委託解除は 1 割未満、
養子縁組と合わせても 2 割弱である。家庭復帰できなかった子ども（社会
養護の継続が必要な子ども）の 7 割以上は、途中で委託解除・措置解除と
なっている。養育里親への委託が、子どもを最後まで育てる「継続した生
活」を保障するのは、社会養護の継続が必要な子どもの一部だけという状
況である。

（2）父母と暮らせない子どもの多くが施設で暮らしているのか

①委託率の国際比較について

　国際比較でわが国の里親委託率が低いとされているが、そもそも「同じ
制度」を比較しているのかという疑問がある。

　国際児童福祉セミナー「バーナードズの変革と挑戦」における講演
（2013 年 8 月）によると、イギリスでは政府または地方政府から入札で受
託した団体が児童養護の事業を行っている。団体が採用した養育者が、団
体が用意をした家に住んで委託された子どもと一緒に生活をする養護形態
である。「法人型のファミリーホーム」または「住み込み型のグループ
ホーム」が日本の養護形態に近い。また、日本では法人・団体が提供する
養護を「里親」とはしていないので、バーナードズが提供している養護は、
わが国であれば施設養護に分類される。

　フランスの里親制度には、日中あるいは夜間だけ子どもを自宅で保育す
るアシスタント・マテルネルいわゆる昼間里親、日本では「保育ママ」の

名称で紹介されている制度がある。「里親」は、自治体の児童社会扶助サービスまたは民間法人から雇用されており、他の労働者が持っているのと同じ労働者の権利が保障されている。この場合、「里親」は団体職員として養護を行うことから、日本ならば施設養護に分類される。また、日帰りの「保育ママ」は、日本では保育に分類され社会的養護には含まれない。そして、数日・土日だけの委託は、日本ではショートステイの定期利用に近いものである。フランスでは、これらを「里親」に含めているのである。

韓国の里親の約95％は、わが国では「親族里親」と訳される"代理親"（祖父母）と"親戚"であり、社会的養護の約5割を占めている。親族が子どもを引き取った場合、わが国の市役所等にあたる役所に届ければ、児童相談所にまわされ里親認定される制度である。わが国では、児相から措置委託されなければ、社会的養護には含まれない[1]。

これらに対して、わが国の「里親」は、個人が自宅で児童相談所から委託された子どもと生活をする場合に限られている。

このように国により制度も概念も違うものを、さも同じものを比較しているようにして、委託率を論じていることに問題がある。

②親族による2つの「家庭養護」

里親の内訳の国際比較をすると、わが国は社会的養護に占める親族里親は1％と少ないことが特徴である。外国では、たとえばオーストラリア約48％[2]、韓国約52％[3]、アメリカ約45％[4] などである。

東日本大震災で両親を失った孤児（震災当時18歳未満）241人のうち施設入所は3人、阪神・淡路大震災の震災孤児88人のうち施設入所は1人だった。わが国の社会は、養育者がいなくなったとき、または育てられなくなったときには、祖父母や親戚が引き取って育てることが、圧倒的に多いと考えられる。児童相談所などが、子どもを育てている祖父母や親戚に里親制度を積極的に知らせ、手続きを支援すれば里親が大幅に増える可能性があると考えるのだが、実際は民法の扶養義務によりそうはならない。祖父母などは、経済的に困窮して扶養できなく施設に入所させざるをえないような場合にだけ、親族里親として認定される制度になっている。老人

福祉や子育て支援など多くの制度が扶養義務を基にして成り立っているため、親族里親認定で扶養義務を外すには法改正が必要といわれる。

父母と暮らせない子どもの概数を国の統計を使って推計してみる。全国家庭児童調査結果の概要（平成21年度）によれば、父母と同居していない児童人口の割合は0.7％[5]である。総務省統計局の人口推計結果（平成28年10月1日現在）と計算すると推計値は、18歳未満人口の1936万人×0.007 ⇒ 13万5520人となる。

「家庭養護」の視点から捉えなおすと、わが国には法に基づく家庭養護体系が2つあることに気がつく。1つは児童福祉法の里親による家庭養護であり、もう1つは民法の扶養義務による親族の家庭養護である。児童数は社会的養護は約3万5000人、そのうち里親は約5000人であり[6]、扶養義務での親族養育は推計で約13万人である。「家庭養護」の視点から捉えなおすとわが国は親族による家庭養護中心といえる。

（3）里親中心の国の社会的養護は日本のモデルになるのか

「新しい社会的養育ビジョン」が示す社会的養護は、里親委託の比率を高め、施設は"養護の難しい子"を担うというアメリカやイギリスなどの制度に近いものである。しかし、これらの国は社会的養護の転換を模索しているという報告が相次いでいる。

たとえば、資生堂児童福祉海外研修報告書41回、42回の「カナダ児童福祉レポート」である。イギリスやアメリカの里親制度をモデルに、施設養育の予算の巨大化と施設設置の地域格差の問題から、里親養育を社会的養護の中心に据え、里親に対する厚い支援態勢が整えられているが、里親養育では、ドリフトが多く発生し（3章資料3参照）、住所が定まらないために、安定的な家庭環境が保障されず、教育が十分に保障されないこともある。社会的養護のもとにある子どもの中等教育＝高校の卒業率は46％にとどまっていた。そのため里親家庭から自立した若者の多くに、ホームレスになる、定職につけないなどの課題が生じており、ホームレスの40％が過去に社会的養護を経験し、フォスター・ドリフトの中で養育された子どもの犯罪率が高いという事実が明らかになった。政府が施設を直接

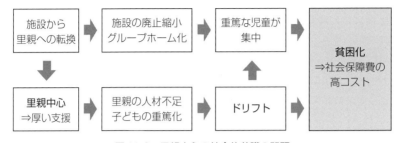

図 11-2　里親中心の社会的養護の問題
出典）筆者作成

管理運営するより民間に委託するほうが経費も削減でき合理的と考えられていたが、子どもの不利益を生じて社会的費用がかさむことが徐々に明らかとなってきたのである（図 11-2）。

また、NHK の BS 海外ドキュメンタリー『捨てられる養子たち』は、アメリカの養子縁組における「リフォーミング」（再縁組み）をテーマにした衝撃的な番組であった。

番組紹介文によれば「簡単に養父母になり、簡単に解消できるアメリカの里親制度。毎年里子となる 10 万人のうち 2 万 5000 人が捨てられている」。番組は、子どもがファッションショーのように歩く場面からはじまった。養子を求める大人が手元に子どもたちの写真入カタログを持ち、商品のようにお気に入りの子どもを選ぶ。その後、2 時間ほど面談をして交流の可否を判断する。参加費は 5000 ドルで、一般の養子縁組の半額だ。

養親が養子を手放す広告をネットに出し、再縁組みの相手を探すことが、広く行われている。養子の 4 分の 1（数万人）が、繰り返し売りに出され取引されていく"使い捨ての子どもたち"だ。縁組家庭を、4 回 5 回と変更させられる子も珍しくない。

「中古の子どもマーケット」の仲介業者が、「リフォーミング」のあっせんをしている。手数料のうち仲介業者の取り分は 3700 ドルという事例が紹介された。裁判所を通した正規の手続きは時間がかかるので、非正規の仲介業者を使うことが多い。アメリカでは、養子縁組後のケアを福祉当局が行わないことが、「リフォーミング」を生み出している。そして、事例

218 　Ⅱ部　これからの社会的養護の発展のために

表 11-2　委託解除後の状況比較

	アメリカ中西部３州の里子 23歳と24歳時点（約600人）	東京の児童養護施設 22歳〜23歳（190人）
教育	高校を卒業は54%。大学を卒業が6%	高校卒業85.8%　大学等卒15.3%
就労	職のある当事者は50%に満たない	就労73.7%（不明を除く90.3%）
ホームレス	25%がホームレスになっている	ホームレス経験有り1.6%
妊娠	75%以上の女子が、システムを離れてから妊娠の経験を持つ	妊娠経験有り25.2%
不法行為	60%以上の男子が有罪判決を受け、80%以上が逮捕歴を持つ	逮捕歴1.6%

出典）Midwest Evaluation of the Adult Functioning of Former Foster Youth、東社協児童部会リービングケア委員会調査（2017年）を参考に筆者作成

を通して「リフォーミング」の問題（再縁組を繰り返す子ども・性的虐待をした養親）を実例で紹介した。アメリカでの「リフォーミング」対策の法や制度の整備がようやくはじまりつつあることを紹介して番組は終わった。

　各国の里親中心の社会的養護制度には、さまざまな問題が生じている。社会的養護の大きな役割の１つは貧困の連鎖を断ち切ることだが、フォスター・ドリフトやリフォーミングが蔓延する社会的養護システムは"貧困の再生産構造"の一面がある。委託解除後の状況を比較すると、日本の児童養護施設の状況のほうがはるかによいのであり、結果のよいほうが結果の悪いほうに合わせる制度転換は疑問である（表11-2）。里子や里親への支援制度など学ぶべき点は学ぶとしても、里親中心の国の社会的養護システムは、わが国のこれからの社会的養護のモデルにはならないと考える。

2 　「新しい社会的養育ビジョン」の描く　社会的養護システムの問題

（1）「家庭と同様の養育環境」は無条件によい社会的養護の環境といえるのか

　「新しい社会的養育ビジョン」は、「代替養育については、家庭と同様の養育環境である里親やファミリーホームでの養育を原則とした上で、専門的ケアを要するなど、施設での養育が必要な場合には、子どもへの個別対

応を基盤とした "できる限り良好な家庭的な養育環境" を提供し、児童の
ニーズに合った養育となるように必要な措置が講ぜられることが求められ
る」と述べている。「家庭と同様の養育環境」が無条件によい社会的養護
環境といえるのか、家庭での養育が困難になった子どもの育て直しをする
社会的養護が「家庭的な養育環境」で実現できるのか疑問である。

　社会的養護の子どもの自立支援に取り組んでいるNPO法人のスタッフ
が、「うちに来る子どもたちに聞くと、虐待された子は、里親はいやだと
いいます」「家庭で虐待された子は知らない家庭は怖い、というのです」
「そのような子たちは施設のほうが安心して暮らせるのです」と言う。「家
庭と同様の養育環境」に不安や恐怖を感じる子どもも少なからずいるので
ある。

　オーストラリアの社会的養護は93％が里親だが、政府のホームページ
によれば、西オーストラリア州などでは32％が11回以上も養育の場を替
わっている[7]。里親家庭における養育が機能不全を起こし、生活の場の変
更が繰り返されている。

　家庭がよい子育て環境であるには一定の要件を満たすことが必要である。
「家庭と同様の養育環境」がよい子育て環境であるのは、子どもと大人＝
養育者の良好な関係が継続して、子どもの成長の安定した基盤になってい
る場合である。それには、養育者に心身ともに余裕があることが必要であ
る。養育者に余裕がある限りは、豊かな養育が可能だが、何らかの理由で
それが損なわれれば養育は機能不全になる。

　児童相談所に保護されるまで、子どもたちは困難な家庭環境の中で育っ
てきており、家庭モデルの養育環境を提供すれば、何とかなるというもの
ではない。少人数の養育者が、しかも逃げ場のない煮詰まりやすい関係の
中で、困難な課題を抱える子どもと向き合い続けることから、養育者が疲
弊や燃えつきを起こすリスクは非常に高い。その困難さによって里親も施
設の職員も余裕を奪われ追い詰められていく。

　生活規模は家庭規模が望ましいとしても、人的配置は家庭規模では難し
い。養育者は、多様な役割機能を備えた多くの人との連携と支えがあって
こそ余裕を持てる。連携と支えにより生まれる余裕によって、さまざまな

困難を抱えた子どもを養い護り育てることができる。その連携と支援の体制が整備されない限り、家庭養護も、家庭的養護も、施設養護も疲弊して機能不全を起こす。

　困難を抱えた多数の子どもを、家庭規模の少数の養育者だけで育てる制度の下では、目先の生活だけで精一杯になりがちである。家庭規模の少人数の子どもを、家庭規模を超えた多くの大人が護り育むしくみが整備されて初めて家庭的養護が可能になる。

　家庭養護＝里親は、養育者の人数、専門知識技術の不足などから構造的に養育者が余裕を失うリスクが高い。社会的養護システムとしては脆弱な里親を中心にした社会的養護制度では、里親間を転々とするフォスター・ドリフトは不可避的なのである。上記を踏まえると、日常のありふれた生活の中で子どもを育むことを基盤とする里親養育の対象は、「問題のない子」など限られた子どもたちと考えられる。

(2) 数値目標で里親委託を強引にすすめることの危険性

　東社協児童部会の里親制度支援委員会による「平成28年度　養育家庭・養子縁組里親家庭委託に関する調査」（平成27年度の実績）を見ると、施設があげた里親委託候補児が委託手続きをすすめる過程で絞り込まれていく状況がわかる（図11-3）。

　満年齢の委託解除推計人数は、児童相談所の事業概要の養育家庭委託解除理由による"満年齢解除"の割合を、委託人数11人に掛けて出したものである。

　施設が里親委託候補児を選考するときの考え方の基本は、「家庭復帰ができない子」「親子の交流がない子」である。その上で、さまざまな要件が考慮される。

　　　・児童相談所は、「このような難しい子は、里親には無理です」と言うこと
　　　・実親は、引き取る希望があれば同意しない、祖父母から「親なんだから引き取れ」と言われて同意しないなどの、同意を得られない場

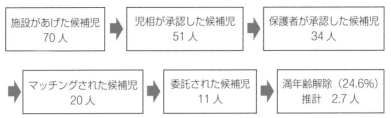

図 11-3　養育家庭委託状況（平成 27 年度）
出典）「平成 28 年度　養育家庭・養子縁組里親家庭委託に関する調査」東京都社会福祉協議会
　　　児童部会里親制度支援委員会
　　　「2016 年版事業概要（東京都児童相談所）」

合があること
・里親が "うちに合う子" を選ぶことから、マッチングが難しい、交流で断られる、委託後に返されること
・子どもの意向の尊重。年齢が低いほど子ども意向が聞かれない

　これらの要件を考慮して、里親委託の候補児を絞り込み児童相談所に推薦する。
　里親は申請をすると児童相談所が調査をし、4 日の認定前研修を受けると、児童福祉審議会で審議され認定される。行政として家庭の良し悪しの判断を下すことはしないので、要件が整っていればすべて認定される。認定しても「問題があると見られる里親」は、子どもに適した里親を選考するときに候補にしないことで選別して委託をしない。児童相談所は子どもも里親も慎重に選んでいるのだが、多くの子どもが交流中止になり、「2016 年版事業概要（東京都児童相談所）」の委託解除理由で見ると施設等への措置変更が 55％ にもなっている。
　東社協乳児部会調査によると、交流中止の理由例は以下のようなものである。

・里父と児との関係は良好だったが、里母がそれに嫉妬してしまった。
・里父が不適切な養育をしていると思われた。
・里親が、交流をすすめていく中で自信がなくなった。

- 里父の交流が無く、交流への協力が得られない。
- 児よりペットを優先し、ペットと児養育の両立ができなかった。
- 活発な児に、里母が怒る、叩くがあった。
- 里母が仕事を優先させ、また、関係機関にうまく相談ができずトラブルになった。
- 里親が関係機関の訪問を拒み、生活の様子がわからなかった。
- 児が外泊をして、里母の心の古傷を開いてしまった。
- 里親が親の病歴を調べて、この子も親のようになるかもしれないと心配になった。

　ところで、児童養護施設の児童指導員は、4年制大学で必要な科目を履修しなければ資格取得はできない。さらに保育士2週間または社会福祉士4週間の施設実習が必要である。施設は、新任職員には複数勤務で仕事を教える期間を設定している。新卒の職員は事前研修を行い、年度当初は複数勤務で職務を教える。

　一方、里親は講習2日と実習2日でなれ、対象児は児童指導員と同じである。里親制度は、社会的養護の子どもへの関わり方を実体験するしくみがない。4日の認定前研修の次はぶっつけ本番で、委託児童と向き合うことになる。

　数値目標の達成のために、対象児童、委託里親の選考基準を緩めることで、従来ならば"委託候補にしなかった難しい子"の委託、"委託候補にしなかった未委託里親"に委託することが拡大すると考えられる。乳児院も児童養護施設も半数の子どもは家庭引き取りになっているのだが、親と暮らすことを待ち望んでいる子どもや引き取りをめざしてがんばっている実親の意向と、里親優先の施策をめぐってトラブルや権利侵害が頻発しないかと危惧する。「新しい社会的養育ビジョン」が示す里親原則や数値目標に当てはめて、家族の未来や子どもの人生を左右することを決めてはならない。

（3）グループホーム、小規模グループケアの限界

　小規模グループケアやグループホームの保育士・指導員の基本配置は、制度的制約から多くの施設は3人プラスアルファの体制をとっている。その結果、担当職員は一人勤務、すれ違い勤務となる。

　一人勤務、すれ違い勤務では、職員は否応なく子どもと1人で向き合うこととなり個別対応の連続となる。濃密な1対1の関係は、時として負担にもなりやすい。相性がよくなければ、さらにお互いに負担になる。パターン化して困っている関係を変えようにも、固定された人間関係の中では悪循環に陥りやすい。また、「させる」「させられる」の関係では、対立型、対決型の関係が生まれやすくなる。子どもと職員が1対1の場面ばかりでは、関係がこじれ「対決型」の関係になり不適切な対応が起きやすくなる。

　東京都児童福祉審議会資料「被措置児童等虐待　検証・分析概要」によれば、平成21年度～24年度の虐待概要状況は児童養護施設本園等14件、グループホーム11件となっており、発生率を比較するとグループホームは本園の2.8倍になっていた。

　すれ違い勤務から、引継ぎや話し合いの時間が十分にとれず、意思疎通、意思統一、情報共有が困難になる。その結果、運営はチームリーダーへの個人任せになる。職員による子どもへの不適切な関わりやルーチンワークの間違いが起きても組織的に把握することが難しく、軌道修正も困難になる。

　グループホームは本園から離れていることから、職員は即時に相談をする、困難なときに支援を受ける等が難しい。1人で抱え込む、1人ゆえに独善的になりがち等のリスクがある。一人勤務の連続となることから、OJTが機能せず人材育成が困難になる。本体施設での人材育成、人材確保がされないと、適切な職員配置は難しくなる。このようなリスクが幾重にも重なることで、職員が精神的・肉体的に疲弊して仕事への意欲が低下し、働き続ける見通しをなくし退職してしまう。

　体制の脆弱なグループホームでは、情緒障がい、発達障がいといった養護の難しい子どもの養護には向かない。また、地域に迷惑をかけそうな子

どもは本園とするなど、対象児童に制約がある。

「新しい社会的養育ビジョン」は、施設について、「児童養護施設等の児童福祉施設は、家庭と同様の養育環境では養育が困難な子どもたちを養育することになる」「施設養育は、子どもたちの呈する複雑な行動上の問題や精神的、心理的問題の解消や軽減を意図しつつ生活支援を行うという、治療的養育を基本とすべきである」「子どもと、生活支援を担う養育者（ケアワーカー等）との関係性に基づく生活の展開を図る必要がある」と述べている。"複雑な行動上の問題や精神的、心理的問題"を持った"養育が困難な子ども"ばかりを集めて、さまざまな制約や限界性を持った小規模グループケアまたはグループホームで養育できる職員は、現実的にはほとんどいない。"複雑な行動上の問題や精神的、心理的問題"を持った子どもばかりと向き合い続けるストレスにより、疲弊して辞める職員、耐え切れず心を病む職員が、後を絶たなくなることが予想される。

"施設は養育が困難な子どもを対象とする"について、「グループホームの定員を4人にしたらできますか」という質問をいくつもの施設の職員にした。聞く中で、「精神科に通院する子ども4人でグループホームが崩壊した」という事例が出された。子どもの問題は、コミュニケーションが難しい、自傷行為、他害行為、無断外泊、不登校などであった。子どもたちが安心して暮らせる状況ではなかった。職員は次々と辞めていった。「難しい子4人はできない」ということだった。

それを聞いた他施設の児童指導員は、「子どもにとって、難しい子ばかりと一緒に生活するのは、ストレスが高くなる」「子どもは、そのような生活の場を望まない」「健全な子どもがいないということは、健全なモデルがいないので子どもは健全に育たない」という。子どもの発達環境として、同一視の健康な対象が大切なのである。

社会的養護を里親中心にして、施設を"行動上の問題や精神的、心理的問題"の子どもに特化した制度の国が、行き詰まり制度の転換を模索していることを考えれば、「新しい社会的養育ビジョン」が示した社会的養護モデルははなはだ時代遅れといわざるをえない。諸外国の教訓も踏まえたあり方が構想されるべきなのである。

3 わが国の児童養護施設の方向性について

(1) アメリカで否定されている施設と日本の施設は別物

　2017年夏、日本とアメリカの施設や里親家庭で育った子どもたちの交流に取り組むNPOの方々が見学に来園した際に、アメリカの社会的養護経験者（元里子、元施設入所者）と意見交換をした。

　見学後、アメリカの社会的養護経験者からは、里親・施設での生活経験、アドボカシー活動などについて報告があった。社会的養護経験者の語る施設生活は、「施設（グループホーム）では、すべての行動が点数化されていて、いつもその評価を気にしていた」「人との関係を作る技術や社会資源を教えてもらえなかった」「基本的な生活の技術を学べなかった」「施設を出た後、教えてくれる人がいなかった」「施設職員は、退所者と関わることを制限されていて関係の継続が難しい」というのもであった。このような経験からアドボカシー活動に入り、グループホームの廃止に取り組んできたという。

　こちらからは、英訳した「委託解除後の日米比較」表と「東京の児童養護施設の機能」図を基に説明をした。社会的養護経験者から、「なぜ、東京の施設は結果がよいのか」「子どもは意見を出す機会が、どのように保障されているのか」などの質問があった。質問に答えて、「子どもの意欲を高めることを大切にしている」、また、施設の職員が退所者との関係を持ち続けており「子どもたちにとって、人間関係は財産だ」という考え方に共感し「感激した」との声があった。アドボカシー運動に参加しグループホームの廃止に取り組んできた社会的養護経験者から、「このような施設ならば生活してみたい」という声があった。

　随行したNPOスタッフによると、アメリカの施設は情緒障がいや非行等の子しかいないので生活が管理的傾向になっている事情があるとして、施設生活の問題点について、「施設生活が長いほど成長の課題を増やしてしまう。ケアが足りないというより普通の生活と違うので、家族再統合、ルールで縛られない生活に入ることが難しくなる」「銀行の口座を開設する、買い物をする、食事づくりをする、洗濯をする、施設外の友だちと遊

226　Ⅱ部　これからの社会的養護の発展のために

ぶ、子ども同士で外出するなどが、施設では経験できない」と述べていた。

　アメリカで否定されている施設と日本の施設は別物だという点で、我々とアメリカの社会的養護経験者の意見は一致した。

　以下は、東京のある施設の行事における施設紹介で高校３年生が話したことである。

将来の夢

　最初に少しだけ自己紹介をしたいと思います。

　私は２歳のときに園に入所し、今日まで同じフロアーで過ごしてきました。この春、高校を卒業と同時に退所します。４年制大学に進学の予定です。給付型の奨学金を受けることが出来ました。２つ受験をして１つ合格をしましたが、第一志望の合否判定がまだなので、ドキドキしながら待っています。退所後は、幼稚園のころからお世話になっているフレンドホームさんの家に、住まわせていただくことなっています。社会人になるまでに、一人暮らしをして自立できたらと思います。

　○○○園で長い間過ごしてきて、私は様々な経験をさせてもらえました。私が過ごした毎日は○○○園に入っていないとなかった日々です。母は体が弱く、父は仕事に手一杯という両親で、私を児童養護施設に預けたことを恨んだ時など、一度もありません。行事がたくさんあったり、寄付をたくさんいただいたり、ボランティアさんに来ていただいたりと、こんなに楽しく色々な人に支えられて成長していけることに感謝で一杯です。○○○園で育ったこと、一生忘れることはない私の一部です。16年間過ごせてよかったと思います。

　私の将来の夢は、図書館の司書になることです。私自身、小学生の頃から本が好きで、学校の図書室や園の目の前にある図書館に頻繁に出入りしていました。いつしか、こんなに好きなものに囲まれて仕事ができるなら、それほど幸せだろと、司書さんとして仕事をしている姿を想像するようになりました。

　また、私は、図書館は本と人・地域を直接つなぐことができる仕事

だと思っています。そして、そんな仕事は多くないと思います。例え
ば、図書館で子どもたちに絵本の読み聞かせをして、それがきっかけ
で本が好きになってくれたら、それはものすごくうれしいことだと思
いませんか？　そうやってちょっとずつつなげていけたらいいと思い
ます。
　夢の実現を目指して、大学で勉強をします。

　新しい社会的養育ビジョンは、「児童養護施設においては入所後から長
くても3年以内を目安に家庭復帰及び里親委託、養子縁組に向け最大限の
努力を行う必要がある」と、施設否定を前提とした期間限定論を展開して
いる。しかし、上記の高校生のように、親子の交流が継続しながら施設で
育つことは否定されるものではない。

（2）個別と集団の相互補完性

　「新しい社会的養育ビジョン」は児童養護施設の養育のあり方について、
「集団力動に過度に依存した養育や、個別的関係性を軽視した養育は不適
切である。従来のルールによる集団管理に依拠してきた生活のあり方も根
本的に改め」と述べているが、この限りにおいて同意できる。続けて、
「子どもと、生活支援を担う養育者（ケアワーカー等）との関係性に基づく
生活の展開を図る必要がある」としているが、子どもと養育者の関係性だ
けで養護や生活が成り立っているわけではない。子どもにとって実親や友
だちの影響は大きいことなどから、子どもの生活は多元的、集団的関わり
で捉えるべきである。
　施設養護は、個別養護と集団養護から成り立っており、それは相互補完
的、相互移行的であり、どちらを欠いても子どもの人格形成（成長）の必
要条件を満たすことができない（図11-4）。施設は、集団養護と個別養護
を統一的に保障する可能性を持っているが、現実には可能性を十分にいか
せず、マイナス面が目立つ場合がある。施設の集団養護の方法・グループ
ワークを考える場合、集団の可能性をどのように生かすのかが問われる。
施設養護における集団養護の取り組みをすすめるときには、「集団の文

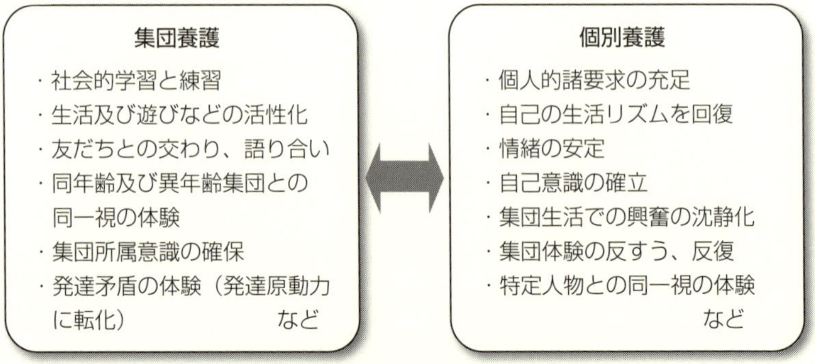

```
┌─────────────────────┐           ┌─────────────────────┐
│      集団養護        │           │      個別養護        │
│ ・社会的学習と練習    │           │ ・個人的諸要求の充足  │
│ ・生活及び遊びなどの  │           │ ・自己の生活リズムを回復│
│   活性化            │    ⇔     │ ・情緒の安定         │
│ ・友だちとの交わり、  │           │ ・自己意識の確立      │
│   語り合い          │           │ ・集団生活での興奮の沈静化│
│ ・同年齢及び異年齢集団と│          │ ・集団体験の反すう、反復│
│   の同一視の体験     │           │ ・特定人物との同一視の体験│
│ ・集団所属意識の確保   │           │              など   │
│ ・発達矛盾の体験（発達原動力│      │                     │
│   に転化）      など  │          │                     │
└─────────────────────┘           └─────────────────────┘
```

図 11-4　集団養護と個別養護の相互関係

出典）筆者作成

化・風土を高めることを通して構成する個々人の成長を支援する」「個人が人格的、人権的に守られるような生活集団を育てる」「一人ひとりの成育歴、発達段階、感情や情緒が尊重される文化を育てる」視点が重要になる。

集団における体験（中学2年生）と実践の事例を紹介する。

未来の自分へ　中学2年生

　私は、中学1年生で○○○園に入り、一つの目標を持つことができました。家に居る時は、考えることができなかった大学進学です。

　大学に進学したいと思ったきっかけは、園に入り大学に進学する人を間近に見た経験が大きく関わっています。その人は、大学に入り自分の好きなことを学んでおり、とても楽しそうに勉強をしていました。私はその人から、目標を持って頑張ることの大切さを学び、強く憧れを抱くようになりました。

　大学進学のためには、高校生の時の勉強も大変だし、アルバイトをしてお金も貯金しなくてはいけないし、困難が待ち受けているだろうなと思います。でも大学に行けば、高校では学ぶことの出来ない沢山の知識を得られるし、自分の好きなことを学ぶことができる、就職の選択肢が広がると思い、今はそのために努力をしたいです。

　私は、まだ将来の夢を一つに絞ることは出来ていませんが、パソコ

ン検定や習い事、部活動の経験を積みながら考えている最中です。将来の夢が決まった際には、職員みんなが私の夢を全力で応援してくれると嬉しいです。

実践事例　褒める取り組み

　子ども達は、作文など文章を書く事に苦手意識を持っていた。そこで、楽しく文章を書く機会を設けるために、子どもから子どもへ手紙を書く事に取組んだ。全員に書くことにし、毎回、手紙を書く相手は子ども達が決めていた。それぞれが全員に書き終えた後、今度は相手の良いところを褒める内容の手紙を書くことにした。書いた手紙はその場で相手に渡した。受け取った子どもは嬉しそうな表情を浮かべ、ニコニコしながら手紙を読んでいた。「そんなことないのに」と控えめな子、恥ずかしそうにする子もいて、反応は様々だった。

　褒められた経験の少ない子、自己肯定感の低い子は、褒められても素直に受け入れられず、嬉しいけれど違和感を持つ場合がある。そこで、自分が思っている自分と人から見た自分は違うことがあってもそれも自分であること、自分では受け入れにくいかもしれないが他者はそう思っていることを、素直に認めて欲しいと繰り返し伝えることで、子ども達は少しずつ他者の肯定的な意見を受け入れられるようになっていった。

　また、相手の良い所を見つけられないと手紙を書けないこともあり、自然と子ども達は、互いの良いところに目を向けるようになっていった。高校生は、放課後にアルバイト等があり、低年齢の子ども達と一緒に生活をする時間は少なくなっていたが、小学生に手紙を書いてくれた。手紙を受け取った小学生は、高校生の思いを感じ、同年代の子ども達からもらう手紙とは少し違った喜びを感じていたようだった。

　直接的に褒められることと間接的に褒められることは、受け止め方が違う。間接的に褒められる時には、直接言われた時より嬉しそうにすることもあった。沢山の人に褒めてもらうことで、自己評価や自己イメージが高まり、自己肯定感も高まっていったように感じている[8]。

このような体験は、集団だからこそできるのである。子どもたちは、施設生活の全体で大人との関係はもちろん、活躍の出番があること、仲間から認められる喜びなどを通して自己肯定感を育んでいる。

(3) 1つの到達点としての専門機能強化型児童養護施設

児童養護施設は、被虐待児の入所の急増により入所児童の構成が大きく変わったこと、それに伴う養護ニーズの変化すなわち治療的養護の必要性が高まったことへ対応するための養護内容の改善向上をすすめている。

被虐待児童の入所の急増を背景に、国は心理療法担当職員、被虐待児個別対応職員、家庭支援専門相談員などのいわゆる機能別の専門職の配置により、児童養護施設の多機能化・機能強化をすすめた。またケア単位の小規模化として地域小規模児童養護施設と小規模グループケアの増設を推進している。

東京都は、専門機能強化型児童養護施設を創設した。実施要綱には、「治療的・専門的ケアが必要な児童に対して手厚い支援を行うための体制を整備し、入所児童の自立促進を推進する施設」とされ、治療的機能を組み込んだ児童養護施設を制度として確立した、これからの児童養護施設のあり方に示唆を与えるものである。

治療的・専門的ケアが必要とされる子どもの特徴として、「他の児童や職員への暴力と暴言などの衝動的な攻撃をする」「性的な逸脱行為を行う」「対人関係を適切に結べない」「万引きなど非行行為を繰り返す」「自傷行為を繰り返す」「軽度発達障害」「学習への低意欲と学校不適応」「愛着形成に困難がある」などがあげられる。これらは、不適切な養育を受けてきた結果でもある。軽度発達障害の子どもは、親にとっての育て難さから虐待を受けやすく、被虐待児の入所の増加に伴い入所が増えている。

精神科医や心理士による治療的ケアとともに、保育士・指導員が日常生活を治療的環境にしていく取り組みが重要になる。安心と安全が守られ、衣食住が確保されて、仲間に認められる喜びと大人に褒められる心地よい生活が、子どもの心を癒し回復に向かわせる。そのような生活の場をつくることが保育士・指導員には求められる。

第 11 章　日本の児童養護が培ってきたものを土台とした方向性を提起する　231

　たとえば、次のようなサイクルが生活の中で作用する生活集団が子ども
を育てる。

　　　子ども　　目標を立てる→少しがんばる→少し褒められる→がんばる→
　　　　　　　　結果が出る→褒められる
　　　職員　　　子どもががんばる→うれしい→職員同士で確認をする→喜び
　　　　　　　　あう→職員ががんばる→認めあう→うれしい→またがんばる

　それには、職員同士が、互いに働き方のよいところを認めあえる、欠点
や苦手な部分を非難するよりも互いの得意を活かしてフォローしあえる職
員集団が基盤になる。
　精神科医師などが配置されたことで、専門的な助言と養護実践で生かせ
るような具体的な方法や知識を提示してくれる、生活場面に入り子どもに
関わる、職員との密な関わりをする、ケースカンファレンスの実施や職員
への研修やメンタルサポートをするなど、これまでにない状況が生まれて
いる。このことは、保育士や指導員にさまざまな影響を与えている。「気
付けなかったことに気付けるなど、子どもの処遇を考えるきっかけにな
る」「相談による職員の問題意識の高まりと深まりが進む」「子どもを多面
的に見ることができるようになる（やさしく見守るようになる）」「生活場面
に入ることで児童の状況を把握して、心配なことに応えてくれる」「フラ
ンクに医師に相談できる安心感が職員に生まれる」「施設と医療機関の架
け橋ができスムースにつなげられるようになった」「ケースカンファレン
スにより子どもへの関わりがさまざまな方向からできるようになった」
「病院に行くことなく、精神医療の専門的な助言を聞ける」「子どもの見立
ての確認ができる」「職員へのサポートやメンタルヘルスケアで精神科医
師に相談できる体制ができる」などである。
　精神科医と職員が話し合うことで新たな知見を得られ、職員間での養護
に関する議論が活発になる。またケースカンファレンスを行うことで、一
人ひとりの子どものことを考え、関わる職員が広がるなど連携が進む。
　また、心理士の体制の充実により、心理療法を必要とする子どもが、こ

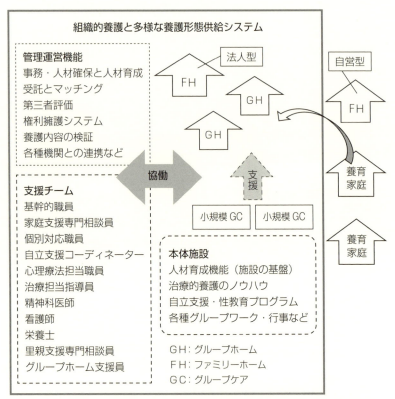

図 11-5　小規模化・高機能化された施設の組織的養護と多様な養護供給システム
出典）筆者作成

れまで以上に心理療法を受けることができるようになった。複数の心理士が配置されることは、心理士それぞれのスタイルも異なるため、子どもの性格や問題に合わせて、心理士を選択することができるようになる。子どもにとっても、いつでも相談できる選択肢が広がった。

　心理士にとっても、セカンドステップ、親子療法など実施できる取り組みを広げることができる。また、保育士・指導員と心理士が、子どもの支援に関して話し合う機会が増え、保育士・指導員にとっても心理士は身近な存在になった。

　しかし、どのように制度を充実しても、職員間の連携や協力が機能して

いないような組織に職員が増えればかえって混乱する。適切な施設運営、経営が行われていなければ、せっかくの制度を活用した養護実践の充実は実現できない。

会議の持ち方が、職員の意欲に大きく影響する。会議が機能していないために、職員間の意思疎通や意思統一が不十分な職場では、人間関係が不可避的に悪くなる。"会して議せず、議して決せず、決して行わず"にならないためには、準備された会議にする、会議進行の技術を習熟する、実行への手順を最後に言葉や文書で確認しあうことは会議の基本である。会議の技術を学び、会議の機能を高めることが必要である。

共通の方針に基づいて実践をし、その検証を集団的に行うことで、組織的に改善工夫を重ねていくことができる。この過程で、個々の職員の仕事も集団的に検討ができ、それぞれが他の職員の実践を学ぶこともできる。現状分析→方針→実践→検証→改善というプロセスを定期的に実施する管理運営が、組織の改善向上をシステム化することであり、職務を通した職員のOJTとなり人材を育てるのである。

この多機能化・機能強化した本体施設が、地域に分散したグループホームに人材を供給し、日々の実践を支援するのが、今日の児童養護施設のモデル的形態である。また、家庭養護＝里親への支援をどのように組み込むかの試行がすすめられている。

まとめ

「新しい社会的養育ビジョン」が提唱する社会的養護の構想は、里親も施設も行き詰まり社会的養護全体が、いま以上に困難な状態になる可能性がある。

里親委託の数値目標を高めることに、ある里親が「そんなことをしたら、不調と死亡事故が増える」と言った。これまでならば、「里親には難しい」とされた子どもも委託候補になり、「委託は難しい」とされた未委託家庭も候補家庭になることを危惧してのことである。また、10年に1～2件、繰り返し報道されてきた里子の虐待死も気にしていた。

234　II部　これからの社会的養護の発展のために

　福祉行政報告例で委託解除理由から里子の死亡人数を集計したところ、平成25年から27年の3年間で12人、年平均4人だった。平成27年人口動態統計月報年計の5年齢ごとの死亡率と委託児童の年齢構成（平成25年2月1日現在）から、死亡の標準値を出したところ0.806人となった[9]。

　死亡率は里親が（年平均4人÷0.806人＝）4.96、児童養護施設が（年平均3人÷4.7人＝）0.638となり、里子の死亡率は一般家庭の約5倍、児童養護施設の約7.8倍となった。

　「ビジョン」は里親支援強化策としてフォスタリング機関の創設を提起しているが、基礎自治体単位で見れば里子は平均3人[10]であり、仮に児童養護施設・乳児院の子どもの半数が里親委託になっても10人位でしかなく、広域での設置とならざるをえない。都道府県に1〜2か所では、遠方で手が届かない、目が届かないことになり支援が充実するのか疑問である。

　「新しい社会的養育ビジョン」では、施設は"複雑な行動上の問題や精神的、心理的問題"を持った"養育が困難な子ども"を対象とすると述べている。しかし、児童養護施設の制度は、そのような子どもを集めて養育する制度になっておらず、そのような経験の積み重ねもない。手に負えない子どもが増えれば、職員は疲弊し施設は混乱して崩壊する。"養育が困難な子ども"だけを対象にする施設への転換は、職員配置を少し増やせば何とかなるというものではない。いくつもの専門機能強化型児童養護施設の児童指導員たちに意見を聞いたところ、全員が「無理です」だった。担い手がいないのである。

　「愛着形成に里親家庭がよい」という仮説は、家庭引き取りを除いた養護の継続が必要な子どもの7割が17歳以下で委託解除や措置変更されている実態から、一部を除いて成り立っていない。ましてや、子どもの多くをドリフトして貧困の連鎖をとめられない制度は論外である。里親委託は、委託することがその子どもにとってよいときはすすめるとしても、だからといって無理してすすめるものでもない。大切なことは、子どもにとって必要な選択肢を選べるように、さまざまな社会的養護の選択肢を揃えることだ。望ましい選択ができることが、その子どもにとっての最善の利益に

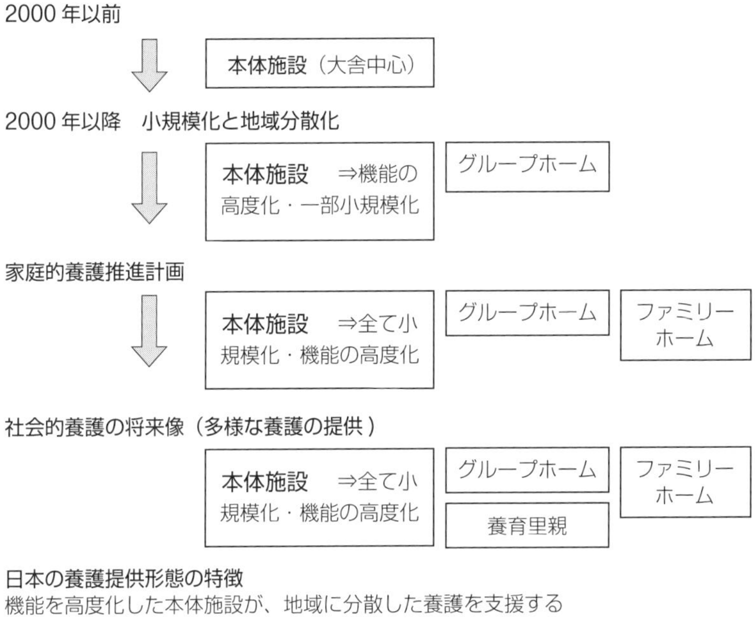

第 11 章　日本の児童養護が培ってきたものを土台とした方向性を提起する　235

2000 年以前
　　⇩　　　本体施設（大舎中心）

2000 年以降　小規模化と地域分散化
　　⇩　　　本体施設　⇒機能の高度化・一部小規模化　　グループホーム

家庭的養護推進計画
　　⇩　　　本体施設　⇒全て小規模化・機能の高度化　　グループホーム　　ファミリーホーム

社会的養護の将来像（多様な養護の提供）
　　　　　　本体施設　⇒全て小規模化・機能の高度化　　グループホーム　　ファミリーホーム
　　　　　　　　　　　　　　　　　　　　　　　　　　　養育里親

日本の養護提供形態の特徴
機能を高度化した本体施設が、地域に分散した養護を支援する

図 11-6　本体施設の機能を活用して多様な養護を提供する
出典）筆者作成

つながるはずである。
　めざすべき方向は、施設か里親かという二者択一のシステムでなく、両者が連携協力できるように一体化したシステムである（図 11-5、11-6）。わが国の社会的養護には、一定の多機能化、機能強化された欧米に比べ定員の大きな施設がある。その施設があることで、里親中心の国が克服できないで困っているフォスター・ドリフトを防いでいる。本体施設が地域に分散したグループホームと連携して養護をしている経験を重ねている。それを養育里親との連携へと拡大することが 1 つの方向である。里親支援専門相談員は、施設の機能別専門職員や施設の持つノウハウをコーディネートして必要な情報や支援を提供するのである。
　社会的養護は施設と里親で成り立っているのだから、協力してともに歩む実践とそれを裏付けるしくみをつくることが求められる。

注

1）『日韓児童福祉施設交流セミナー 2015』ソウル側からの追加資料。

2）Children in care/Child Family Community Australia。

3）『日韓児童福祉施設交流セミナー 2015』資料集。

4）読売新聞　2018 年 1 月 16 日，孤絶　家庭内事件＝第 5 部「海外の現場から」(2)。

5）全国家庭児童調査結果の概要　平成 21 年度

　全国の 18 歳未満の児童（平成 21 年 12 月 1 日現在）のいる世帯を対象

　○父母の有無・同別居別に見た世帯の状況

　　父母ともいる　父母とも別居　0.2%　母がいない　父別居　　0.1%

　　父がいない　母別居　　0.3%　　　　父母ともいない　0.1%

6）社会的養護の現状について（厚生労働省平成 29 年 12 月）。

7）Children in care/Child Family Community Australia。

8）阿部真澄（2012）「ほめる取り組みを通して見えてきたチーム支援の重要性」『子どもと福祉』5 号，明石書店。

9）在籍児童年齢（平成 25 年 2 月 1 日現在）

　　　　0 〜 　4 歳　　 686 × 0.000524　⇒　0.359

　　　　5 〜 　9 歳　 1,224 × 0.000086　⇒　0.10

　　　10 〜 14 歳　 1,256 × 0.000085　⇒　0.106

　　　15 〜 19 歳　 1,144 × 0.000207　⇒　0.236

　　　　　　　　　　 合計　　　　0.806 人

10）里子 ＝ 5,190（社会的養護の現状について　厚生労働省平成 29 年 12 月）

　　基礎自治体（市区町村）＝ 1,718（総務省ホームページ　地方自治制度）

まとめにかえて

　2018 年 3 月 17 日、NHK ニュースが、「里親の募集・研修・子育て支援など 一貫体制を整備へ 」として、「厚生労働省は、里親の募集や研修、子どものマッチングから子育て支援までをまとめて 1 つの機関が一貫して行う支援体制を整えていくことになりました。支援を行う機関は、児童相談所の他乳児院や児童養護施設などが想定されています」と報道した。この時期までに入手できた社会的養育専門員会のプロジェクトチーム資料、『フォスタリング機関及びその業務に関するガイドライン（案）』（以下、ガイドライン案）の「フォスタリング機関の職員体制」と『乳児院・児童養護施設の高機能化及び多機能化・機能転換、小規模化・地域分散化に向けて（仮題）《たたき台》』（以下、高機能化及び多機能化・機能転換たたき台）を基にこの報道を検証する。

　"高機能化及び多機能化・機能転換たたき台" では、「この手引書は、平成 30 年度予算案・制度を前提としたもの」として、新たな制度・施策は提示されていない。現状の制度内で、「高機能化及び多機能化・機能転換に向けた取組や、小規模化・地域分散化の取組を更に進める」のである。すでに諸制度に取り組んでいる積極的な施設は新たにやることはなく、取り組みの遅れている消極的な施設の課題となるが、消極的な施設には消極的である事情があるので、どこまでやれるのか疑問である。

　フォスタリング体制について "ガイドライン案" は、「地域のニーズや民間団体の状況、その支援の対象とする地域の規模やケース数等により、様々な在り方が考えられる」と述べている。しかし、予算措置は現在ある制度で裏づけされることから、それを担うのは里親支援機関および児童家庭支援センター、施設に配置される里親支援専門相談員および家庭支援専門相談員となる。里親支援機関は児童相談所に設置または社会福祉法人・NPO 法人へ委託できるが、他の 3 つは児童養護施設・乳児院へ配置・委

託する事業である。このように "ガイドライン案" を制度面から見ると、"制度はいまのままで委託の目標を上げる計画" になる。里親支援の諸制度を「設置する単位は、都道府県単位、児童相談所単位、一定の人口規模単位等様々な形が想定される」として、具体化は都道府県の計画次第としている。

　施設は養育が難しい子どもを担うとされているため、養護体制の充実をいま以上に求められる。そのための「高機能化及び多機能化・機能転換、小規模化・地域分散化」なのだが、それには多数のベテラン職員やソーシャルワーカーが必要となる。グループホームや小規模グループケアのユニットの職員構成はリーダー職員・中堅職員・若手職員のバランスが必要である。加えて機能別専門職員（家庭支援専門相談員2名、個別対応職員）は、ベテラン職員の配置が必要となる。家族再統合に向けた家庭支援やフォスタリング業務を担うソーシャルワーカーが何人も必要となることから、ソーシャルワーカーの確保と養成も課題となる。しかし、施設の人材育成システムはケアワーカーの育成システムであり。ソーシャルワーカーを養成するシステムではないことから、ソーシャルワークができる職員をフォスタリング業務に配置する余裕のない施設が続出することが予想される。

　施設では、職員構成において多数のベテラン職員が不可欠にもかかわらず、措置費の積算における児童指導員の給与格付けは、国家公務員の福祉職給与表の4年制大学卒5年目でしかない。昇給財源として「民間施設給与等改善費」の加算があるが、不十分な制度であるため、経験豊かなベテラン職員が増えると昇給財源が不足し施設経営は行き詰まる。幅広く高い専門性を、安い給与で確保することを求める制度となっている。"高機能化及び多機能化・機能転換たたき台" は、「施設の役割をこれまで以上に専門的で幅広くしていくことが求められる」としているが、担い手を確保・育成する制度的な裏づけが不十分なのである。国の社会的養育専門委員会およびプロジェクトチームの議事録や資料を見ると理念や精神は語られているものの、担い手の確保や育成と実施体制の裏づけが脆弱なままで、子どもの最善の利益を実現するシステムがつくられるとは考え難い状況で

ある。

「新しい社会的養育ビジョン」は、「施設で培われた豊富な体験による子どもの養育の専門性をもとに、施設が地域支援事業やフォスタリング機関事業等を行う多様化を、乳児院から始め、児童養護施設・児童心理治療施設、児童自立支援施設でも行う」としているが、施設現場はそれを制度的裏づけのない、人材が不十分な状況で強引にはじめることはできない。社会的養護の改革をすすめようとするならば、実践の担い手である児童養護施設・乳児院などの理解と協力が必要不可欠となる。社会的養護の現実を直視し実践の担い手とよく話し合い、地に足の着いた議論に基づいた都道府県計画を立案することが求められる。

ドリフト問題で惨憺たる結果をもたらしている里親中心の制度が世界標準だといわれても首肯できない。委託解除後の状況を国際比較すると、わが国の社会的養護システムのほうが結果はよいのだから、わが国の社会的養護は、これまでの成果を踏まえ発展させる方向で制度改革をすすめるべきである。

最後に本書を出版するにあたり、短期間で執筆いただいた皆様、協力いただいた皆様に心から感謝申し上げます。そして、急な刊行提案にもかかわらず、本書刊行に尽力いただいた明石書店の深澤孝之さんに深く感謝申し上げます。

黒　田　　邦　夫

付録　児童養護施設等の大学等進学のための奨学金

[2017 年度実績]

I　返済義務のない給付・助成制度

（○：受給可能性が高い　△：受給可能性が低い・やや低い・不明）

○　1．大学進学支度金・各種学校等進学支度金　　　　　　　　　　東京都

実施者	東京都
給付内容	大学・短大：700,000 円　各種学校：600,000 円　※いずれも上限
対象	児童養護施設及び養育家庭の東京都による措置児童で、措置解除後、大学等や各種学校で修学する者
備考	東京都の全措置児童に適用される。初年納入金が対象

○　2．大学進学等自立生活支度費　　　　　　　　　　　　　　　　全国

実施者	各都道府県及び指定都市
給付内容	支度費　　　　　　81,260 円（2016 年度） 特別基準分　　194,930 円 計　　　　　　276,190 円
対象	・「支度費」は、措置解除後、大学等や各種学校に修学する者 ・「特別基準分」は上記に加え、保護者がいないか、いても適切な養育ができず、経済的援助が見込めない児童について施設長、里親、児童相談所長の意見に基づき、各都道府県及び指定都市が要否を判断
備考	・就職支度費同様、措置解除時に支度費及び一時金として給付される ・生活諸経費等に対する一時金的補助であり、基本的に他の奨学金受給を妨げる性質のものではない ・夜間の学校等に進学し同時に就職した場合、「就職支度費」との併給が可能

○　3．給付奨学金　　　　　　　　　　　　　　　　　　　　　　　全国

実施者	日本学生支援機構
給付内容	一時金 24 万円、月額 4 万円（国公立の場合は 3 万円）
対象	特定の分野において特に優れた資質能力を有し、又は進学後の学修に意欲があり、進学後特に優れた学習成績を収める見込みがあること
備考	2017 年度は特に経済的に厳しい者を対象に先行実施

○　4．雨宮児童福祉財団修学助成　　　　　　　　　　　　　　　　全国

実施者	財団法人 雨宮児童福祉財団
助成内容	入学金実費分
対象	全国の児童福祉施設に入所している児童及び里親のもとにいる児童で、高校卒業後進学を希望する者。他の機関から返済義務のない入学金の助成を受けている者は対象外
備考	申請書へ記載した進学希望校（第 2 希望まで）に合格することが条件

○　5．西脇基金　　　　　　　　　　　　　　　　　　　　　　　　東京都

実施者	社会福祉法人 東京都社会福祉協議会 児童福祉友愛互助会
助成内容	在学中に学校へ納入する学費の援助金として、月額 2 万円を助成

付録　児童養護施設等の大学等進学のための奨学金　**241**

対象	東京都から委託を受けている児童養護施設、里親、児童自立支援施設および自立援助ホームのうち、毎年度友愛基金の会費を納めている会員に対し、児童が大学等に進学した際の補助を行う
備考	2016 年度より給付月額が 3 万円から 2 万円へ変更

△　6．読売光と愛・郡司ひさゑ基金奨学制度 　　　　全国

実施者	社会福祉法人 読売光と愛の事業団
助成内容	・原則として進学した各学校の授業料を助成。最短の卒業年度まで、年額 60 万円を限度とする。退学・休学・留年の際は補助を打ち切る。ただし、病気や事故等やむを得ない場合は事情を考慮する ・卒業後、更に大学院等の上級教育機関に進学する場合は助成の再申請ができ、審査をパスした者には助成を継続する
対象	・全国の児童養護施設などに在籍する社会的養護の必要な児童で、高校を卒業し、大学等の入学試験に合格した者。その中でも特に経済的援助を必要とし、向上心旺盛であり、予定年限の修学が十分可能な者 ・大学生等や専門学校生で計 8 名程度。原則として他機関からの奨学金を受けない者。ただし、日本学生支援機構や雨宮児童福祉財団の助成など一時的、少額のものは併給可（申請書に申請状況を記載）
備考	・2015 年度より 10 万円増額 ・例年 100 名程の応募があり、補助額は大きい代わりに、競争率が高い

△　7．産経新聞　明日への旅立ち基金 　　　　東日本

実施者	産経新聞社 産経新聞厚生文化事業団 東京連合産経会
助成内容	在学期間中に毎年 50 万円
対象	対象の地域（東北、関東、信州等）に所在する児童養護施設に在籍中で、来年度に大学・短期大学・専門学校などへの進学を志望している児童

△　8．朝日新聞　児童養護施設・里親家庭の高校生進学応援金 　　　　全国

実施者	朝日新聞厚生文化事業団
助成内容	①入学金：施設備費、実習費などは含まない。入学金に相当する費用が自治体や他の団体から支給される人、学校の制度により入学金が免除される人は支給しない ②学生応援金：卒業するまで毎年、学費として年間 60 万円を支給（最大 240 万円）
対象	児童養護施設や里親家庭で生活し、4 月に進学を希望する高校 3 年生（高卒認定合格見込み者含む）。ただし、年 60 万円以上の返済不要の奨学金を他団体などから支給される人、後期入学をする人は対象にならない

○　9．JX-ENEOS児童養護施設・母子生活支援施設・里親家庭 奨学助成 　　　　全国

実施者	社会福祉法人 全国社会福祉協議会
助成内容	進学時に一人あたり 10 万円を助成
対象	高校卒業後、大学・専門学校等に進学を予定している児童で、児童養護施設および母子生活支援施設に入所、または里親家庭に措置されている者、及び退所した者（20 歳未満。里親家庭の場合は措置解除後、引き続き里親家庭で同居している者）
備考	他の奨学金制度との併用可能

△　10．鯉渕記念母子福祉助成事業
　　　　「母子生活支援施設等に入所する子等への就学資金助成事業」 　　　　全国

実施者	社会福祉法人 全国社会福祉協議会

助成内容	・入学時の支度金として就学資金を助成 ・一人あたり20万円を限度とし（助成は1人1回のみ）、年間40名に助成
対象	・母子生活支援施設に入所している母子世帯の子 ・母子生活支援施設退所後2年以内の子 ・児童養護施設に入所する母子世帯の子

△ 11. 楽天　未来のつばさ　自立奨学支援資金　　　　　　　　　　　　　　全国

実施者	公益財団法人 楽天 未来のつばさ
助成内容	就職・進学の支度金として一人15万円
対象	・申請時に、児童養護施設・母子生活支援施設等の児童福祉施設に入所している児童または里親過程で生活している児童で、原則18歳を迎え就職（原則として正社員）・進学する児童 ・申請時点で進路先が確定していなくても申請は受け付けるが、就職・進学の決定が支援資格の条件となる
備考	2016年度の支援予定者数は250名。他の支援制度との併用は可能

○ 12. アトム基金　進級応援助成制度　　　　　　　　　　　　　　　　　　全国

実施者	全国児童養護施設協議会
助成内容	進級時に3万円を助成
対象	下記①〜③の全てを満たす者 ①児童養護施設に入所していた児童で、高等学校卒業後、大学・短期大学・専門学校等に進学し、その後、当該進学先の2年次目以上に進級した（する）者（措置継続により入所中の者も対象） ②過去にアトム基金進級応援助成を受けていない者 ③児童養護施設を通して助成金を受け取ることが可能な者

△ 13. 資生堂児童福祉奨学生　　　　　　　　　　　　　　　　　　　　　　全国

実施者	財団法人 資生堂社会福祉事業団
助成内容	修学に関わる費用の一部支援金として年額50万円（上限）を支給
対象	・下記の条件を満たす者 ①入学試験当日に児童養護施設に在籍している者、あるいは養子縁組を行っていない里子であり、高校を卒業し大学、短期大学、専門学校のいずれかに進学する者 ②卒業後児童福祉分野での活動を行うため、社会福祉士、保育士、児童指導員の各資格を取得できる大学等へ、その取得を目的に入学する者 ③原則として他機関からの奨学金（日本学生支援機構、雨宮児童福祉財団は除く）を受けていない者 ④施設または里親が、進学後も児童とコミュニケーションを図り、アフターケアを行うことができること ・2016年度の募集人数は5名程度
備考	・作文を中心とした書類による第1次審査、面接による第2次審査がある ・退学、休学、留年の際は助成を打ち切る

△ 14. タイガーマスク基金　　　　　　　　　　　　　　　　　　　　　　　全国

実施者	NPO法人タイガーマスク基金
助成内容	初年度12万円、次年度以降、進級時に毎年6万円（4年間で30万円）
対象	・児童養護施設や自立援助ホームなどの児童福祉施設を退所し、4月に四年制大学へ進学することが決定した学生、または四年制大学に編入が決定した学生で、退所後も在籍していた施設を通じ、連絡を取ることが可能な者 ・募集人員は若干名（書類選考あり）

備考	措置延長等で引き続き施設に在籍し進学する学生も応募可	

△ 15. メイスン財団奨学制度		全国
実施者	一般財団法人 日本メイスン財団	
助成内容	(1) 第1種奨学金 卒業年度まで毎年年額100万円及び初年度の入学金及び寄付金相当額（ただし、教材費及びそれに準じる費用は含まない） (2) 第2種奨学金 年額100万円を限度として年間の学費及び費用（大学等から請求されるに限る）	
対象	(1) 第1種奨学生 高校1年から高校3年生までの生徒で、日本国内の大学及び専門学校での高い教育を希望し、その意欲があること。進学が困難な事情（要支援児、両親の不在、経済的な苦境）があること (2) 第2種奨学生 大学等に在籍中の学生で、高い教育を希望し、その意欲があること。就学の継続が困難な事情（要支援児、両親の不在、経済的な苦境）があること。大学等で優秀な成績を得ていること	

△ 16. 施設や里親家庭で暮らしている若者への入学支援金		全国
実施者	日本子ども虐待防止学会（JaSPCAN）	
助成内容	入学時に収める費用の上限50万円まで助成	
対象	・全国の児童養護施設等の施設や里親家庭で生活していて、大学、短期大学、専門学校等への進学を希望する高校3年生。原則として他の財団・企業・自治体などからの「入学に当たっての助成金」の利用が決定していない者が対象。入学金免除の者や、入学金がない学校へ入学する者は対象外 ・募集は2名程度	

△ 17. ゴールドマン・サックス・ギブズ・コミュニティ支援プログラム 進学支援プロジェクト『新・大学進学支援事業』		東京都
実施者	東京都社会福祉協議会　東京ボランティア・市民活動センター	
助成内容	(1) 進学塾代（大学入学までの進学塾利用に必要な経費） (2) 修学資金（大学大学中の学費および生活費） (3) 東京ボランティア・市民活動センターのケースワーカーとの面談 (4) 奨学生同士の交流会や学習会および施設の担当職員の情報交換会 (5) ゴールドマン・サックス社の社員との交流	
対象	・以下の事項すべてに該当する者 (1) 平成29年度に大学受験を予定し、30年度に大学に入学する者 (2) 東京都の委託施設（児童養護施設・児童自立支援施設・自立援助ホーム・母子生活支援施設）に応募締切日の時点で在籍し、原則大学に入学するまで在籍する予定の者で、東京都が措置する者 (3) 当センターのケースワーカーと定期的に（月1回程度）面談できる者 (4) 大学入学後の居住地が東京都およびその近隣県を予定している者 (5) 在籍している施設から、①推薦書類の作成 ②2次選考への参加 ③進学塾代と修学資金の管理および報告 ④ケースワーカーと連携した奨学生への継続的支援 ⑤当事業での経験を他の児童や施設へ紹介、といった協力が得られる者 ・募集人員は3名以内	
備考	・記載内容は29年度実績 ・四年制もしくは六年制大学への進学を希望する児童に対し、高校3年次の進学塾代と大学在学中の修学資金（学費および生活費）を支給。施設とケースワーカーが連携して進学と卒業をサポートする	

△	18. 公益財団法人 明光教育研究所 給付奨学金		全国
実施者	公益財団法人 明光教育研究所		
助成内容	・学校、塾、予備校、家庭教師、通信教育、自学自習の勉強で必要となる費用のみ（学齢により金額が変動） 　　小中学生等　　最大30万円／1人 　　高校生等　　　最大50万円／1人 　　大学生等　　　最大70万円／1人 ・給付金額は各使用目的に応じて申告、選考委員会の審査により決定。申込時に申告した事項以外での奨学金の使用は不可		
対象	以下のいずれか1つ以上の条件を満たす児童、生徒および学生 ①施設（児童養護施設、自立援助ホーム等）および里親家庭に措置されている、または措置解除後も保護者のいない状態で生活している ②ひとり親家庭の子どもである ③保護者が病気・怪我、介護等の事情により就労困難な状況にある		
備考	他の奨学金制度との併給不可。ただし、国、都道府県、市区町村、日本学生支援機構及びあしなが育英会等が行っている各種支援金や補助金等の制度（奨学金、育英資金等）との併給は可		

△	19. 日本財団夢の奨学金		全国
実施者	日本財団		
給付内容	高校、大学、大学院、短大、専修学校等における卒業までの授業料（全額）、住宅費補助（月額上限6万円）、生活費補助（月額5万円）		
対象	・15歳以上（中学卒業以上）の社会的養護出身者であり、進学・就職し自立をめざす、下記の要件に合致した者 　（1）明確かつ現実的な人生プランが示せる　（2）決めたことは行動に移す実行力がある　（3）視野が広く、人間性が豊か　（4）人生プラン実現への強い情熱を持つ　（5）後輩が憧れ、目指せるロールモデル性を備える ・採択奨学生数は20～30名		
備考	別途、職人系の就職者に向けての支援もあり。職人見習い期間の住宅費補助（月額上限6万円）、生活費補助（月額5万円）		

○	20. PMJホープチェスト「就学支援」		全国
事務局	社会福祉法人 カリヨンこどもセンター		
給付内容	就学資金10万円または必要な費用の75％、どちらか少ない方の金額 高校、大学、短大、各種専門学校等へ進学する際にかかる諸経費		
対象	自立援助ホーム・子どもシェルターを利用している子ども（30歳未満の退所者を含む）		
備考	就学支援のほか、転居（5万円）、資格取得（10万円または必要な費用の75％）、子どもシェルター利用者支援（5万円）の項目あり		

△	21. ビックカメラ奨学金財団「奨学金事業」		東京
実施者	公益財団法人　ビックカメラ奨学金財団		
給付内容	【給付型】Ⅰ種／60万円（専門・短大・大学等） 　　　　　Ⅱ種／100万円（大学院等）　特別／180万円（医学・工学部） 　　　　　※いずれも年額（卒業年度まで毎年申請書提出） 【貸与型】給付型奨学金の給付が決定した者を対象とし、学費の不足分として年間10万円から50万円の範囲で貸与		
対象	・東京都所管の児童養護施設等に入所している児童（8名） ・一定要件（医学部等を目指す）を満たす場合は予備校も対象となる		

| 備考 | ・給付奨学金については、児童養護施設等で年間 50 時間以上の学習ボランティア等を行うことが必要
・貸与型奨学金の返済期間は 10 年間で、最終貸与年度から 1 年間の据置期間後に返済開始
・奨学金の他、児童養護施設退所者のための宿舎の無償提供を行う『自立支援事業』も実施 | |

△　22. 公益社団法人創通育英財団奨学金　　　　　　　　　　　　　　　　全国

実施者	公益財団法人創通育英財団
給付内容	・大学／入学一時金 10 万円、月額 5 万円 ・短大・専門学校／入学一時金 10 万円、月額 3 万円 ※いずれも正規の最終修学年限まで
対象	・日本国籍を有し、児童養護施設等（自援・里親・一人親家庭含む）に入所している児童、または障害者手帳または特定疾患医療受給者証を保有している児童のうち、関東地方（東京・千葉・埼玉・神奈川・群馬・栃木・茨城）に進学する児童。計 8 名程度
備考	・他奨学金との併給可

△　23. 公益信託加藤三樹雄記念MK奨学基金　　　　　　　　　　　　　　　東京

実施者	三井住友信託銀行株式会社
給付内容	在学期間中、月額 5 万円を給付
対象	児童養護施設に入所している児童のうち、進学と同時に自立する児童（3 名）
備考	東京都による措置児童が対象。他奨学金との併給可

△　24. 児童養護施設等出身理工系学生助成　　　　　　　　　　　　　　　　全国

実施者	公益財団法人 畠山文化財団
給付内容	在学期間中（最長 4 年）、年間 120 万円を給付
対象	児童養護施設及び里親のもとで生活をしている、または退所（措置解除）した児童のうち、大学の理工系学部に進学する児童（2 名）
備考	他奨学金との併給可

Ⅱ　貸付制度（返済義務あり）

1. 自立生活スタート支援事業　　　　　　　　　　　　　　　　　　　　東京都

実施者	東京都社会福祉協議会
貸付内容	就学支度資金　限度額 500,000 円 （1 年次および 2 年次の納入金として必要な経費）
対象	東京都の児童養護施設、自立支援施設、自立援助ホーム、養育家庭のいずれかを退所予定、または退所してから 5 年以内で、施設等から連絡が取れる者
備考	進学した大学等を卒業すると、申請によって償還が免除される。ただし、卒業できなかった場合は返済の必要がある（無利息、返済期間 7 年）

2. 児童養護施設退所者等に対する自立支援資金貸付事業　　　　　　　　　全国

実施者	東京都社会福祉協議会

貸付内容	①生活支援費：在学期間中月額5万円 ②家賃支援費：1か月の家賃相当額（管理費および共益費を含む）。居住地の生活ほぼ住宅扶助額が限度 ③資格取得支援費：25万円を上限とした費用の実費 ※いずれも償還免除規定あり
対象	①生活支援費 児童養護施設等を退所した者または里親等の委託を解除された者のうち、保護者等からの経済的な支援が見込まれない者で、大学等に在学する者 ②家賃支援費 上記進学者のほか、就職している者（事業開始日の2年を遡った日の属する年度に就職した者を含む） ③資格取得支援費 入所児童等で、就職に必要となる資格の取得を希望する者。施設等退所後4年以内で大学等に在学する者を含む
備考	・利子なし。連帯保証人原則あり（不要設定も可） ・家賃支援費および生活支援費は5年間の就業継続、資格取得支援費は2年間の就業継続を満たした場合、申請により償還が免除される

3．生活福祉資金　　　　　　　　　　　　　　　　　　　　　　　　　　　　　全国

実施者	各社会福祉協議会
貸付内容	・修学支度費：貸付限度額 500,000円 　入学時のみ。入学時に必要な経費を限度額の範囲で貸付。未払いの経費のみが対象 ・修学費：貸付限度月額 90,000円（短大・専門学校）97,500円（四年制大学） 　在学期間中、同額での適用。未払いの期間のみを貸付の対象とする ※いずれも無利息で返済期間は14年
対象	全国の児童養護施設および母子生活支援施設を退所し、高校卒業後、大学や専門学校等に進学を予定している者
備考	・連帯借受人（1名）が必要 ・日本学生支援機構第1種奨学金との併用は不可

4．日本学生支援機構奨学金　　　　　　　　　　　　　　　　　　　　　　　　全国

実施者	独立行政法人 日本学生支援機構
貸付内容	(1) 第一種奨学金（無利息）月額 45,000円〜 64,000円 　　返済期間限度 10 〜 14年 (2) 第二種奨学金（利息付）月額 30,000円〜 100,000円（選択） 　　利息は年利3％を上限に変動（在学中は無利息） ・ほか大学院、高専についても規定あり。入学時特別増額貸与奨学金あり
対象	(1) 第一種奨学金　高校2〜3年次の評定が、大学・短大は3.5以上、専修は3.2以上（低所得世帯の学生については実質撤廃） (2) 第二種奨学金　次のいずれかに該当する者 　①高等学校等における成績が平均水準以上の者 　②特定の分野において、特に優れた資質能力があると認められる者 　③学修に意欲があり、学業を確実に修了できる見込みがあると認められる者
備考	・入学前の予約申し込みは進学する前年に在学する学校、入学後の申し込みは入学した学校の奨学金窓口に申し出る ・機関保証制度がある。（毎月の奨学金から保証料を支払うことで、連帯保証人や保証人に代わって保証機関の保証が受けられる） ・生活福祉資金（修学資金・無利子）との併用は不可

（早川悟司作成）

編著者紹介 [五十音順，[ ] 内は担当章。◎は編著者]

◎浅井春夫 （あさい・はるお） [はじめに、第1章]

児童養護施設で、12年間、児童指導員として勤務。共編者の黒田さんとは同じ児童養護施設・調布学園で同じホームの担当として勤務する。白梅短期大学保育科で7年間、立教大学コミュニティ福祉学部で19年間在職する。専門領域は、児童福祉論、セクソロジー（人性学）。とくに戦争孤児の戦後史研究、社会福祉政策論、児童福祉実践論、性教育、子ども虐待、子どもの貧困などを重点課題としている。現在、立教大学名誉教授。"人間と性"教育研究協議会代表幹事、『季刊SEXUALITY』編集委員、全国保育団体連絡会副会長、日本思春期学会理事、「戦争孤児たちの戦後史研究会」代表運営委員、NPO法人学生支援シェアハウスようこそ理事。

〈主な著書・論文〉
『沖縄戦と孤児院』（吉川弘文館，2016年）
『戦争をする国・しない国』（新日本出版社，2016年）
『「子どもの貧困」解決への道』（自治体研究社，2017年）
『国際セクシュアリティ教育ガイダンス』（共訳．明石書店，2017年）

片岡志保 （かたおか・しほ） [第5章]

日本福祉大学を卒業後、愛知県や東京都で児童養護施設に勤務。日本福祉大学社会福祉学研究科修士課程修了。修士（社会福祉学）。現在、立教大学大学院コミュニティ福祉学研究科博士後期課程在籍、日本福祉大学福祉経営学部（通信教育）助教。専門は社会的養護。

〈主な著書・論文〉
『シードブック子ども家庭福祉　第3版』（共著，建帛社，2017年）
「児童養護理論・実践・政策の関係についての一考察——戦時下ならびに戦争直後における実践の変質から」『日本福祉大学社会福祉論集』（134号，2016年）
「児童福祉法制定以降の『養護』概念の変遷——文献的考察による定義づけの試み」『子ども家庭福祉学』（15号，2015年）

黒川真咲 （くろかわ・まさき） [第3章]

立教大学コミュニティ福祉学部卒業。在学中に児童養護施設調布学園で児童指導員として働き始める。施設の二施設化により、第二調布学園の家庭支援専門相談員へ。現在、調布学園にて自立支援コーディネーターとして勤務。

◎黒田邦夫（くろだ・くにお）　　　　　　　　　　　　　　　　［第11章］

児童養護施設で、27年間、児童指導員として勤務。不適切な養護や運営で混乱した施設、経営問題などにより大量退職が続いていた施設、都立施設から民間委譲され職員が総入れ替えになった施設と3つの児童養護施設の施設長をしてきた。多くの施設の職員や施設長から運営や養護の相談を受け、施設の改善・改革を支援してきた。2018年4月から愛恵会乳児院施設長。児童虐待防止全国ネットワーク理事。
〈主な論文〉
「東京都における児童養護施設等の小規模化・地域化の現状と課題」『児童福祉研究』（東京都社会福祉協議会児童部会，2016年）
「里親委託を阻害している要因は何か」『子どもと福祉9号』（明石書店，2016年）
「児童養護施設の人材確保対策に関する取り組み」『季刊児童養護』（46巻3，全国児童養護施設協議会，2015年）
「グループホーム制度の到達点と課題について」『グループホーム実践報告』（3号，東京都社会福祉協議会児童部会，2014年）

下村　功（しもむら・いさお）　　　　　　　　　　　　　　　　　［第6章］

立教大学コミュニティ福祉学部博士課程後期課程在籍。同学博士課程前期課程（修士）では、日本の戦後直後の里親制度をテーマに研究。専門は里親制度、生活困窮者支援。社会福祉士。
〈主な著書・論文〉
『基礎から学ぶ社会保障（第6章社会手当、第10章子ども家庭福祉)』（芝田英明編著，自治体研究社，2016年）
「生活困窮者自立支援制度におけるユニバーサル就労の活用」『住民と自治』（651号，2017年）

中山正雄（なかやま・まさお）　　　　　　　　　　　　　　　　　［第4章］

日本社会事業大学卒業。児童養護施設児童指導員を経て、現在、白梅学園大学・短期大学実習指導センター長、白梅学園短期大学保育科教授。社会福祉法人わらしこの会理事長。
〈主な著書・論文〉
『ファミリーソーシャルワークと児童福祉の未来』（編者代表，資生堂社会福祉事業財団，中央法規，2008年）
『実践から学ぶ社会的養護』（編著，保育出版社，2010年）
『実践から学ぶ社会的養護の内容』（編著，保育出版社，2011年）
『実践から学ぶ社会福祉』（共編著，保育出版社，2014年）
「社会的養護と子どもの権利擁護」『第70回全国児童養護施設長研究協議会記念誌・新たな社会的養護への挑戦』（全国児童養護施設協議会，2017年）

早川悟司（はやかわ・さとし）　　　　　　　　　　　　　　　[第10章]

日本福祉大学大学院社会福祉学専攻博士前期課程修了（社会福祉学修士）。立教大学
大学院コミュニティ福祉学専攻博士後期課程満期退学。現在、社会福祉法人子供の
家　児童養護施設子供の家施設長。
〈主な著書〉
『子どもの未来をあきらめない　施設で育った子どもの自立支援』（共著，明石書店，
　2015年）

堀場純矢（ほりば・じゅんや）　　　　　　　　　　　　　　　[第2章]

金沢大学大学院人間社会環境研究科博士後期課程修了。博士（学術）社会福祉士
児童養護施設職員、中京女子大学専任講師などを経て、現在、日本福祉大学社会福
祉学部准教授。全国児童養護問題研究会編集部長。専門は児童福祉、社会的養護。
〈主な著書・論文〉
『階層性からみた現代日本の児童養護問題』（単著，明石書店，2013年）
『子どもの社会的養護内容——子ども・職員集団づくりの理論と実践』（編著，福村
　出版，2013年）
『日本の児童養護と養問研半世紀の歩み——未来の夢語れば』（編著，福村出版，
　2017年）
「児童養護施設における小規模化の影響——職員の労働環境に焦点を当てて」（生協
　総研賞・第14回助成事業研究論文集，2018年）

村井美紀（むらい・みき）　　　　　　　　　　　　　　　　　[第7章]

日本社会事業大学院修士課程修了（社会福祉学修士）。現在、東京国際大学人間社会
学部准教授。東京都児童福祉審議会委員、NPO法人学生支援ハウスようこそ理事。
専門は、児童福祉論、子どもの権利論。
〈主な著書・論文〉
『子ども家庭福祉〈第3版〉』（共著，建帛社，2017年）
『子どもの権利擁護と里親家庭・施設づくり』（共著，明石書店，2013年）
「実習教育から求める相談援助演習教育への期待」『ソーシャルワーク学会誌』（2013
　年12月）

望月　彰（もちづき・あきら）　　　　　　　　　　　　　　　[第9章]

名古屋大学大学院教育学研究科博士後期課程単位修得退学。現在、名古屋経済大学
人間生活科学部教授。専門は、教育福祉論、児童養護論、子どもの権利論。
〈主な著書〉
『自立支援の児童養護論——施設でくらす子どもの権利』（ミネルヴァ書房，2004年）
『子どもの権利と家庭支援——児童福祉の新しい潮流』（共編著，三学出版，2005年）
『児童養護と青年期の自立支援——進路・進学問題を展望する』（共著，ミネルヴァ

書房，2009 年）

『改訂・子どもの社会的養護――出会いと希望のかけはし』第 2 版（編著，建帛社，2013 年）

茂木健司（もてぎ・けんじ）　　　　　　　　　　　　　　　　[第 8 章]

群馬大学教育学部卒業、同教育専攻科修了。1981 年埼玉県庁入庁、1985 年からは児童相談所児童福祉司、児童相談所一時保護所児童指導員、各々の SV を歴任してきた。この間、児童養護施設措置後の施設支援に力を注ぐ一方、一時保護所問題に取り組み、全国児童相談所一時保護所研究会を設立し代表に就任。現在、群馬医療福祉大学社会福祉学部専任講師のほか児童養護施設外部スーパーバイザー。

〈主な著書・論文〉

『非行児童の支援のあり方についてのまとめと提言』（共著，厚生労働省平成 27 年度子ども子育て推進調査研究事業『非行児童の支援に関する研究』，公立大学法人会津大学，2016 年）

『児童相談所一時保護所の子どもと支援――子どもへのケアから行政評価まで』（分担執筆，明石書店，2016 年）

「児童相談所委託一時保護をめぐる諸問題の検討」『新島学園短期大学紀要』（第 37号，2017 年）

「児童相談所から見た児童福祉法改正――児童虐待防止法成立から 2016 年児童福祉法改正へ」『世界の児童と母性』（Vol. 82，公益財団法人資生堂社会福祉事業団，2017 年）

横尾知花（よこお・ちか）　　　　　　　　　　　　　　　　[コラム]

日本社会事業大学社会福祉学部福祉援助学科卒。現在、社会福祉法人六踏園調布学園にて児童指導員。

〈施設養護か里親制度か〉の対立軸を超えて
──「新しい社会的養育ビジョン」とこれからの社会的養護を
　展望する

2018 年 5 月 20 日　初版第 1 刷発行

編著者	浅　井　春　夫
	黒　田　邦　夫
発行者	大　江　道　雅
発行所	株式会社明石書店

〒 101-0021 東京都千代田区外神田 6-9-5
電　話　03（5818）1171
ＦＡＸ　03（5818）1174
振　替　00100-7-24505
http://www.akashi.co.jp
装丁　　　明石書店デザイン室
印刷・製本　日経印刷株式会社

ISBN978-4-7503-4687-8

Printed in Japan

（定価はカバーに表示してあります）

JCOPY　〈（社）出版者著作権管理機構 委託出版物〉
本書の無断複写は著作権法上での例外を除き禁じられています。複写される場合は、その
つど事前に、（社）出版者著作権管理機構（電話　03-3513-6969、FAX　03-3513-6979、
e-mail: info@jcopy.or.jp）の許諾を得てください。

エピソードで学ぶ　子どもの発達と保護者支援
発達障害・家族システム・障害受容から考える
玉井邦夫著
◎1600円

「保育プロセスの質」評価スケール
乳幼児期の「ともに考え、深めつづける」ことと「情緒的な安定・安心」を捉えるために
イラム・シラージ、デニス・キングストン、エドワード・メルウィッシュ著　秋田喜代美、淀川裕美訳
◎2300円

「体を動かす遊びのための環境の質」評価スケール
保育における乳幼児の運動発達を支えるために
キャロル・アーチャー、イラム・シラージ著　秋田喜代美監訳・解説　淀川裕美、辻谷真知子、宮本雄太訳
◎2300円

育み支え合う　保育リーダーシップ
協働的な学びを生み出すために
イラム・シラージ、エレーヌ・ハレット著　秋田喜代美監訳　鈴木正敏、淀川裕美、佐川早季子訳
◎2400円

社会情動的スキル　学びに向かう力
経済協力開発機構(OECD)編著　ベネッセ教育総合研究所企画・制作　無藤隆、秋田喜代美監訳
◎3600円

性の問題行動をもつ子どものためのワークブック
発達障害・知的障害のある児童・青年の理解と支援
宮口幸治、川上ちひろ著
◎2000円

性問題行動のある知的・発達障害児者の支援ガイド
性暴力被害とわたしの被害者を理解するワークブック
本多隆司、伊庭千惠著
◎2200円

性的虐待を受けた子どもの施設ケア
児童福祉施設における生活・心理・医療支援
八木修司、岡本正子編著
◎2600円

社会的養護の子どもと措置変更
養育の質とパーマネンシー保障から考える
伊藤嘉余子編著
◎2600円

社会的養護のもとで育つ若者の「ライフチャンス」
選択肢とつながりの保障、「生の不安定さ」からの解放を求めて
永野咲著
◎3700円

子どものための里親委託・養子縁組の支援
宮島清、林浩康、米沢普子編著
◎2400円

児童相談所改革と協働の道のり
子どもの権利を中心とした福岡市モデル
藤林武史編著
◎2400円

里親家庭・ステップファミリー・施設で暮らす子どもの回復・自立へのアプローチ
中途養育の支援の基本と子どもの理解
津崎哲郎著
◎2000円

子ども虐待在宅ケースの家族支援
「家族維持」を目的とした援助の実態分析
畠山由佳子著
◎4600円

子ども虐待　家族再統合に向けた心理的支援
児童相談所の現場実践からのモデル構築
千賀則史著
◎3700円

子どもの貧困対策と教育支援
より良い政策・連携・協働のために
末冨芳編著
◎2600円

〈価格は本体価格です〉

子どもの権利　ガイドブック【第2版】

日本弁護士連合会子どもの権利委員会 編著

■A5判／並製／576頁　◎3600円

子どもの権利について網羅した唯一のガイドブック。教育基本法、少年法、児童福祉法、児童虐待防止法等の法改正、さらに、新しく制定されたいじめ防止対策推進法にも対応した待望の第2版。専門家、支援者だけでなく、子どもに関わるすべての人のために――。

●内容構成●

子どもの権利に関する基本的な考え方

各論

1 いじめ／2 不登校／3 学校における懲戒処分／4 体罰・暴力／5 学校事故（学校災害）スポーツ災害／6 教育情報の公開・開示／7 障害のある子どもの権利――学校生活をめぐって／8 児童虐待／9 少年事件（捜査・審判・公判）／10 犯罪被害を受けた子ども／11 社会的養護と子どもの権利／12 少年院／少年刑務所と子どもの権利／13 外国人の子どもの権利／14 子どもの貧困

資料

子どもの虐待防止・法的実務マニュアル【第6版】

日本弁護士連合会子どもの権利委員会 編

■B5判／並製／368頁　◎3000円

2016年に大幅に改正された児童福祉法と2017年のいわゆる28条審判における家庭裁判所の関与拡大に対応した待望の第6版。法律家だけでなく、児童相談所や市町村児童家庭相談窓口、NPO関係者等、子どもの虐待防止に取り組むすべての専門家の必携書。

はじめに～第6版刊行にあたって～
（日本弁護士連合会子どもの権利委員会委員長：須納瀬学）

●内容構成●

第1章　児童虐待アウトライン

第2章　虐待防止と民事上の対応

第3章　児童福祉行政機関による法的手続

第4章　ケースから学ぶ法的対応

第5章　児童虐待と機関連携

第6章　児童虐待と刑事事件

第7章　その他の諸問題

書式集

〈価格は本体価格です〉

子どもの未来をあきらめない 施設で育った子どもの自立支援

高橋亜美、早川悟司、大森信也 著

◆A5判変型／並製／196頁 ◎1600円

児童養護施設を巣立った子どもの内面や葛藤を詩やエッセイに託したエピソード形式で紹介。現場の第一線で彼ら・彼女らに寄り添う支援者が、その背景やかかわりのヒントを具体的に説明する。子ども達の問題を自己責任論ではなく、社会全体の問題として捉えるために。

—— ●内容構成● ——

はじめに
「社会的養護」と「自立支援」

I 子どもたちの物語
1 生まれて
2 居場所を探して
3 新しい生活

II 私が大切にしていること
子どもの主体的成長を支える環境づくり
——支援の標準化に向けて
相談者の幸せを願う伴走者として
やれば・できる、つながり支え合えばもっとできる
おわりに

[大森信也]
[早川悟司]

[早川悟司]
[高橋亜美]
[大森信也]
[高橋亜美]

国際セクシュアリティ教育ガイダンス
教育・福祉・医療・保健現場で活かすために
ユネスコ編・浅井春夫、良香織、田代美江子、渡辺大輔訳
◎2500円

沖縄の保育・子育て問題
子どものいのちと発達を守るための取り組み
浅井春夫、吉葉研司編著
◎2300円

福祉・保育現場の貧困
人間の安全保障を求めて
浅井春夫、金澤誠一編著
◎2300円

階層性からみた現代日本の児童養護問題
堀場純矢著
◎4500円

子ども虐待と貧困
「忘れられた子ども」のいない社会をめざして
松本伊智朗編著
清水克之、佐藤拓代、峯本耕治、村井美紀、山野良一著
◎1900円

児童相談所一時保護所の子どもと支援
子どもへのケアから行政評価まで
和田一郎編著
◎2800円

そだちと臨床
児童福祉の現場で役立つ実践的専門誌
『そだちと臨床』編集委員会編
◎1600円

里親と子ども
里親制度・里親養育とその関連領域に関する専門誌
『里親と子ども』編集委員会編
◎1500円

〈価格は本体価格です〉

実践に活かせる専門性が身につく！

やさしくわかる【全7巻】
社会的養護シリーズ

編集代表 相澤 仁 (大分大学)

A5判／並製／各巻2400円

- 社会的養護全般について学べる総括的な養成・研修テキスト。
- 「里親等養育指針・施設運営指針」「社会的養護関係施設第三者評価基準」（平成24年3月）、「社会的養護の課題と将来像」（平成23年7月）の内容に準拠。
- 現場で役立つ臨床的視点を取り入れた具体的な実践論を中心に解説。
- 執筆陣は、わが国の児童福祉研究者の総力をあげるとともに、第一線で活躍する現場職員が多数参加。

1 子どもの養育・支援の原理——社会的養護総論
柏女霊峰 (淑徳大学)・澁谷昌史 (関東学院大学) 編

2 子どもの権利擁護と里親家庭・施設づくり
松原康雄 (明治学院大学) 編

3 子どもの発達・アセスメントと養育・支援プラン
犬塚峰子 (大正大学) 編

4 生活の中の養育・支援の実際
奥山眞紀子 (国立成育医療研究センター) 編

5 家族支援と子育て支援——ファミリーソーシャルワークの方法と実践
宮島 清 (日本社会事業大学専門職大学院) 編

6 児童相談所・関係機関や地域との連携・協働
川﨑二三彦 (子どもの虹情報研修センター) 編

7 施設における子どもの非行臨床——児童自立支援事業概論
野田正人 (立命館大学) 編

〈価格は本体価格です〉

子どもと福祉

『子どもと福祉』編集委員会 [編集]【年1回刊行】

児童福祉、児童養護、児童相談に関する様々な課題について、福祉の実践者や研究者が研究、情報交流し、成果を広く発信する。

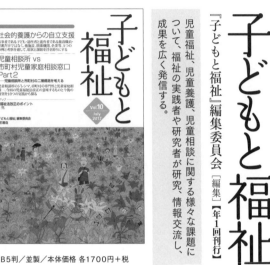

第1特集
1. **社会的養護からの自立支援**
当事者である子ども・退所者と養育者である施設職員・里親だけではなく、施設団、関係機関、企業等、5つの事例に考察を通して、現状と課題を投げかけている

2. **児童相談所 vs 市町村児童家庭相談窓口 Part2**
——児童相談所と市町村の二重構造を考える
児童相談体制のジレンマ、必要な市町村の専門性と児童家庭相談——、今回の児童福祉法改正の意味するものと今後の展望を10つの実践から探る

※クローズアップ※
※児童福祉法改正のポイント
川松 亮

Vol.10 July 2017

編集／『子どもと福祉』編集委員会
発行／明石書店

B5判／並製／本体価格 各1700円＋税

Vol.10 特集	Vol.9 特集	Vol.8 特集	Vol.7 特集	Vol.6 特集	Vol.5 特集	Vol.4 特集	Vol.3 特集	Vol.2 特集	Vol.1 特集
社会的養護からの自立支援／児童相談所vs市町村児童家庭相談窓口 Part2	「里親支援」に必要なもの／一時保護所の現状と課題	児童養護施設の小規模化でみえてきたこと	いま、福祉現場が危ない！子どもに「伝える」ための一工夫	児童相談所と児童養護施設との連携／児童相談所vs市町村児童家庭相談窓口	社会的養護の子どもの自立支援とアフターケア	東日本大震災と子ども1年／里親委託ガイドラインを考える／職員が育つ、働きがいのある職場づくり／東日本大震災と子どもの心のケア	施設内暴力問題／東日本大震災と子どもの心のケア	児童虐待防止法制定10年で見えてきたもの／発達障害を再考する	児童養護施設における心理職の役割／児童福祉法と虐待対応

——以下 続刊

〈価格は本体価格です〉